本书为赣重点人文社科研究基地南昌大学江右哲学研究中心成果

本书为

　　南昌大学「二一一」三期「赣学与中国传统文化变迁」　资助项目

　　江西省社会科学「十二五」（二〇一二年）规划

本书出版得到刘美冰、吴利勋先生资助

义宁陈氏文献史料丛书　第二辑

刘经富　著

陈寅恪家族稀见史料探微

中华书局

图书在版编目(CIP)数据

陈寅恪家族稀见史料探微/刘经富著. —北京:中华书局,2013.1
(义宁陈氏文献史料丛书/第2辑)
ISBN 978-7-101-09235-6

Ⅰ.陈… Ⅱ.刘… Ⅲ.陈寅恪(1890~1969)-家族-史料 Ⅳ.K820.9

中国版本图书馆 CIP 数据核字(2013)第 043613 号

书　名	陈寅恪家族稀见史料探微
著　者	刘经富
丛书名	义宁陈氏文献史料丛书　第二辑
责任编辑	郁震宏　俞国林
出版发行	中华书局
	(北京市丰台区太平桥西里 38 号　100073)
	http://www.zhbc.com.cn
	E-mail:zhbc@zhbc.com.cn
印　刷	北京市白帆印务有限公司
版　次	2013 年 1 月北京第 1 版
	2013 年 1 月北京第 1 次印刷
规　格	开本 850×1168 毫米　1/32
	印张 9¼　插页 10　字数 225 千字
印　数	1-4000 册
国际书号	ISBN 978-7-101-09235-6
定　价	28.00 元

陈宝箴、陈三立故居（芦　根　摄）

陈宝箴举人旗杆石（芦　根　摄）

陈三立进士旗杆礅（芦 根 摄）

义宁州怀远陈姓宗谱（一）

义宁州怀远陈姓宗谱（二）

陳氏祠譜

著字壹號付

珍藏

光遠堂

义宁州怀远陈姓一修祠谱

新定行派 二十一世起三字

三_上 恪_下 封_上 虞_下 後_上

良_下 家_上 重_下 海_上 邦_下

鳳_上 飛_下 占_上 遠_下 耀_上

振_下 采_上 復_下 西_上 江_下

义宁州怀远陈姓谱派

三立
長子

衡恪

號師曾　日本高等師範畢業教育部編輯審定員　清光緒三
年丙子二月十七日子時生　效純未詳　妣范氏　江蘇通州
廩貢生當世公女　清光緒三年丙子九月十六日吉時歿
光緒二十七年辛丑五月十八日酉時歿　生子二　封可　　封
懷　　續姚汪氏　江蘇吳縣湖南長沙府知府鳳瀛公女　清光緒
二十一年乙未十一月二十五日吉時生　民國二年癸丑十一
月日卯時歿　葬新建青山趙家塘　再繼黃氏　湖南湘潭縣
候補知府　某某公女　封孺　封歆

次子

同良

生歿未詳
時生　生子二
韓湖南省平江縣金坪

三立
三子

隆恪

號彥和　日本大學校畢業　清光緒十四年戊子正月初四日
午時生　酆瞼氏　江西萍縣翰林院庶吉士署浙江布政使銜
紹台兵備道　兆蕃公女　清光緒十七年辛卯三月
日酉

四子

寅恪

號彥恭　德國大學校畢業　清光緒十六年庚寅五月十七日
寅時生

義門陳氏六修　卷卅二　郎子庭支光房裳

寧州懷遠護仙坑陳何邱三姓析產分關案卷

陈、何、邱三姓产权界定文书

立分閱帖人陳何邱三姓人等情因乾隆五十五年衆買鄉
斗孫安鄉十三都護仙坑山塲俱係共塊書寫契內二十一
名承買乃價銀各有多少山土各有濶狹况契內只寫四大
界其一切小土名繁多悉未開載今將各人買受之山編立
分閱十五本俱係刻字刷成並無一字添減塗註各執一本
承照分閱營業共相和好不得越閱侵佔凢共閱內之人倘
有後來挘去之處俱於閱內註明任從照依批証字樣經宇
為此公立閱書一樣十五本三回交掛護仙坑今衆圖說編
立字婋各執一本永遠爲據
乾隆五十七年壬子歲十月小春之吉合衆公

陈、何、邱三姓产权界定文书小序

分

關

陈宝箴家族分家文书

竊惟九世同居張公之忍字可法
七百共食義門之家範堪道
第源遠者流長分流而有九派根深者葉茂生而長萬枝惟
水不之同情知產業之一理我宗長
其宠若類於遠而後務當空及其杜若闓經當援假合而四
乃道汁洞德配
何左大人樂四德之感採内政道三從之
訓佐振家督晚有賢嗣伯日克繩步闓橋而典大學仲日克
調歷當宮京有造小子叔日克恭至紹其來李日克樂給帳弓
冶見伯仲叔季也誚評慕此瓊映箔之榮君宗臺州友

則恭之武山晢宗長之遺澤固邪 德配之芳聖縱可小院
儒末火虔抵乎慶案而陳之相因佐維俊及投資朽居恒相福
每謂和氣牧牯陳高風銘散遺書是實情延未生當日繁遝
至於友交日廣思夫合而易入於屠手徐巖發
已丑昔折烟惠分家而末分庭余偉氏窠合同兩議分產而定
分祖敦走族感將田山高低品搭產宇新田均旮禱告祖宗天
公向更矢惟德闓拾定武松而成毋庇惟奚夢相輝房之光
大先業棠棣競秀人之重福沒昆矣書籤末以紀夫成分闓四
本文掛合同各執一本永遠此掻

陈宝箴家族分家文书小序

立杜賣池塘契人何敝揚兄承情因乏用兄弟商議工將供典

眾合買池塘坐落鏡仙坑洞上下連上首大壢下龍塘貳口敝池壹

口瓜湖前口盡屎坪貳處馬頭湖貳口共一佰二十弍敝鴻各下壹坪木賣

其放穀坪買著壹坪敝鴻各下壹坪木賣共弍佰中出賣與興

其餘一佰在內亦存要行立賣先依親房弟子買叉消尖中出賣與

其壹……弍佰……弍佰……

……

憑中人何孔文墨
何建輝
何蔡元
蕪筆墨

何琳墨
陳德漢墨
敬珠墨

嘉慶拾陸年 五月 二十五

日立杜賣池塘契人前弟敝文墨

陈家田山买卖契约之一

明朝進士陳公于階履歷祖居福建汀洲上杭縣中都林寓·

本朝後裔寶箴

上諭 奏章

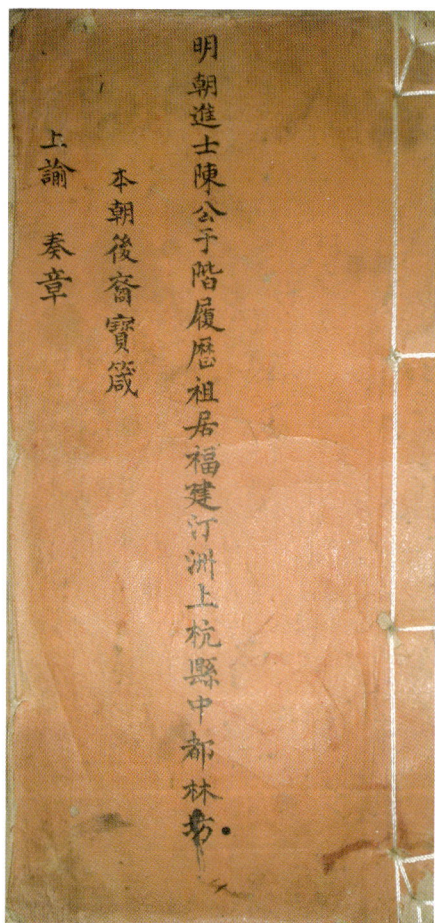

陈氏宗亲保存下来的手抄本

陳寶箴徐雲輝龔傳泗王淦
鄭蘭芬姜梅閣王起鴻鄭開枿
鄉試硃卷

陈宝箴乡试硃卷

目　录

从文士到学者（代序）

著名历史地理学者张其昀（1900—1985）中学毕业时，历史老师洪允祥（1917年曾应蔡元培之聘，在北大讲授《中国通史》和《中国法制史》）送他一个墨盒，上面题一行字，"莫抛心力作词人"。张其昀从此不去从事文学的性情文字，潜心治学三十余年，锲而不舍，致力于继承乡贤万斯同、全祖望的学术，卒成大家。

著名训诂校勘学家王叔岷（1914—2008），年轻时喜欢古典文学，写旧体诗，不免沾染才子气。他在四川大学中文系毕业后考上硕士研究生，硕导是傅斯年。傅斯年第一次与他见面谈话，要他"洗尽才子气！下苦功校勘《庄子》，三年不许发表文章"。傅斯年的一贯学风是史料第一，大力寻找新史料，扩大史料的范围，革新诠释史料的工具。他宣称"史学就是史料学"，说"历史学的研究方法，第一是比较不同的史料，第二是比较不同的史料，第三还是比较不同的史料"。王叔岷在傅斯年学风的熏陶下，以校勘训诂为基础，博览群书，深入史料考据，跻身学术殿堂。

上面举的两个例子，不是一般的学林掌故，其中蕴含着当时中国的学术背景。

中国向来的学问体系，分为"经史子集"四大类。其中经学是第一位的，称之为"正学"。到了清代，情况发生了变化。清初，顾炎武、黄宗羲为纠正王学末流，倡导"实学"，经史并重，提高了史学的地位。清中期,乾嘉考据学兴起,带动了文字音韵学、版本目录学和先秦诸子学,扩大了传统学问的范围。乾嘉朴学强调"读书必先识字",以字通词,以词通道。所以,张之洞说从小学入经学者其经学可信,从经学入史学者其史学可信,从经史入文学者其文学可信。过去的读书人不仅会做经史学问,还会自如熟练地写作诗词、日用古文骈文。他们不存在经史相背、文史分家的问题。

晚清时事既变,学术不能不变,引进的西方学术,解构了传统的经史子集四部之学,中国学术渐渐变成文、史、哲三分天下。学界一面"整理国学",一面"引纳新潮",吸收欧美现代学术的方法、规范。学术体系重新分类,历史学(含历史地理)、语言学、文字学、音韵学、方言学、考古学(含博物学)、社会学、人类学(含民俗学)、宗教学、哲学等一整套体系逐渐形成。在学术精神上,被一个称作"科学"的东西所取代。在这新旧学术转型时期,以边疆民族历史地理为特色的史学,取代了经学。中国学术遂由经入史,呈现一大变局。最显著的特征是史料的扩充,以前章学诚说"六经皆史",入民国,新史学家更进一步说"六经皆史料"。到了二十世纪二十年代,先是王国维提出"二重证据法","取地下之实物与纸上之遗文互相释证,取异族之故书与吾国之旧籍互相补正,取外来之观念,以固有之材料互相参证",一时奉为古史研究的圭臬。稍后傅斯年更破壁而出,指出"现代的历史学研究,已经成了各种科学的方法之汇集,地质、地理、考古、生物、气象、天文等学,无一不供给研究历史问题之工具",在广度和深度上超越了"二重证据法",带动整个史学向新的高度迈进,并与欧洲兴起的东方学合流。有学者认为,"傅斯年创立史语所,不论治学的态度、方法、目标和组织,都为中国二十世纪的学术树立一个新典范,也替中国争取到世界性的学术发言权"。说史学革命带动了近代中国学术的整体变动,并不为过。但陈寅恪犹不满意，1931 年 5 月，《国立清华大学二十周年纪念刊》出版，陈寅恪先生发表《吾国学术之现状及清华之职责》一文，认为就学术独立而言，自然科学如地质、生物、气象等学，可称尚有相当贡献，"至于本国史学、文学、思想、艺术史等，疑若可以独立者，察其实际，亦复不然。近年中国古代及近代史料发见虽多，而具有统系与不涉傅会之整理，犹待今后之努力。今日全国大学未必有人能授本国通史或一代专史而胜任愉快者。东邻日本以三十年来学术锐进之故，其关于吾国历史之著作，非复国人所能追步"。所以傅斯年要把史学建设得与生物学、地质学一样，将这领域里的话语权利从欧洲汉学家那里夺回来。他还主张哲学应与史学、文学分家，哲学系应归并理学院，与自然科学归类。

除了在学科分类上照搬西学的模式外，在成果表现形式上也与传统的以刻印书稿为主不同，改为看重论文。以前的读书人中了举人，便"取个号，刻部稿"，而现代学术评估体制评价一个学者首先是看他有没有高质量的论文。陈寅恪 1943 年被三位英国院士推荐任英国皇家学院通讯院士，靠的就是几篇论文。史语所的丁声树没有写过专著，只是发表过几篇研究语言文字的文章，便成了大家公认的出色的专家，解放后成立的语言研究所把丁声树评为一级教授。

在这样的学术背景下，依据理性思维、考证、归纳等著书立说的学术研究必然与感性思维、用形象说话的文学艺术划清界限，殊途不能同归。当时追求新学的人认为"史为科学，文为艺术"，史学也要像自然科学根据实验、材料分析得出判断那样来分析史料和表述研究成果。开一代风气的傅斯年等学界先驱为了新学术理念的确立，培养一代学术新人，宁可文史分家，不再继承"义理、考据、辞章"三位一体的治学方法，而代之以西学规范，可谓用心良苦。

他们的做法不能说没有道理。当一个喜欢写作旧体诗词、古文骈文，具有浪漫气质的才子文士，在没有受过学术训练之前，他可能会不够冷静地对待所研究的对象和材料，行文中常带感情，所用语言词汇也会文学化，这在表达上对科学研究是有害的。特别是从事新文学创作的人，写与历史人物、历史事件有关的题材，容易滑入炒作、煽情、戏说的泥淖而不自觉。学者讲道理，诗人重感情，"情"与"理"在文学作品中可以交融，在学术论文中就不能多情，而要以理胜。陈寅恪说自己对晚清史、晚清人物很熟悉，但他不能做晚清史研究，因为他的父祖都是圈子中人，做起来难免不掺杂个人感情好恶，说的就是这个理。

因此，一个酷爱古典文学、一身传统士大夫做派才情的人要转行作史学研究工作者，分享史学的一杯羹，首先面临着一个学术理念、行文习惯上的角色转换。为了做好科研，写好论文，不得不冷落古典文学雅好，褪尽才子气。在行文中，尽量采用通行的语体文，少用甚至不用文言文表述方式和文言文词汇。写论文最重要的是概念清楚，表达准确，"辞取达意而止，不以富丽为工"，文章漂亮与否，放在其次。

但任何事物都有两面性，这种论文写法也可能造成另一个弊端，即从文化底蕴的角度来考量，这种论文也会干巴无味，纯粹像自然科学的分析报告那样，可读性不强。已故北师大教授屈育德对我国现在的论文写作干巴无味呆板机械没有文采非常反感。她认为论文也可以采用文学性的写法，使文章更有可读性。章学诚说过"记注欲方以智，撰述欲圆而神"，托尔斯泰曾赞赏契珂夫的文章"既美丽又实用"。而一个中国文人要文笔好，文词丰富，文言文知识的积累、古典文学的训练是不可或缺的。

中国近现代学术经过近百年几代学者的努力，人文环境和学术机制已经发生了巨大的变化。从经史子集分离出来的新学术体制早已名成义立,以史料为中心的"史料学派"和以史观为中心的"史观学派"都取得了空前的成就,繁荣兴旺。但我们也不得不面对这样一个现实,随着学科分类越来越细,文史哲分家也越来越严重,从业人员的知识结构越来越单一狭窄,"有专业无思想,有知识无才情"已不是个别现象。上世纪三四十年代初进学术门的人要洗尽才子气,不是因为文采性情太丰富,而是他们正处在新旧学术体制转换时期,为了使中国学术尽快在世界学术之林中卓然独立,牺牲古典文学的写作和情怀性灵也在所不惜,这适应了时代的需要。文化学术有时代性,一代有一代之文化学术,时代在发展,文化学术也在发展。近百年过去,白云苍狗,世事翻覆,我们到了重新捡起被扔掉的"线装书"的时候。大而言之,是为了继承祖国的历史文化遗产;小而言之,是为了学者个人的人文关怀,避免异化成写论文、报课题的机器。一个不关注自己民族的历史兴亡,山川风俗,对优秀的文化遗产缺乏起码常识的知识分子,即使他的专业非常精通,也是一个不合格的知识分子。朱自清说,"阅读经典不是为了知识,而是为了文化",我们需要既精通本专业,又有人文关怀;既会做科研、写论文,也会使用诗词歌赋来抒怀写意的学者专家,以接上断裂的传统文化链条。从学术的角度,固然需要洗尽才子气;但从文化的角度,也需要葆有那么一点才子性灵。考察中国近世的学者队伍,既有像傅斯年那样终生淡漠旧体诗词、古文骈文的专家,也有传统的文史不分家的学者,老一辈的如王国维、陈寅恪,稍晚一辈的如闻一多、卢冀野、钱钟书、王叔岷。王叔岷后来并没有与旧体诗词绝缘,他在左图右史、钩沉索隐之余,出其余技足以成家,创作旧体诗词,作性情中人。

今日高校和社科院系统的学者专家已不能像我们的先辈那

样,既能做考据,又能熟练地写作日常应用的旧体诗词和古文骈文。先辈们从小掌握了两套语言,一套书面语(文言文),一套白话。清末民初流传甚广的《秋水轩尺牍》里面有一封《送邓三回里》的信,说"流连官阁,极一时之欢。不意迅赋骊歌,遽分襟袂。望春明之烟树,结遐想于伊人。别时杯酒之将,聊申折柳。当此短亭黄叶,曲岸丹枫,一路秋光,足供清赏。而家庭之豫顺,亲故之交欢,更自有其乐融融者。结企之余,尤深翘羡"。一个一起做幕僚的朋友回到他的家乡,原是一件药苦糖甜的平常事,但这位秀才却写得这样有情趣、有内涵。传说傅斯年留德时,嘴上常痛骂"秋水轩派"的文笔,枕头底下却放一本《秋水轩尺牍》。唐弢小时候与同学以背诵《秋水轩尺牍》里骈四俪六的句子为能事,可见此书影响之大。而我们在言文一致、全民皆白的文化环境里成长,只会一套白话,丢失了另一套雅言,致使文史学养越来越贫乏。溯其源头,"五四"新文化运动反传统、反国粹的偏激情绪难辞其咎。新文化运动抛弃文言文,甚至要废除汉字,汉字拉丁化,废除阴历,废除京剧,废除中医,等等。那个主张把线装书扔到茅厕里去的吴稚晖,二十年后,就感叹大学生的国学水平今不如昔。后来废除繁体字,更是雪上加霜。前些年有个部门规定,在出版物用数字时,除领袖的文章可以用"一、二、三、四"的汉字外,其他读物都要用阿拉伯数字,于是就遭遇了"2 个黄鹂鸣翠柳,1 行白鹭上青天"的尴尬。由于没有文言文的语感和基础,也闹出过师资是老师的工资、大理寺是云南大理的寺庙之类的笑话。我们对自己民族语言文字、古典文学的掌握运用能力与先辈们相比已不能同日而语。研究起来一套一套的,动手来写却眼高手低,腹中蹇涩。只有广大的农村,县乡的部分文化人还保存着写作旧体诗词、骈文对句的意识和传统。在远离大城市文化环境的乡野,还有不少类似于过去乡绅身份的斯文人，能够应付日常民俗文化需要。他们以能吟诗作赋、会写毛笔字为荣，受到乡民的尊敬。

且说我在陈寅恪故里——今江西修水县文化局任职，从小又喜好文学，长大后也用功学过中文系的教材，自然也就没有向"新文学"系统靠拢，写小说、散文什么的，在兴趣上与古典文学更为接近。上世纪"陈寅恪热"起来后，看到大城市的一些学者和媒体人员写的关于陈寅恪的家世家史多不到位。在我们看来很明白清楚的事，而山外的学者专家却颇费笔墨地考证，又不肯屈驾到陈寅恪故里来做田野调查。遂发小愿，要在陈寅恪研究这个大课题里，发出老家文化人的声音，这就与史学搭上了边。后经史学界名家书面推荐，南昌大学破格引进任教，至今已有十个年头。

我到高校工作已接近蘧伯玉知非之年，早年的经历使我尾大难掉，反应不灵。初进高校，有点像刘姥姥进大观园，找不到北。感觉与自己原来心目中的大学不一样。未进大学门，以为大学文科老师都饱读诗书，学富五车，题诗作对，吟赏烟霞，一派学者气象。进了大学门，才知大学老师与旧式读书人形象已发生了很大疏离。他们陷在写论文、发论文、报课题、结题和完成教学课时工分的圈子中。在高校目前流行的数字化管理模式的大环境下，已经没有余裕来顾及一个学人的另一面。诗词唱和，拈题分韵，已是前朝掌故逸闻。高校不需要两副笔墨，旧体诗词、古文骈文写得再好，也进入不了科研管理部门的视野，不能计成果。即使鲁迅、周作人再世进入高校，仍然写他们的杂文、小品文，也评不上教授、副教授。教授也已经不那么崇高，他们被称作"专业技术人员"，实际是高级工匠的同义词，已从"道"降到"器"的层面。我心里多少有些失落，后来我发现原来自己深受上世纪八十年代国学热中发表的那些回忆民国时期大学人和事文章书籍的影响，我心中的大学有民国大学的影子。初以为只是我个人的错觉,后来我询问一个仍在基层做学问的朋友,他说他心目中的大学也是以民国大学为标志的。可见民间用民国大学印象来憧憬现在高校的人很多,真所谓"隔行如隔山"。

我用了几年的时间才彻底融入高校的科研体制,懂得了学术评估以论文为重的道理。从在报纸副刊发表杂文、随笔到在高校学报上发表论文,这在我个人的治学道路上是一个很大的跳跃。现在我把这些年发表的一批文章结集出版,算是对我这段经历的一个总结。由于是单篇文章的结集和内容都是关于陈寅恪家族,故这批文章中有重复的地方,这是要请读者鉴谅的。我在进入高校的头几年被以前的写作惯性驱动,写了几篇学术性的随笔。现在看来,自己早期的写作受了八、九十年代"陈寅恪热"中炒作、煽情文字的影响,有报章体气息。虽然随时告诫自己远离炒作,但由于认识还不到位,才子文士行文习惯常常会冷不丁地溜出来。今以不悔少作的心态予以收录,以见出自己写作道路上的轨迹。此外,我的自学成材的特殊经历决定了理论阐述水平不行,义理不够。故这批文章只有材料考据一途,略有陈寅恪家族稀见史料的发掘价值。

史料是史家了解过去的唯一桥梁,没有史料,历史研究将成为无源之水。我历年收藏的陈寅恪家族文献材料包括宗谱、祠志、墓碑、契约、手钞本、砵卷、分家文书、田山买卖契约和修水客家人的入籍清册、里甲图册、书院志、宾兴志等。就一个家族的史料而言,虽然残缺不全,但相对于八九十年代"陈寅恪热"兴起后,他的家族史还"犹抱琵琶半遮面"时,这批材料也有些规模了。后面的任务是如何用官制、科举、经济史、文化人类学等学科的专门知识来解读这批珍贵的乡土文献,最大限度地挖掘它们蕴藏的历史信息,梳理出陈寅恪家族史的主线脉络。这需要史学理论的介入与支持。

像我这样"文革"失学、大龄补课的未入流的杂学,理论问题始终是困扰我的一个"瓶颈"。在我照葫芦画瓢、学写论文的前期,写作的理论支点是傅斯年的"凭材料说话"、"有一分材料说一分话,有十分材料说十分话,没有材料不说话"。从这里出发,懂得了第一手材料对于论文写作的重要性。但是仅凭这一个理论支点来指导乡土文献解读是远远不够的。上世纪八九十年代后,史学界开始流行"区域社会史"理论。这种理论发端于二十世纪法国的"年鉴学派",主张多学科或跨学科地研究历史。不追求政治史的宏大叙事,而是眼光向下,注重地方性知识,从一个家族、一个村庄、一个地区入手,进行个案分析研究。与以前的史学研究相比,"区域社会史"理论有两点不同:一是大大扩展了史料的范围,以往不为人们所注意的乡土文献如契约、档案、账本、宗教科仪文书以及口述资料都在搜集研究之列,每件事物都是证据;二是革新了研究方法,强调历史学与社会史、人类学的亲缘关系,注重田野调查,努力贴近历史情境,以民间文书证史,以实物碑刻证史,以民俗乡情证史。这次结集的几篇文章就是遵从"区域社会史"的理论写成的。不过中年半载学跌打,难免得其形而遗其神。

史学研究必须有实证的底子,也要有理论的指导。学者的水平有高下,下者跟着材料走;上者跟着问题走。一个人有没有"问题意识",取决于他的理论素养。中国传统学术的"汉、宋之争",纠结的就是考据与理论谁更重要。"汉学"讲究语言文字名物训诂典章制度考证,做的是纯学问,其失在繁琐;"宋学"偏重于探讨微言大义,辩析抽象的哲理概念,其失在空疏。目前中国的学术评估体制,"理论"更占上风,正如考据大师戴震所抱怨的那样,"义理是坐轿子的,考据是抬轿子的"。其实两者都不可偏废,光做文献材料考证,则学问做不大,只能"小叩小鸣";偏重理论,不做考据,则学问功底差,不扎实,不厚重,也成不了大师。因此,今日吾侪做学问,正确的态度方法是:一只手伸向中学即考据之学;一只手伸向西学即社科理论,做到"小叩小鸣,大叩大鸣"。通俗的说法,是"做汉学,讲宋学",最高境界是新旧兼擅、中西贯通。

我的从文士到学者的角色转换过程过于缓慢,进入高校八九年之后才意识到要真正完成"蝶变"必须借助史学理论的营养滋润,否则永远是布衣学者出身,难成正果。此前所走的路基本符合考据学的途径,除写了几篇论文外还整理出版了两部古籍,完成了"蝶变"的第一步。第二步应向"区域社会史"的高度攀登,学会使用解读乡土文献的"一箱子新工具",做好"陈寅恪家族史研究"的课题,完成"发出老家文化入自己声音"的目标。

但我在行进中又有一点恋旧,民间"礼敬书香"的习俗使我心目中的民国学者形象挥之不去。有时我会玄想遐思,作为广大"专业技术人员"队伍中的一员,可不可以既适应时下流行的论文模式、掌握申报课题的名目技术,又不至于泯没性灵。处于今日之世的学者专家,能不能搞科研时就用如冰一样的理性写论文做课题,发思古之幽情时就用如火一样的才情负手轩眉哦大句。两副笔墨,一样心肠,像王叔岷《自足》诗所写的那样有个性:"一生勤治学,而我非学者。一生好写诗,不肯附风雅。雅人何其多,学者遍朝野。落落一书生,自足无所假。"

　　二〇一二年十月,义宁刘经富写于南昌大学寓舍"积庐"

义宁陈氏家史述略

修水县位于江西省的西北部,宋代为洪州分宁县,清代为南昌府宁州(嘉庆以后称义宁州),民国元年,改名义宁县。民国三年,因与广西省义宁县同名,而改名修水县。县治仍名义宁镇,延续至今。

修水远离南昌、九江、长沙、武汉等大中城市,交通不便,境内群山起伏。宋代吴曾《能改斋漫录》谓"分宁虽深僻险绝,然代出伟人"。最著名者有黄山谷家族和陈宝箴家族。我国古代有以地望籍贯称呼名人的风习,如称杜甫为"杜少陵",称韩愈为"韩昌黎",称黄山谷为"黄双井"。这种风气一直延续至近代,人们称呼"义宁陈氏家族一门四杰"——陈宝箴、陈三立、陈衡恪、陈寅恪时,或在名字前冠以"义宁"二字,或隐去其名直称"义宁"。称陈寅恪为"义宁先生",称陈寅恪的学术为"义宁之学",称陈寅恪的人格思想为"义宁精神"。"义宁陈氏"作为一个家族的徽号,声名远播,深入人心。

上世纪八十年代以来,我国报刊介绍陈寅恪人格学术的文章逐渐增多。进入九十年代,随着四种陈寅恪纪念文集和四种陈寅恪传记的出版流传,"义宁陈氏"更是名满天下,成为九十年代中国文化学术史上一道独特的风景线。本文试图挖掘、分析这个著名家族二百多年的生成发展史,为学界研究这个文化世家提供原始材料。

一、义宁陈氏的客家渊源

　　清朝初年,反清势力占据了修水山区很长时间,直至康熙十六年(1677),才把这些反清势力镇压下去。连年战乱,加上自然灾害,使修水生产凋敝,人口锐减,田土荒芜。康熙十七年,政局稍稳,知州班衣锦奉旨向闽、广、赣南等地发出招贴,于是福建省的长汀、上杭、武平、宁化;广东省的长乐、兴宁、平远、大埔、镇平、和平、龙川、程乡;赣南的会昌、崇义、安远、兴国、龙南、定南等数十个州县的客家人,扶老携幼,成批迁来义宁州开山垦荒,搭棚(篷)居住,史称棚民。以后亲朋乡邻辗转相邀,雍正、乾隆年间又迁来不少。

　　客家人从康熙十八年(1679)至康熙末年,陆续迁移义宁州,人口已达一万多人,但一直没有解决户口问题。按照当时的规定,居住二十年以上,有了产业、庐墓、亲戚的外乡人,都可以申请入籍。雍正二年(1724),朝廷颁布《棚民保甲法》,规定"江西、浙江、福建三省棚民……已置产业并愿入籍者,俱编入土著,一体当差"①。

　　根据这个规定,许多地区的棚民都顺利地拿到了"绿卡",只是赣西北的袁州、宁州的棚民因本地人的层层阻挠,入籍问题迟迟不能解决,不得不采取另立都图和给予科举另额的形式,折衷了结。义宁州的土著阻挠尤其激烈,发展到围攻州衙,殴打驱逐赴州城考试的客籍童生。知州刘世豪不畏强暴,坚持正义,不断向上级呈文说明情况。雍正三年七月,朝廷终于允准另立都图,"耕山者概编

---

① 《清文献通考》卷十九《户口考》。

保甲,有产者另立都图,以怀远为名,隐寓招携之义,其秀者令为义学,课习五年,俱得一体考试,卷面注怀远字样……"①。

怀远都的建立,是中国封建社会长期怀柔政策的产物。我国历史上有怀、安、绥、靖等字的行政建置一般都含有安抚怀柔之意,用怀远直接名县的有三个:安徽怀远县,广西怀远县(1914年改名三江县),陕西怀远县(1914年改名横山县)。而比县一级更小的怀柔性质的行政建置,则比较少见,义宁州怀远都的存在,为我们提供了一个封建社会广泛运用怀柔归化政策的实例,具有客家人入籍问题个案研究的价值。

怀远都共设置四都八图八十甲(甲又称里或递),分插在义宁州原有的行政区域内。这样,义宁州就有了两个地理空间概念,官府办事人员和客家人必须记住两个地理名称。当客家人进行对外交流时,他使用的是义宁州的行政建置;在客家人内部开展活动和完粮纳赋、科举考试时,又必须使用怀远都的行政建置。这种特殊的社会现象虽然早已成为历史,但由此派生出来的一个专有称谓——怀远人,仍将存在很长一段时间。

雍正末年,陈宝箴的曾祖陈鲲池(名公元,字腾远,号鲲池),从福建上杭来苏中都林坊迁义宁州泰平乡七都竹堰里(属怀远都四都二图十甲),为陈氏家族迁宁始祖。

陈鲲池的族源出自我国著名的大家族——江西江州义门陈氏(今江西德安县境)。北宋仁宗嘉祐七年(1062),义门陈氏奉旨分庄,旺公十世孙、宋进士曰魁公者,携眷九十七人,自江州徙汀州,为入闽之始祖。魁公生五子,崑、崙、嵩、岳、峯,兄弟同居宁化之石

---

① 同治十二年《义宁州志》卷十二《食货志·户口》。

壁寨葛藤坳陈德村，传十二世，复由闽播迁，散处粤东、江右、楚南诸郡县。峰公十二世孙曰中兴，中兴生子十八人，后世称十八郎公。其中十一郎公字扶桑，由宁化迁广东潮州，再迁福建杭邑之来苏乡中都林坊。后世遂尊十一郎公为杭邑一世祖。扶桑公再传十七世即为鲲池公。

　　陈鲲池迁宁州后，中经克字辈、规字辈、观字辈，陈氏家族繁衍兴旺，人文蔚起，产生了陈宝箴这位杰出的人物。同治末年，陈宝箴举家迁居长沙。其后人恪字辈、封字辈均在外地出生，并随祖、父迁徙长沙、武汉、南昌、南京、上海、庐山、北平等地，但根出客家、根在修水的意识，却始终没有断绝。1930 年，罗香林先生写了一篇《客家源流考》的论文（这篇长文后经修改补充成书出版），请寅恪先生批改。寅恪先生向罗香林讲述了修水怀远人早年的情况，罗香林——写进文章中，这是"怀远人"这个名称见于学术著作的最早记录。1970 年，罗香林在《回忆陈寅恪师》一文中重提往事："修水之有客家是根据吾师陈寅恪先生的讲述推知的，他的上代是从福建的上杭过去的，本属客家系统，这些从闽粤迁去的客家人，多数以耕读为业。因为生性耐劳，勤于读书，所以考秀才的时候本地人往往以学额被客家学子多分了去，便出而纷争，甚至阻挡客家学子入场应考。后来由封疆大吏请准朝廷，另设'怀远'学额，专给客家人应考，与原来的学额无关，这才把纷争平息。陈师一家自他高祖至他父亲都是怀远籍入学，逐级考获各种高科的。怀远妇女不缠足，故只能与本处客家通婚，而不与本地人通婚。"①从罗香林转述的话来看，寅恪先生对修水怀远人早年的情况是很熟悉的。1989 年

---

①《陈寅恪印象》，学林出版社 1997 年版，第 53 页。

10月,陈三立次子陈隆恪的女儿陈小从回修水寻根认祖,写了二十首《故乡行》。她曾将修水之行函告姑父俞大维(陈三立次婿),时俞大维已逾九十高龄,回信犹问:"老家的族人还讲客家话吗?"

据说陈三立的夫人、子女平时都讲长沙话,只有陈三立带有修水老家口音,子女中长子陈衡恪、四子陈方恪亦会讲老家话。这与现在老家的族人既能讲怀远话,又能讲本地话的情形相同,他们恪守着"宁可抛荒,不可抛腔"的祖训。

渊源总是无法割断的!

二、陈氏的崛起

陈鲲池落脚义宁州时,土客矛盾最激烈的时期已经过去,社会为后到的客家移民提供了较为平稳的生存空间。与先来的其他客家家族相比,陈家的崛起非常迅速。它从人口数量、人口素质、家族在社会外交活动中所起的重要作用、子弟在科举上的成功、家道小康等几个方面反映出一个家族的兴旺气象。

为了行文方便,兹将陈鲲池至陈三立这一辈五代成员列表附后①。

从附表中我们可以看出,陈鲲池以一己之身,三代以内就繁衍到50余人的大家庭,如果加上媳、婿,还不止此数。虽然与本地人的大姓望族相比,还称不上巨族,但在义宁州的客属移民家族中,

---

① 此表据修水怀远陈姓民国九年五修《义门陈氏宗谱》的陈鲲池房"瓜藤吊图"和"世系册"移录。陈鲲池有兄弟三人,兄公远、弟公升,与陈鲲池同迁义宁州,兄弟三人共居离竹塅不远的护仙源,后鲲池一房迁居竹塅。"瓜藤吊图"中尚有公远、公升后裔16人,此表不一一移录。

其人口膨胀速度是最快者之一。

但义宁陈氏的迅速崛起,更重要的是体现在人的素质上。

陈鲲池的先世,是一个一度科甲显荣的家族。五世祖陈于庭(1566—?),明万历三十一年癸卯(1603)科乡试副榜,"年三十八始中副车……年四十淡意名场,穷年闭户,日以著述为事。间与二三知己寻名山大川,登临游览,吟诗作赋,酬唱往来,或戏池鱼、种名花、优游自适,以乐其天性"①。陈于庭之弟陈于阶,明崇祯元年戊辰科进士,他的子孙多有监生、廪生、庠生。陈于庭长子陈汝勉,次子陈梦说,亦为副贡生,再传二代至陈鲲池之父陈文光,耕读之家的脉息始终没有断绝。"族叔文光大人所谓安贫乐道、承先裕后之较著者,先世业诗书,多上达。高祖于庭公兄弟,掇巍科,登仕版,绵绵继继,奕叶流芳……公性敏好学,诸子百家书罔不搜览,年未冠,处贫窭,耽读于家之'淡然轩',以古人功名事业相期许,德配刘孺人挑灯佐读,纺声书声相唱和于五夜鸡鸣时……"②。"所著《寡过录》、《敦孝格言》、《小窗语林》等篇,足以挽颓风而敦古道,有益于世教人心大矣"③。陈文光曾受聘教馆,屡荐西席,"文光公学博家艰,友教四方,馆居日多,而家居日少"④。陈鲲池少年时代随父在教馆读书,"先祖文光公家无担石之蓄,手不失卷,缙绅先生延先祖于西席,严君随馆诵读,一月一次归省萱帏……先世业诗书,多

---

①陈于阶撰《副贡生于庭伯兄先生传》,载怀远陈姓道光八年二修《陈氏宗谱》。
②陈之驹撰《族叔文光公先生暨原配刘孺人合墓志铭》,载怀远陈性同治二年三修《陈氏合修宗谱》。
③例授文林郎候选知县姜逢泰撰《陈公文光先生传》,同上。
④恩岁进士候选儒学教谕陈书洛撰《文光先生原配寿母刘孺人传》,同上。

上达,然自太高祖于庭公伯仲举于乡成进士以来,虽青衿代有而科甲未续,已越数世,严君力继之,艰于遇,未伸其志,弱冠弃举子业……年跻七十,循例入太学,继先世科甲家声。乾隆庚戌恭遇覃恩予八品职衔"①。由于竹垇陈氏具有这样一个科甲显荣的家世背景,迁宁始祖陈鲲池少时得以接触"举子业",具备了读书人的素质。这种素质毫无疑问地会影响传承至下一代,事实上竹垇陈家的第二代就完成了从棚民到耕读之家的转变,而且迅速地进入了义宁州名人士绅的圈子。

陈鲲池的长子陈克绳(1760—1841),字显梓,号绍亭(又作韶亭),"自幼聪颖迈伦,及壮力学为文,淹博精通,所养者裕。艰于一衿,因援例入太学,应乡试不录,退而甘隐林泉……小斋无事,拈韵不辍,都人士以诗学相切劘,称公诗有盛唐风。著《溪上吟》《仙塬春晓》《小斋录》"②,"稍长肆力于诗古文辞,欲以功名驰骋当世,晚年尝泛舟江湖,与程太史赞采辈相唱和,故一时文人皆称绍亭先生"③,"道光辛丑腊嘉平十日上舍陈绍亭先生告终于家,予四十年吟坛老友也……先生聪颖过人,枕经胙史,学足三余,屡试不利,乃循例入太学"④。

有关陈克绳的材料较多,其孝行事迹载入《义宁州志》卷二十五《人物志·孝友》。

陈鲲池次子陈克调(1765—1840),字旭升,号五园,雅号竹筼

----

① 陈克绳、陈克调、陈克藻、陈克修撰《太学生陈公鲲池大人行略》,同上。
② 钦点翰林院编修程焕彩撰《太学生绍亭先生传》,同上。
③ 州廪生彭承恩撰《太学生绍亭先生传》,同上。
④ 礼部进士例授文林郎候选知县长宁县教谕查望洋撰《赠文林郎太学生陈公绍亭墓志铭》,载怀远陈姓同治二年三修《陈氏合修宗谱》。

居士,太学生,貤赠文林郎。克调是克字辈四兄弟中文士风雅气息比较浓的一个,他的住宅名"竹筠居","积书千卷,枕石漱流,呼酒酌饮,兴酣出随笔草数卷,多传记简札赠送诗,摹欧苏文仿五七言古诗,皆佳妙"①。所作《竹筠居自序》,颇有风致,又自题《五园自写照》:"我从田间来,尔在书房坐。观者齐相见,说道尔像我。我学孝悌慈,升堂由也果。有义有信交,无谄无骄可。诵读经史书,半生不敢惰。屡挫文场锋,困顿如许伙。尔与我周旋,动容中礼么。嘻嘻尔我,我惟爱尔丈夫我丈夫,尔毋学尔为尔我为我。"光绪二十五年(1899)克调的后代为其迁葬时,陈宝箴写了《貤赠文林郎陈公五园府君墓碑铭》,谓其"所为诗文多质近古,童时州里有声……"。

陈鲲池三子陈克藻(1771—1853),字西玉,号昆巇,例授修职郎,早年与其兄克调师从怀远陈姓举人陈光祖、陈光缙,"先生性聪颖,勤读书,贯通淹博,具远大志,数奇不获售……慷慨有气节,不以功名得失为计。乃乐韬晦于护仙之源,豹钱雾隐,结英奇于风竹之屋。一时士君子,往往略车笠之嫌,欢与把臂,晋接无俗客……术效计然,南游闽楚,北走燕赵,揽胜寻幽,题咏写怀,别有佳致"②。

陈鲲池四子陈克修(1776—1842),字兼万,号介田,"幼警敏、言笑不苟,有成人风。张明经采仪兄见而奇之,妻以长女,通葭莩之好。先生读书明大义,敬养以亲亲,笃爱以长长。比闾族党之间,谦尊有光,皆以长者称,性仁厚,慕善乐施"③。

①嘉庆己卯科举人吴凤鸣撰《竹筠居士记》,载怀远陈姓道光八年二修《陈氏宗谱》。
②恩岁进士候选儒学温必荣撰《陈崑巇先生传》,同上。
③查望洋撰《介田先生夫妇合传》,同上。

克字辈四兄弟都以继承先世读书进取的门风祖德为职志，一直念念不忘祖先带给他们的荣耀光华。嘉庆六年（1801），陈家从上杭迁出已70年，仍然委派克藻远道跋涉回原籍，为于庭公、汝勉公、敏宜公三代重修坟茔，并将祖父文光公的骨殖带回修水，迁葬竹塅。这里面自然有客家人素重木本水源的因素，同时也包含着敬仰先世科甲显荣的成分。

克字辈四兄弟都受过诗书礼乐的化育熏陶，已经具备了昔日乡绅处士的个人条件，在义宁州的士绅圈子里，已有声名，其中以长兄克绳的名气最大。我们从附表中也可以看出，竹塅陈氏四房以长房人口最多，以后陈氏家族的人才、人物，也主要出在克绳这一房。

陈克绳的长子陈规钫（1786—1840），讳其经，字宜六，号宫谱，太学生，诰赠奉政大夫。规钫早年习举子业，屡试不售，退而设教家塾。其长子陈观礼（1809—1871），道光七年（1827）科试入州学，道光九年岁试补廪，候选训导，诰赠奉政大夫。观礼是竹塅陈氏第一个取得科举学位的人，以后数次参加乡试均未中，遂设塾授徒，成为义宁州有较高知名度的贤士。"吾宁遗献，代不乏人。如家棠荫师，陈裕生师，余肃卿师，陈观礼师，徐丹岩师，姜少梅师，或以硕学称，或以长才著，类皆昭昭在人耳目……"①。观礼长子陈三略（1835—1887），廪贡生，钦加同知衔，湖南补用知县，署理嘉禾县正堂。陈三略生有九子，第六子儒恪，光绪二十三年（1897）由监生捐巡检分发湖北试用，入民国任政府机构职员。其孙陈伯虞，台湾淡江大学教授；第九子伊恪，字莘夫，湖北自强学校肄业，转南洋陆师

①邑人龚溥庆撰《师竹斋笔记》，民国九年家刻本。

学堂,复考入南京三江师范学堂,1907 年赴日本留学,入东京中央大学法律专科修业。此时陈氏家族有四位子弟在日本留学,即陈衡恪、陈隆恪、陈伊恪、陈荣恪[①]。伊恪归国后在江西省政府机关任职。

陈三略虽然辈分比陈宝箴小一辈,年龄、经历、出身却相仿。52 岁卒于任上,九个儿子有六个未回乡定居,是陈氏家族走出竹墩的另一支人才[②]。

陈克绳的次子陈规镜(1786—1831),"业经书子史,每有所阅即记诵不忘。少绩学,应童子试,累夺前茅,师友咸以大器目之,而居心常歉然也。励志芸窗,学益博,业益精,乃遇艰,莫展所学,退而训子侄及生徒。春风化雨而教无倦怠,讲习之暇兼业岐黄……"[③]。陈规镜盛年即殁,其子陈观澜,例授修职郎,候选分县。观澜之孙陈荣恪,字莘成,留日时加入同盟会,夫人是辛亥志士刘道一之姊,民国时任北京商业银行文书主任,1922 年 43 岁时逝于北京。

陈克绳三子陈规镐(1794—1870),例授修职郎,复办团练功军功旌奖八品顶带。长子观琦从军有功,赏七品顶带;三子观瑶,从军有功,赏戴蓝翎,候选县正堂,六子观璠,州庠生,候选分县。

陈克绳四子陈规鋐(1798—1854),讳伟琳,字琢如,号子润,诰赠光禄大夫,例赠文林郎,候选分县,记录四次。陈伟琳早年习举

---

① 关于伊恪、荣恪赴日留学事,除宗谱上有记载外,廖国仁《关于陈寅恪是否客家人的一封信》中亦提及,此信载 1970 年 4 月 24 日台北《中央时报·副刊》。
② 本节材料来源:《陈规钫先生传》、《陈观礼先生传》、《陈三略先生传》、《陈氏宗谱·世系》。
③ 《陈规镜墓碑文》,据现存陈规镜墓墓碑抄录。

子业，"始六七岁，授章句已能通晓圣贤大意"①，"府君于诸父为季，幼就外傅读书，聪颖过人。先大父（指陈克绳）以孝义重于乡，乡宿儒长者时过从，皆重府君。府君亦乐与老成近。读书观大略，不屑屑于文，然应童子试辄有声誉"②。后因母病，弃举子业而究心灵素之书。陈伟琳因有郭嵩焘所撰墓碑铭，知名度较高，相关材料尚有李元度撰《陈伟琳妻李太夫人墓碑铭》和郭嵩焘撰《李太夫人墓碑铭》。其孝友事迹载入《义宁州志》卷二十五《人物志·孝友》。陈伟琳生子三：长子陈树年，谱派观瑚，字六殿，号滋圃（1823—1881），候选同知，赏戴蓝翎，诰授奉政大夫。陈树年曾随父办团练，"父以劳卒，伯兄纠健儿击贼，屡濒于厄。咸同中吾友罗君亨奎，易君佩绅，率饥军搏贼川陕间，与同患难者数岁。逮宝箴佐军事东南，伯兄遂不复出，晨夕奉母以终其身……"③。

陈伟琳次子陈观瑞，三岁时殇，陈宝箴为其撰墓碑。

陈伟琳三子陈宝箴，谱派观善，字相真，号右铭（1831—1900），道光十一年辛卯正月十八日生，光绪二十六年庚子六月二十六日殁。道光三十年庚戌入州学，咸丰元年辛亥恩科举人。"同州陈右铭中丞，家世孝友，为乡党所推。中丞幼既倜傥，弱冠应童试，考题为藏器于身赋押而字官韵，一联云：'纵然身便终藏，任人可矣；或者才求不器，俟我乎而'。宗师张小浦芾击节叹赏，批以抱负不凡，决为大器。明年咸丰辛亥恩科遂领乡荐，年方二十有一。嗣因世

---

① 郭嵩焘撰《陈琢如先生墓碑铭》，载怀远陈姓光绪二十一年四修《义门陈氏宗谱》；《郭嵩焘诗文集》437 页，岳麓书社 1984 年版。

② 陈宝箴同治二年（1863）撰《子润府君行述》，载同治二年三修《陈氏合修宗谱》。

③ 陈宝箴撰《陈公滋圃墓表》，载光绪二十一年四修《义门陈氏宗谱》。

乱,偕同志团练乡兵,保御桑梓,旋起家牧守,渐历封圻,声施烂然"①。

同治初年,陈宝箴以举人身份,入曾国藩幕,曾国藩侍陈宝箴为上宾,称之为"海内奇士"。赠联"议事有陈同甫气,所居在黄山谷乡"。陈宝箴生日时,曾国藩又赠联"万户春风为子寿,半瓶浊酒待君温"②。可见曾国藩对陈宝箴的推重。

陈宝箴后追随席宝田,立下战功,从此踏上仕途,累迁至湖南巡抚,领导了在晚清史上影响巨大的湖南新政,是晚清有魄力、有建树的封疆大吏,《清史稿》卷四六四立《陈宝箴传》。

竹墩陈氏崛起之后,在怀远都和怀远陈姓的诸多社会活动中,不断展示自己的实力。在纂修宗谱,创建宗祠,创办怀远人自己的书院③,创办怀远人的漕运机构"全善局"等重大活动中,不时闪现着竹墩陈氏的身影,限于篇幅,这里从略。

三、陈氏崛起的成因初探

一个家庭或家族的崛起兴衰,都不是偶然的,其中必有特定环境、自身条件、外界影响等因素,其生成发展史总有内在的脉络轨迹可寻。就义宁陈氏而言,其崛起兴盛的原因主要有以下几个

---

① 邑人龚溥庆撰《师竹斋笔记》,民国九年家刻本。

② 这是一幅集句联,见于清·何杖的《衲苏集》。上联出自苏东坡《王氏生日致语口号》,原诗句为"万户春风为子寿,坐看沧海起扬尘"。下联出自苏东坡《正月二十日往岐亭》诗,原诗句为"数亩荒园留我住,半瓶浊酒待君温"。

③ 这所书院名"梯云书院"。因本地人的书院排斥怀远人子弟入学,怀远人遂于道光二十四年创办梯云书院,供怀远子弟深造,陈伟琳是发起者之一。今存陈宝箴作序的《梯云书院志》。

方面：

（一）躬耕不废课读

一般说来，客籍移民刚迁移某地，考虑较多的是如何生存下来，生存、立脚是首选目标。只有生活初步安定，解决了温饱问题之后，才会向子弟提出文化上的要求，设法送子弟读书，形成"朴者耕，秀者读"的模式。竹塅陈氏走的正是这样一条耕读并举的治家路数，只不过其它怀远人的家庭步子迈得更大更快一些。这里面既有陈氏家族先世是读书人家的惯性推动，也有怀远人渴望通过子弟读书迅速改变自己生存状态的群体心态的影响。

陈鲲池初迁义宁州时，开始是选择离竹塅不远的一个叫"护仙塬"的地方，与同从上杭来苏中都迁宁的乡邻何、邱两姓共同开发护仙塬。护仙塬海拔约700多米，两山夹峙，山涧弯曲，长10余里。陈、何、邱三姓迁居此地，开始主要是种蓝（后来改种茶叶），三、四十年后，陈鲲池渐渐有了些积蓄，"严君由汀州来苏乡游豫章古艾之护仙塬，里仁俗美，遂择处焉……（严君）勤俭持家，渐积余金，不遑他务，惟念万物本乎天，人本乎祖，先置扫墓田，次置租田，次立家室，娶同州隐君子名觐光公中女，为吾母何太孺人"①。何孺人十四岁嫁鲲池公（时鲲池公已36岁），结婚后连生六女，三十岁后连生四子，"（孺人）训诸子以义方，稍长出就外傅，就名儒督课，一切供膳，备极丰洁"②。

按照修水地名的一般说法，"塬"是尽头有岭，两边有山，中间

---

① 陈克绳、陈克调、陈克藻、陈克修撰《太学生陈公鲲池大人行略》，载道光八年二修《陈氏宗谱》。
② 查望洋撰《鲲池先生原配何孺人传》，同上。

有溪涧贯穿的山垄。"塅"则是比"塬"更为开阔的山间盆地。能到"塅"里居住、耕作,是山里、塬里的农民所向往的。因此,陈鲲池父子在家境稍裕之后,即开始实行向邻近的竹塅迁居的计划。

乾隆五十七年(1792),陈克绳操持主办,在竹塅建造了新屋,鲲池公取名"凤竹堂"。"凤竹堂"一进两重,中有天井,左右有厢房,属于修水乡间常见的宗祠、大屋形式,历经二百余年风雨,至今仍保存完好。大约在同治年间或光绪初年,陈宝箴又在"凤竹堂"的右边建一栋新屋,两栋房子毗连成一栋大屋,称"陈家大屋"。门前有陈宝箴中举的旗杆石,陈三立中进士的旗杆墩,过去大门上有进士第匾额,上堂前有光绪帝赐予的"福"、"寿"字匾和名人的字匾联对,名气很大。

"凤竹堂"落成三年后,陈克调三十岁时,到离家数十里外的怀远陈姓举人陈光祖兄弟所办的私塾就读。陈光祖之弟陈光缙曾游学白鹿洞书院,号"双溪两先生",是陈家三代的老师。陈克调、陈伟琳、陈宝箴均在他门下就读。"吾族以诗书世其家者惟双溪最著……吾家自叔祖五园公从而受学者三世……箴闻之先人云,方国初时,闽粤遭三藩之变,徙家居江右者,分宁、奉、靖间所在有之,然流离草创之际,罕能读书以学鸣于当世者。双溪两先生出,远近之士从游者无虑数百人,彬彬然称弦诵焉,呜呼,亦盛矣哉"①。陈克调离开家中有点想家,长兄克绳带着铺盖,陪伴了他半年之久,才回竹塅,"公三十岁时读书去家六十里清凉山中,殊依恻不忍别,吾祖蹼被从之,与偕食半岁,乃还。别时犹相与惘惘,若适异域"②。

---

① 门下晚学生族重侄陈宝箴撰《双溪两先生传》,载同治二年三修《陈氏合修宗谱》。

② 查望洋撰《赠文林郎太学生陈公绍亭墓志铭》,同上。

早在护仙塬居住时,陈克绳就主持创建了仙塬书屋,延师课子侄,"(绍亭公)教诸弟读,互相师友,有姜家大被之风。延师课读必亲为甲乙。子侄诸孙,皆知绳趋矩步。建仙塬书屋,命孙曹辈肄业其中。拨立田租为膏火,应试卷资"①。护仙塬这个学堂存在多久,已不可考。陈家迁到山下竹塅后,又建了家塾。陈克绳的长子陈规钫,次子陈规镜曾在家塾任教。"(规钫)少读书甚聪颖,长习举子业,辄宵分忘寝,屡试不售,退而设教家塾……课长子观礼读,自句读至操觚,阅九寒暑,通经史,为文有程度,越六年补弟子员。绍亭公日来塾,(规钫)必躬送至家……母卒后,(规钫)复课诸子侄读"②。

陈氏家族对子弟课读的重视,不仅在物质上予以保证,而且家族中的长辈,对子弟读书上进都给以极大的关注。陈克绳"每遇试期,携其弟与子侄赴州及省垣,出场时即促录试文以决去取……年六十三,犹日携孙儿优游朗诵,绘《对菊课儿孙图》,州名人题咏几遍"③。陈克藻"尤乐培后进子侄诸孙,常训诲而期望之。年八旬,从孙宝箴举于乡,闻之喜甚,语之曰,吾家先世以科甲显,吾兄弟四人甚望此。今诸昆皆物故,吾老矣,犹及见之,亦差强人意。虽然,科第重人耶?抑人重科第耶?愿益勉之,吾所期尔曹者尚不在此也"④。

---

①钦点翰林院编修程焕彩撰《太学生绍亭先生传》,载怀远陈姓道光八年二修《陈氏宗谱》。

②举人儒学教谕晏自翘撰《宫谱先生夫妇传》,载怀远陈姓同治二年三修《陈氏合修宗谱》。

③查望洋撰《赠文林郎太学生陈公绍亭墓志铭》,同上。

④举人拣选知县邱必全撰《例授登仕郎陈公崑巇夫妇墓志铭》,同上。

耕作不忘课读,是竹塅陈氏得以迅速崛起并且传之久远的一个重要前提,如果竹塅陈氏小富之后,只是一味追求物质上的富庶,家族的兴盛就有可能昙花一现。正如《陈规钫夫妇传》里所说的那样:"析爨后,食指多,馆谷不给,里人有劝废学谋生者,辞曰:吾家故贫贱,何他图……诸子益努力,家稍裕,孙曾十余人,秀者入塾,以儒业著称闾里。于是里人叹曰,向以为读书不治生产者,直迂阔耳,今而知不在多积也。世之拥膏腴、业商贾,薄于所生,营营焉惟利是究而卒中落者,视翁之顺受何如耶?噫,先生之泽远矣!"①。

(二)眉毛山山区人文环境的影响

眉毛山是修水东部的一座大山,海拔1198米,属九岭山脉的一条分支,离县治四十里,解放前为泰乡七都一部分,解放后设桃里乡,竹塅是眉毛山下较长较大的塅之一。

若从地理形势来看,眉毛山与修水众多的大山一样,没有什么特殊之处,只是这个地方一度人文鼎盛,却为其它地方所不及。

早在陈氏家族迁来竹塅之前,邻村西坑、高塅就有徐氏家族在眉毛山下休养生息数百年(宋理宗末年由州城迁眉毛山下)。乾隆初年,徐氏家族希字辈崛起,习举子业者多有其人,《徐氏宗谱》上载希字辈六人传记,均为兄弟,一时称盛。虽然在科举上未获得高科,仅老大希松为州廪生,老三希柏为州庠生,但六兄弟都接受了诗书礼乐的教育,有一定的人文素养,这从他们的诗作中可以想见,其中老四希模的一首诗选入《义宁州志》卷三十五《艺文志》。

---

① 举人儒学教谕晏自翘撰《宫谱先生夫妇传》,同上。

六兄弟与本族和州里的名人也多有往还。

希字辈的下一代懋字辈是一个低潮期，至第三代建字辈，有徐梦龄，其人明辨有识。家境小康后，一面广施利济，其善行事迹载入《义宁州志》卷二十六《人物志·善士》；一面鼓励子弟读书进学，终于在同治三年，孙子徐家干领乡荐，获第五十八名举人，日后在张之洞名下展布长才。

建字辈另一个人物徐步衢，咸丰七年岁贡生，豫章书院进业，五荐不举，晚年在州城设塾授徒，是义宁州的名儒。曾参加《义宁州志》的编纂，著作有《安愚圃文稿》。

建字辈还有一人物徐梧山，早年补博士弟子员，有声庠序，后在家设塾授徒，是徐家干少年时代的老师。

与竹塅相邻的另一个村庄拾科里也有一个以耕读传家的家族——涂氏家族。大约与陈鲲池同时，于雍正年间从本州迁入眉毛山下。乾隆中期，有涂锡龄，号鹏里，"生平崇儒重道，凡缙绅先生、文人学士造其门者，累日周旋无倦色。延师课儿辈，内尽诚，外尽敬，故师馆其家有七八年之久者，有十余年之久者……子三，长䮘云，举乡饮，次骥云，候选分县同知衔，三骧云，太学生。孙八，长举于乡，三郡庠生，五候选州同。曾孙十八人，读书者撷秀泮林，治家者皆成立"①。

鹏里公次子涂骥云，筑孕云璧学舍，请孝廉刘蓉镜课其子侄。其孝友事迹载入《义宁州志》卷二十五《人物志·孝友》。长子涂家杰，号弥山，咸丰二年壬子科举人，选江西浮梁县教谕，司铎十载，

---

① 都昌县儒学正堂举人龚鸿撰《诰封奉政大夫鹏里公墓志铭》，载 1994 年新修《涂氏宗谱》。

曾任《义宁州志》的总编篡,著有《孕云盦诗文稿》,是义宁州著名的文人学士。其侄涂同轨(1868—1929),"六岁就读于鹏里家塾……补博士弟子员。秋闱不第,入江西大学肄业,旋选优级师范,积五年毕业,得奖优贡,服务学校有年。再赴试场得优贡第二名,旋赴北京朝考(1909),得一等,分发广东知县"[①]。涂同轨民国初年担任《大江报》主笔,著《孕云盦诗》一册传世,是民国时江西的著名诗人。

陈、徐、涂三个家族的发展史颇有共同之处。开基创业的那一代都在乾隆年间,绵延积累三四代,共同走上兴旺之路。三个家族都耕读并重,都创办了家塾;三个家族都有后裔在大城市和海外,值得进行对比研究。三个家族在发展的早期,由于土客关系,似乎没有太多的往来。不过,共处于一隅,共处于一个文化圈中,宗族之间的起落进退不可能不相互影响。到了陈宝箴这一辈,三姓子弟的交往明显增多,成就了一段土客融洽团结的佳话。

咸丰四年(1854),陈宝箴的乡试同年、邻县武宁举人罗亨奎(字惺四)携家到眉毛山避寇乱,住在陈宝箴家里。陈宝箴介绍罗亨奎与涂家杰、徐家干相识,一直到同治初年,徐、罗、涂等人在眉毛山中交游往来了很长一段时间。"公讳家杰,别号弥山……乙卯贼据州城,公感时势之艰,避乱山中,筑室数椽,有同里孝廉陈君右铭,喜谈时事,不时过访草庐。又有武邑孝廉罗君惺四,携眷来宁,假公馆避寇。公欣与两生晨夕聚首,讲书论道,畅叙生平,杜门不出,数易寒暑……迨四境烽烟息,百姓安,右铭先生乃与公商入山计,求有用之学。择山之坳,拓地数亩,高建楼阁,藏书数百种,延

[①] 前清优贡知县江苏督理署机要处处长现任两淮盐运使高巨瑷(心夔)撰《涂母胡太宜人传》,同上。

武邑名师李企甫,课读其中。公闻风感发,冒寒暑,走霜雪,时造其庐,与企甫订有道之交。自是公之行谊文章,卓卓然声名四起也"①。

上文中说的他们同读书、切磋学问的读书楼,即"四觉草堂"。同治元年(1862),陈宝箴从京师回乡,在距家六七里远的半山腰建读书楼,以"深有惧夫视、听、言、动之四目,恻隐、羞恶、辞让、是非四端,或有不能自觉,遂以名斯楼"②。陈宝箴雅号"四觉山民""四觉老人",即源于此。"四觉草堂"建成后,陈、徐、涂三姓的子弟都曾在这里读书进学。

陈宝箴、徐家干、涂家杰被称为"桃里三杰"。"涂公故里,有眉毛山,居其下者多英俊卓荦之士,如陈抚军宝箴、徐知府家干、涂教谕家杰,当发逆之乱,陈公与涂公兢兢于义理之学,读书于四觉草堂"③,这段话是"桃里三杰"得名的最好注脚。在教育民间化、家族化的农耕时代,人才的崛起与一地一族的兴衰密切相关,"桃里三杰"是三姓几代人托举的结果。

(三)义宁州的团练运动是一个契机

义宁州自咸丰二年以后,大力举办团练,据《义宁州志》卷十四《武备志》载,义宁州的团练为江西省首倡。一有军事行动,凡十六岁以上、五十岁以内的男丁均编入团勇,称"扫地勇"。从咸丰四年到十一年,与太平军大小战斗百余次,所用经费数百万。咸丰八九

---

① 徐家干撰《奉政大夫涂公弥山传》,同上。
② 李企甫撰《四觉草堂记》,载同治二年三修《陈氏合修宗谱》。
③ 翰林院侍讲华焯撰《涂公生甫传》(涂同轨之父),载1994年新修《涂氏宗谱》。

年间,陈宝箴在京为殉难者请恤,义宁一州多至三千人①。"军兴以来,战凡数十,捐助军需百万,死事士民数十万,始末六年,百折不回、艰难险巇,义宁之民劳矣,义宁之财竭矣"②。曾国藩对义宁州的团练非常赞赏,印象深刻,他曾在奏疏中说:"天下团练并皆有虚名而鲜有实效,惟江西之义宁,湖南之平江,办团确有成效。以本地之捐款,练本地之壮丁,屡与粤贼奋战,歼毙贼匪甚多,故该二州县为贼深恨,亦为贼所甚畏也。"③咸丰五年五月,太平丞相钟廷暄率部数万,由湖北通城入义宁州,直逼州城,驻营城郊,知州叶济英调集 4500 名乡勇守城。两军相持二十一昼夜,大小战斗三十余次。叶济英两次咬指作血书求援,省府按兵不发。太平军于五月九日破城,叶济英与家眷投衙署后爱莲池自尽,城内十万六千人仅有数千名妇女逃出。至七月八日,浙江宁绍道罗泽南督师夺回州城,太平军退入湖北。

　　咸丰五年四五月间,义宁州大战与知州叶济英自沉,是当时的一件要闻,曾国藩对此曾有评议。他在为修水名士熊际盛编著的《御变记略》一书所作的序文中说:"义宁为吴楚要关,大江屏蔽,迩值世变,寇氛充斥,出没无常。绅民独能知方向义,敌忾同仇,数年以来,屡著勋劳。宁城被围两旬之久,大援不至。贤牧义氓,继以死守,凡忠荩节烈,毁家授命至再三,百折不回,以视唐之睢阳,明之宁武,无多让焉。又何不可光简策而流芳后世乎?"④曾国藩对义

①(清)刘体仁《异辞录》第 43 页"陈宝箴之享誉"条,山西古籍出版社 1996 年版。
②陈宝箴《〈义宁同仇录〉序》。
③《义宁州志》卷十四《武备志》。
④《义宁州志》卷三十三《艺文志》。

宁州团练情况的熟悉,为陈宝箴日后拜谒曾国藩受到曾的推许埋下了伏笔。

由于义宁州地理位置要,"居江楚之交,实为江西之门户。武昌不守,边围震惊,必假义宁,以为之蔽"①,"崇山峻岭,形势险要,阻江楚冲,错接楚壤。武昌不守,则江西陆路门户实资管钥焉"②。因此,义宁州战场形势为世人所瞩目,郭嵩焘甚至认为罗泽南克复义宁州是中兴大业的开端,"咸丰五年,义宁之警,军覆城陷,罗忠节公驰剿,一战破之。忠节公遂由通城进规武昌,中兴之业实肇于义宁一战"③。义宁州战场形势的重要,战斗的激烈和兴办民团的实绩,使义宁州的士民多次得到朝廷的议叙嘉奖,"迭蒙圣恩,优奖多人,并奉谕旨加增文武学额",不少团练骨干从这里走上仕途,强宗著姓尤其活跃,这在各姓的宗谱里可以找到大量的实证材料。

洪杨之役,宁州八乡,乡乡办团练,而以泰乡团练最为骁勇。其原因一是泰乡为修水的东大门,二是泰乡向是富庶之区,在泰乡发生的战斗尤多。咸丰五年五月的州城大战,知州叶济英就抽调了4000名泰乡团勇卫城。眉毛山区属泰乡七都,陈、徐、涂三姓是泰乡团练的积极发起者。陈宝箴的伯父陈规镐和父亲陈伟琳组织的团练,据说是义宁州最早的团练队伍,"粤寇陷武昌,踞有江南,数扰江西。先生率乡人团练击贼,比有功……义宁州一城扼江楚之冲,恃以拒贼者数年,由先生治团练始也"④。咸丰四年春季,太

---

① 陈宝箴《记义宁州牧叶公济英御城死难事》。
② 陈宝箴《〈义宁同仇录〉序》。
③ 陈宝箴《〈义宁同仇录〉序》后郭嵩焘批语。
④ 郭嵩焘撰《陈琢如先生墓碑铭》,载怀远陈姓光绪二十一年四修《义门陈氏宗谱》。

平军数次功打泰乡，陈伟琳率乡勇堵截，于五月间积劳成疾，八月去世。"府君于夏五月间积劳成疾，时贼屡犯境，乡人涂雨人（即涂家杰）孝廉就府君计事，府君命树年、宝箴迭往襄事，树年兄弟以侍药不忍去，府君慨然曰，丈夫子当为忠义成吾志，作儿女态奚为。卒令之往"①。

　　陈宝箴早年在家乡的这段经历，为他日后担当重任，视事践实打下了扎实的基础。遗憾的是有关陈宝箴早年经历的文献材料不够系统，因而也就无法掌握他在义宁团练和义宁战事中更多的细节。所幸时局安定后他写了三篇重要的有关义宁州团练和战事的文章，成为义宁州这段历史的宝贵资料，其中《〈义宁同仇录〉书后》一文，主要阐述战与守的相互关系和义宁战事对赣楚战场的影响。文章义理充沛，辞气酣畅，陈义甚高，得到郭嵩焘的好评，字里行间透出陈宝箴当年孔武矫健的身姿和盱衡全局的气度。

四、余　论

　　义宁陈氏的家史研究还刚刚起步，尚须寻找补充资料，在宏观理论的指导下，进行个案研究，全面揭示陈氏家族的生成发展史。以笔者的学力，以史带论或以论代史都难达到。不过通过阅读分析所掌握的陈氏宗谱材料和调查陈氏家族遗存的文物，觉得以下几个结论是可以成立的：

　　1.陈氏家族的家史可以分为上杭、竹塅和义宁陈氏世家三个阶段。"世家"是过去常用来泛指高门大第的一个词语。古人有

---

① 郭嵩焘撰《陈琢如先生墓碑铭》，同上。

"三代承风,方称世家"的说法,故笔者用"义宁陈氏世家"专指陈宝箴这一支。这三个阶段既联系紧密,又有阶段性,各自的发展形态都比较完整。

2. 义宁陈氏世家的书香渊源可以上溯到更早时期。至今已出的数种"陈寅恪传记"和一些文章,言及陈寅恪的家世时,将陈氏世家的书香门第渊源上溯到陈克绳、陈伟琳父子,根据是郭嵩焘的《陈伟琳墓志铭》和陈三立的《先府君行状》。陈氏宗谱材料表明,陈氏世家的书香传统源远流长。近者可以追溯到陈文光、陈鲲池父子,远者可以追溯到陈于庭、陈于阶那一辈。

3. 陈氏家族的人才是一个群体。陈氏家族在耕读传家的秩序中,培养了不少人才。"世系册"上著录的太学生、修职郎、候选分县之类的荣誉性称号不少见。他们虽然不是高官宿儒,但对家族中杰出的人物能够起到铺垫托举的作用,好比一条山脉,有主峰,也有主峰之下的山峦。

4. 陈氏家族是一个小康之家,大约相当于乡间中等地主的程度。陈家在怀远都和义宁州的社会公益事业诸如书院、考棚、义渡、赈济中都不落人后,损资不菲。此外,已发现的十余座祖坟都很有规模,做工讲究,与众不同。这都需要厚实的经济实力作后盾。

义宁陈氏的家史研究是一个大课题,涉及客家学、家族史学、民俗学和典章文物制度诸多方面,必须在怀远人史和义宁州的清代史这两个大背景下,梳理陈氏家族的发展脉络,再现其生存状态。这需要有目的地搜集更多的义宁州地方文献资料,也需要购藏一些客家学、家族史学、地方文献学的学术著作,更需要专家学者的支持与帮助。地方文史工作者读书治学,若没有学术前沿的引导,"跟着感觉走",永远会慢半拍,甚至不止半拍。按照乡贤寅公的说法,做学问必须预流才行,笔者将努力按照他的话去做。

陈鲲池生子克绳、克调、克漾、克修（称竹墩陈家四房），生女六。

兄弟间排行大小从右往左排列。

"观"字同"三"字定又宁州怀远姓的下一辈。道光八年二修谱正式，规定三立这一辈取"观"号，号取从陈三立这一辈起"观"号。修谱匡定世次，陈寅恪立起"三恪封虞后，良家重海邦"的派号取名。

从义宁州怀远陈姓宗谱祠志看
陈宝箴家族史

中国历史上不乏名门显族、文化世家。"陈宝箴家族"即其中之一。清同治初年,陈宝箴(1831—1900,谱名观善,字相真,号右铭)以举人身份入曾国藩、席宝田戎幕,立下战功,从此踏上仕途,累擢至湖南巡抚,领导了在晚清史上影响巨大的湖南新政,是晚清有魄力、有建树的封疆大吏。其子陈三立(1853—1937,号伯严,雅号散原)是"维新四公子"之一和"同光体"诗派的代表人物。陈三立长子陈衡恪(1876—1923,号师曾),我国近现代大书画家;三子陈寅恪(1890—1969),我国现代史学大师;二子陈隆恪(1888—1956),四子陈方恪(1891—1966),为著名诗人;五子陈登恪(1897—1973),武汉大学外文系和中文系教授,文学院代院长。陈衡恪次子陈封怀(1900—1993),著名植物学家,我国植物园创始人之一。

这样一个人才辈出、声名远播的"文化世家",其崛起壮大兴衰都不会是偶然的,必有内在的脉络轨迹可寻。在义宁州(含今江西

修水县、铜鼓县)怀远陈姓的宗谱祠志中①,就系统地保留了陈宝箴
家族史的文献材料。

一

在康、雍、乾时期广东、福建、赣南的客家人向赣西北迁徙的大
潮中,陈宝箴的曾祖陈鲲池(1710—1795)于雍正末年从福建上杭
来苏中都迁南昌府义宁州泰乡竹塅里,为竹塅陈家迁宁始祖。

陈鲲池落脚义宁州后,以一己之身,三代以内就螽斯繁衍到50
余人,如果加上媳婿,还不止此数。与先来义宁州的其他怀远人家
族相比,竹塅陈家的崛起相当迅速。它从人口数量、人口素质、子
弟多人习举业、积极参与怀远人的社会活动等几个方面,反映出一
个家族的兴旺气象。特别是在义宁州怀远陈姓的修谱建祠活动
中,竹塅陈家充分显示出自己家族的实力,并在宗谱上清晰地展现
了自己家族的家史轨迹。

义宁州的怀远人最早迁入的时间尚难确考,大约在明末清初,
已有少量的客家人迁徙义宁州。一般说来,客家人刚迁入某地时,
还没有联宗修谱建祠的意识,也搞不清各自的族源,多在原迁出地
同宗的联络号召下远道前往参加修谱、祭祖。只有在若干年后,站
稳了脚跟,内部人口大量增加,有了辨昭穆、序尊卑的秩序要求和
盼望自己宗族上升到强宗旺族的群体心态;外部则需要增强与周

---

① 清康熙末年,从闽、广、赣南迁入义宁州的棚民已逾万。雍正三年(1725),
官府为解决激烈的土客矛盾,正式设立"怀远都",作为"附籍"。从此,义宁
州的客家移民,就一直被称为"怀远人"。义宁州的姓氏、宗祠、宗谱,就有
了本地、怀远之分。

边社会抗衡、磨合的力量,并且同姓内产生了有实力的家族和有影响力的乡绅,才会与原迁出地渐行渐远,独立地开展建祠修谱和自成体系的宗族活动。这与日本学者濑川昌久对香港移民修谱情况的研究结论是吻合的:"开基祖迁移定居以后,一般都要经过几代人以上,待宗族已有了某种程度的繁荣之后,才开始着手编纂族谱和建造祠堂之类的活动……香港新界的锦田邓氏族谱编纂时间较早,显然与宗族成员在这一时期的科举及第有密切联系。新界地区其他一些规模较小的客家系宗族,则要到清代后半期以后,族谱的编纂才逐步普及到规模较小的庶民阶层,出现竞相编纂的局面。"[①]杨彦杰先生指出:"建造宗祠和编修族谱,是宗族社会发展到一定阶段的产物,也是族人构建宗族制度的重要标志。"[②]

乾隆中后期至道光时期,陈鲲池的儿孙辈已经成长壮大。陈鲲池生 4 子:陈克绳(1760—1841,陈宝箴祖父)、陈克调(1765—1840)、陈克藻(1771—1853)、陈克修(1776—1842),称竹塅四房。克字辈都受过一定的诗书礼乐的熏陶化育,已经具备了昔日乡绅处士的个人条件,在义宁州的士绅圈子里,已小有名气。从乾隆五十一年(1786)起,陈克绳便积极联宗在州城修建怀远陈姓祠堂。至嘉庆八年(1803)祠堂落成,取名"光远堂"。嘉庆十三年修成第一届《陈氏祠志》。陈克绳在怀远陈姓公共活动中的带头人位置,通过建祠这件事得以确立。

义宁州怀远陈姓联宗修谱肇自嘉庆十九年(1814),距怀远陈姓最早迁入义宁州的康熙二十六年(1687)已有 130 余年。嘉庆谱

[①] [日]濑川昌久《族谱:华南汉族的宗族、风水、移居》,钱杭译,上海书店出版社,1999 年。

[②] 杨彦杰《长汀县的宗族、经济与民俗》(下册),国际客家学会等,2002 年。

的主修是怀远陈姓最早获得科举功名的读书人陈光祖。他是嘉庆
九年(1804)的岁贡生,是陈宝箴祖辈、父辈和陈宝箴自己的老师。
由于嘉庆谱始终没有找到,因而也就无法知晓竹塅陈家参加第一
届谱的情况。但参照旧时修祠为了敬祖,修谱为了收族,这两件宗
族上的大事往往先后交错进行的惯例,以及竹塅陈家与陈光祖的
关系,可以推知陈克绳应是这一届谱局的重要成员。

　　道光二年(1822),怀远陈姓又开始了第二次联宗修谱,至道光
八年完成,共印大型谱58部。这次修谱,竹塅陈家投入了大量的
人力物力。陈克绳任督修,主修是陈克修和陈克藻之子陈规鋫,两
人各写了一篇序。陈规鋫还写了一篇《陈氏分迁记》,详细叙述了
江南各地陈姓的分布和渊源,是一篇重要的陈姓分迁源流参考
资料。

　　道光十八年(1838),陈克绳以八旬高龄,再次操办光远堂扩建
事宜,并主持纂修第二届《陈氏祠志》。他在《重修陈氏祠志序》里
说:"余今年已八旬,一切诸事,愿付族长绣章、应衡及吾儿琢如(陈
宝箴之父)共相代理。……行见光远堂上人文蔚起,科甲蝉联,子
子孙孙,绳绳继继。"表达了对全族兴旺发达的殷切期望。

　　咸丰元年(1851),对于竹塅陈家和义宁州怀远陈姓,都是一个
值得纪念的重要年份。这一年恩科乡试,义宁州共录取5位,而怀
远陈姓一次就高中陈宝箴和陈文凤(今铜鼓县)两个举人。怀远陈
姓欢欣鼓舞,借此喜庆,敦促陈文凤、陈宝箴主修大成宗谱。

　　义宁州陈姓的大成宗谱即三修谱于咸丰五年(1855)春在州城
光远堂设局。不料五月太平军攻陷州城,将房屋焚烧殆尽,刚刚开
始的修谱大事不得不搁置下来。同治元年(1862),政局稍定,族中
耆宿复议修谱。于是陈文凤、陈宝箴领衔主事,在谱局一年,"取闽
越吴楚赣南及南昌府诸县新旧分编诸谱遍核之",于同治二年秋季

将谱修成。

与一修谱、二修谱相比,同治三修谱规模宏大,支脉繁多。除义宁州外,邻县武宁、奉新、万载、分宜、浏阳,甚至原迁出地福建的上杭、顺昌,陕西的洵阳(从闽广迁义宁州再迁洵阳的陈姓)也派人远道前来上谱。同治谱共印120部,可谓场面空前。它标志着义宁州怀远陈姓宗族的成熟与完善。以宗族成员科举成功为契机编纂大成宗谱,符合明清以来宗族发育成长的一般规律。如香港新界西部地区的邓氏,首次修谱发生在明初屏山邓彦通科举及第之时。明成化年间,锦田邓廷桢也曾利用中举的机会试图编纂族谱和整修祖坟。尔后经历了整个明代,至康熙二十四年(1685)锦田邓文蔚中进士后才编成一部包括新界各村所有邓氏在内的族谱。

同治谱在义宁州陈姓族史上具有重大意义。它理清了过去各支各自为政的混乱的世次,大大增强了怀远陈姓的凝聚力。以后光绪谱、民九谱、民三十二谱,甚至1994谱都未超出同治谱的范围与体例。同治谱颁布了“三恪封虞后,良家重海邦,凤飞占远耀,振采复西江”的谱派,规定从始祖十八郎公下延至第21世,一律按新谱派取名。这就是日后闻名于世的陈三立、陈衡恪、陈封怀公孙三代得名的来历。现今修水、铜鼓的各支怀远陈姓世次走得快的已到了家字辈,走得慢的还未到21世。竹塅陈家的陈三略生于道光十五年(1835),而现在修水尚有三四十岁的“三”字辈,时间跨度为130余年,跨越几个朝代。谱派的权威性,它在敬祖收族方面的力量确实不可低估。

大成宗谱修成三年后,同治五年,陈文凤和陈宝箴又接着续修第三届《陈氏祠志》。早在咸丰九年(1859),陈宝箴寓居京城参加会试时,就非常挂念咸丰五年被焚毁的宗祠重修事,曾分别写信给陈文凤和族中诸尊长,以修复宗祠为急务,使宗祠得以在咸丰十一年修复，为修大成宗谱创造了条件。三修《陈氏祠志》修成后，陈宝箴撰序，又请乡试同年解元李镜华作序。

光绪十九年（1893），距同治初年修谱已满 30 年，义宁州怀远陈姓续修第四届宗谱。时陈文凤已从福建致仕回乡（他于同治四年中进士后出任福建松溪县、安溪县知县）。陈宝箴在湖北任按察使。其子陈三立已于四年前中进士，遂以陈三立挂名主修。竹塅陈家入谱局的还有陈观岚、观伍、观华、三厚。光绪四修谱修了二年多，至光绪二十一年告峻，陈宝箴、陈文凤作序与跋。

光绪谱承同治谱规模盛大的余绪，仍保持了怀远陈姓旺盛强劲的势头。它所吸纳的分支比同治谱还要多一些，共印 130 部，是怀远陈姓七次修谱中印数最多的一次。此外，光绪谱还请义宁州知州张鸣珂（书画家，嘉兴人）作序，陈治（陈宝箴朋友，字伯平，绍兴人）书写陈宝箴的序文。

与光绪谱相配套，光远堂祠志也进行了续修。由于笔者找到的四修祠志是残本，恰恰缺少新序部分，所以竹塅陈家在四修祠志这件事上的作为就难以获知了。只在一本手抄的对联集里发现陈宝箴、陈三立所撰祠联两幅："聚星征太史之后，明德动天文，继述千秋思祖武；表宅著义门之望，嘉祥熙帝载，本支百世播清芬""颖水溯其源，二千年积善累基，文范至今光史册；江州缅遗迹，百八庄同宗别派，义门终古衍家传。"

清末民初，义宁州的怀远陈姓宗族发生了很大变化。光绪二十四年（1898）八月，陈宝箴、陈三立父子被革职。二十六年六月，陈宝箴在南昌西山去世。陈文凤则已于光绪二十三年冬去世。宗族中失去两大精神支柱，元气大伤。民国二年（1913），撤消义宁州，分立修水县和铜鼓县。这更大大削弱了宗族内部的凝聚力，大一统的局面开始解体，此后所修五、六、七三届宗谱的质量也随之步步下降。

　　民国九、十年之际,修水的怀远陈姓分别续修第五届宗谱。修水的民九谱仍由陈三立挂名主修,主其事者实为竹塅陈家的前清秀才陈三达。陈三立作序(时陈三立一家寓居南京)。序文感叹"国步已改,四海沸扰。文凤先生所居之铜鼓已别为县,遂用小宗别为谱。他支族隶浏阳、万载诸县,亦格兵祸不及与,以视前四修时优游太平,不可同年而语矣"。序文又从"一姓一族亦可推知保种保国"生发开去,申物竞天演之义,认为"变其所不当变,不变其所当变,其害皆不可胜言"。这篇序文对研究陈三立晚年的社会政治思想观点很有价值。1948 年刊刻的《散原精舍文集》未收入此文。

　　民国二十六年(1937),修水的怀远陈姓又续修了一届祠志。四年后,开始续修第六届宗谱,民国三十二年(1943)秋修成。陈三立次子陈隆恪挂名主修,前清秀才陈三崈实主其事。竹塅陈家入谱局者尚有陈三桂、三峰、文恪。虽然从挂名主修到入谱局人员来看,竹塅陈家在此届修谱活动中尚占有相当位置,但此时整体实力已今非昔比。这个家族从鲲池公开局的旺盛生命力此时已成强弩之末,本土老家再也没有产生一位出众的人才。修谱之初,竹塅陈家的管家陈清恪要求将谱局设在竹塅陈家大屋,否则竹塅陈家将不参加本届修谱,遭到了谱局其他成员的坚决抵制。结果六修谱"陈鲲池世系"中,漏掉了另一支走出竹塅多年的人才——陈三略祖上和后裔的名录,这给陈三略的后代日后寻根认祖带来了困惑和无法弥补的遗憾。

　　六修谱仅印小型谱47 套,从质量、规模、装桢上比民九谱逊色得多,更谈不上远绍光绪谱、同治谱了。

　　1994 年前后,江西、湖南等地的农村掀起了一次大规模的修谱热潮,但这一次修谱的效果并不佳。除了社会机制、文化背景转换这一根本的制约因素外,尚有以下几个原因:一是农民群体中已很难找出具有文史学术素养的主修人才;二是地方基层组织的干预;三是电脑打印店缺乏阅读、打印旧式文献材料的能力。因此,这一次大动作的修谱没有旧时家谱那样多的文史含量,修水县怀远陈姓的七修谱自然难脱窠臼。而竹塅陈家在这次修谱中不仅没有一人入谱局,连草底也是别人代劳的,已从当年核心组织者的位置跌落到谷底。结果竹塅陈家分散在北京、广州、武汉、南昌、昆明、台湾的后裔错杂遗漏不少。其实上世纪九十年代初,陈封怀先生还健在(居广州),其弟陈封雄(《人民日报》高级编辑,居北京)、堂妹陈小从(陈隆恪之女,诗人,居武汉)已在国内外报刊上发表了不少宣传陈三立、陈衡恪和陈寅恪的文章。以史学大师陈寅恪为开端的"义宁陈氏文化世家"研究已在国内出现了热潮,为世人所瞩目。1989年底,陈封怀为新编《修水县志》作序;1993年7月,陈封雄为修水县政协编印的《陈宝箴、陈三立、陈衡恪、陈寅恪史料》作序。而竹塅陈家和谱局竟没有利用这份丰厚的文化资源,请陈封怀或陈封雄、陈小从作序。义宁州怀远陈氏宗谱从道光二年二修谱开始的由陈宝箴家族唱主角的局面至此彻底歇绝。这是本土家族成员文化、身份置换所带来的结果。

竹塅陈家早在上世纪三十年代就露出了从宗族中心退到边缘的迹象。按理说三十年代陈三立一家声名极大,之所以与老家联系不多,主要是老家失落了一个具有管理宗族公共事务能力,在文化精神上可以与当时的主流文化接缘交流的乡绅阶层。而按照礼仪建祠修谱,属于意识形态、上层建筑,是乡绅士大夫的专利。"我们只要看一看任何一部族谱的谱序,谱局成员的经历、身份,以及编谱的资金来源、筹措方式等等,就可以清楚地发现,族谱的'生产者'当以各类读书人、地主、在职的或退休的官僚、有钱的商人等等（所谓缙绅阶层）为主。在很多方面和很大程度上，他们是中国农村传统文化的传承者和传播者。"①值得注意的是，竹塅周围二三十里内休养生息着陈、涂、徐、黄四大姓。四姓都曾人文蔚起，同在嘉、道、咸、同间兴旺发达，又同在上世纪四五十年代衰飒败落，几十年内未出一个大学生。乡人传扬是那些走出山外的宗亲将风水带走了，其实这四姓在外面的宗亲后来也渐渐衰颓。道理很简单，皮之不存，毛将焉附。本土式微，走出去的成员迟早会失去依托。

二

义宁州的怀远陈姓出自我国著名的大家族——江州义门陈氏。北宋仁宗嘉祐七年（1062），义门陈氏奉旨分庄。有进士曰魁公者，挈眷97人自江州徙福建汀州。魁公生五子：崑、嵓、嵩、岳、峰。义宁州怀远陈姓以及邻县客家陈姓基本上是嵩公、峰公的后裔。于是光绪谱追根溯源，奉魁公为一世祖。至民国三十二年六修，更慎终追远，奉天下陈姓的始祖满公为一世祖。

竹塅陈家出自峰公，峰公传12世有中兴公。中兴公十一子陈扶桑，从福建宁化迁广东潮州，再迁福建上杭来苏，后世遂尊十一郎公为杭邑一世祖。陈扶桑下传17世即为陈鲲池。

陈鲲池出自一个具有科甲功名传统的家族。五世祖陈于庭，明万历三十一年癸卯科副榜；弟于阶，明崇祯元年戊辰科进士；子

---

① 钱杭《谁在修谱》，载《中华谱谍研究》，上海科学技术文献出版社，2000年。

汝勉、梦说,均为副贡生。再传两世至陈鲲池的父亲陈文光,读书人的脉息始终没有断绝。陈文光是个教书先生,陈鲲池从小就随父亲在教馆读书。由于竹塅陈家具有这样一个家世背景,因此,迁宁始祖陈鲲池的个人素质就比那些纯因生计窘迫而来义宁州耕山的棚民要高出一筹,并且将读书人的气质传承给下一代。事实上竹塅陈家的第二代克字辈便完成了从棚民向耕读之家的转变。这从道光谱上充分反映出来。

首先,道光谱的卷首载录了陈于阶因科举成名出仕为官而得的朝廷旌表诰命(光绪四修谱又增加了陈宝箴中举出仕后而得的旌表诰命,这一部分内容一直保留在民三十二年六修谱里)。其次,道光谱共载录23人的人物传记材料,其中竹塅陈家占了15位。包括陈鲲池的六世祖环川公,高祖于庭公、于阶公、曾祖汝勉公、梦说公,祖浴日公、敏宜公,父文光公及夫人,陈鲲池及夫人,陈鲲池的下一代克字辈四兄弟。材料体式有行状、碑铭、序赞、寿诗。这些碑铭序赞,大都出于义宁州名人士绅之手。如乾隆十七年(1752)进士徐耀祖,乾隆四十六年进士万承风、荣锡楷,乾隆五十七年举人朱学宗,嘉庆六年(1801)举人胡涵酉,嘉庆十一年举人查望洋,嘉庆十三年举人陈尔烈,道光元年(1821)举人姜逢泰等26人。这些地方名人的事迹在《义宁州志》的《选举志》、《人物志》里都可以找到记载。虽然在其他姓氏的宗谱里也时能见到里面一些人写的应酬文字,但一次出场这么多名人却不多见。这与竹塅陈家的经济实力和陈克绳兄弟的名气是分不开的。

道光谱留下的竹塅陈家15个祖先的传记材料,为我们研究这个家族的早期家史提供了极为珍贵的文献资料。如果加上陈规锟、陈克调的序文和竹塅陈家的墓图屋图,说道光谱基本上是竹塅陈家的家乘也不过分。这种特色一直保持到民三十二年的六修谱。在每届宗谱的卷首,竹塅陈家的人物传记、墓图、屋图总是名列前茅,而且篇幅多,份量重,始终享有崇高的地位。

道光年间,陈克绳四兄弟相继去世。至咸同之际,竹塅陈家的第三代第四代继起光大。第三代的代表人物陈伟琳(1798—1854,谱名规鋐,陈克绳幼子,陈宝箴之父),早年习举业,后因母病,弃举业而究灵素之书。他接替了父亲陈克绳怀远陈姓宗族的尊长地位,在州祠的祠务,创办怀远人书院,创办团练等重大事务中,起到了首倡的作用。第三代另一个重要人物陈规钫(1786—1840,陈克绳长子),早年习举业,屡试不售,后在竹塅陈家的家塾教书。其长子陈观礼(1809—1871),道光七年(1827)入州学,九年岁试补廪,是竹塅陈家第一个取得科举学位的人。陈观礼长子陈三略(1835—1887),廪贡生,钦加同知衔,署理湖南嘉禾县正堂。52岁卒于任所,9个儿子有6个未回乡,是竹塅陈家走出山外的第二支人才。陈家内部每代人物的兴衰涨落,在每届宗谱的卷首中都有相应的体现。

咸丰四年(1854)五月,陈伟琳因创办团练积劳成疾去世。同治二年(1863)三修谱时,陈宝箴写了《府君行述》,载入三修谱卷首,以后郭嵩焘撰《陈伟琳墓志铭》,就是根据这篇《行述》改写而成的。陈三略时在谱局,请州教谕晏自翘为其祖父陈规钫作传。加上陈文光、陈鲲池、陈克绳、陈克藻墓志铭,竹塅陈家著录在三修谱卷首的人物共有六位。三修谱在人物传记之外,还设立了一个类别《纪略》,实际上是比传记次一等的人物小传,这是三修谱的一个特色。《纪略》共著录全族20个人物,竹塅陈家有9人入选,并且列在《纪略》的前面。

同治三修谱的墓图、屋图部分,除载录竹塅陈家大屋图、迁宁始祖鲲池公墓图外,还载录了陈宝箴的读书楼"四觉草堂图"和记文。同治元年(1862),陈宝箴参加会试落第回乡,在距陈家大屋几里远的半山腰里建了一栋读书楼,名"四觉草堂"。陈宝箴晚年自号"四觉老人"即源于此。这个读书楼已倾圮多年,如果不是同治谱及时留下图、记,后人将无法弄清陈宝箴雅号"四觉老人"的来由。

同治二年秋,陈宝箴在三修谱告成后,开始出山游幕。他先到安庆谒见曾国藩。曾待以上宾,称之为"海内奇士"。陈宝箴在安庆时间不长,因想参加实际作战,乃回江西跟随席宝田。同治三年立下战功,保奏直隶州知州,未就。同治八年底保奏湖南候补知府,光绪六年(1880)授河北道。八年擢拔浙江按察使,后改任湖北布政使。光绪二十年任直隶布政使。二十一年八月,诏授湖南巡抚。作为竹塅陈家第四代的代表人物,陈宝箴的崛起,大大提高了竹塅陈家和怀远陈姓的社会地位。

同治末年,陈宝箴将家眷带出修水,定居长沙。嗣后陈三立展其俊才,于光绪八年中举,十五年中进士,授吏部主事。陈氏父子凭借着家族数代积蓄的英锐之气,广交四方人物,得到朝野名流的高度评价,竹塅陈家达到了辉煌的顶点,在宗族内部的威信空前提高。这股旺盛的气势,反映在光绪四修谱上,便是竹塅陈家人物传记、墓图的增多,为陈家撰写碑铭序赞者身份的提高。

光绪四修谱的卷首依次列郭嵩焘撰《陈伟琳墓志铭》和陈伟琳夫人《李太夫人墓志铭》(郭嵩焘 1818—1891,道光二十七年进士,广东巡抚,出使英、法大臣)。李元度撰《李太夫人墓志铭》(李元度 1821—1887,道光二十三年举人,云南按察使,贵州布政使,著名学者)。罗正钧撰陈三立前妻《罗夫人墓志铭》(罗正钧,1855—1919,光绪十一年举人,天津府知府,山东提学使)。王凤池(进士,南安府知府)撰《陈观礼墓志铭》。陈文凤撰《陈三略行状》。陈宝箴撰其兄长《陈树年墓志铭》。在屋图墓图这一部分,列入陈家大屋屋图并贺诗;文光公、鲲池公、克绳公、陈克绳夫人、陈克修、陈规镜、陈伟琳、陈伟琳夫人、陈树年、陈三立前妻等墓图并图说。从上述列入的墓志铭和墓图情况可以看出,光绪谱加大了陈宝箴这一房的份量。

　　民九谱的卷首保留了光绪谱的全部内容,并增加了范当世撰《陈宝箴墓志铭》和“义学图”、《义学田租拨约》。光绪十年(1884),陈宝箴回乡。他遵照父亲遗嘱,在陈家大屋对面的山坳上创建了一所学堂,供本族子弟和当地外姓子弟读书。又将自己的50石谷田田产拨给学堂,立下《拨约》,作为每年开馆延师的费用。上世纪50年代,学堂倾圮。乡人不忘陈宝箴的义举,至今仍用“义学里”这一地名。

　　民三十二年谱的卷首基本照搬民九谱,但删掉了竹塅陈家的墓图、屋图。

　　1994年七修谱,由于谱局成员没有系统深入地阅读研究前五届宗谱的文谱(谱分文谱、丁谱两大部分)即卷首材料,在指导思想上没有将陈宝箴家族作为一个有价值的文化专题来对待,也不知道谱有一般谱与名谱之分,因而丢弃了上届谱卷首载录的竹塅陈家的家史资料。这本不足惜,因原谱俱在。按照竹塅陈家的时代世次和新谱应与旧谱顶接传承的惯例,七修谱若从陈宝箴开端,依次载录陈三立、陈衡恪、陈隆恪、陈寅恪、陈方恪、陈登恪的人物传记材料,下延至封字辈数人,则这个源远流长、积厚流光的家族其“义宁陈氏文化世家”这一段的材料就系统完整了。所幸九十年代初国内的“陈寅恪热”开始高涨,谱局成员多多少少感受到了这一股文化学术潮流的气息,七修谱还是零散地载录了一些陈三立、陈衡恪、陈寅恪、陈封怀的事迹。虽然是从一些小报小刊上摘录的,价值不大,但毕竟聊胜于无。

分析七修谱不再把陈宝箴家族作为本族的历史文化资源予以重视的原因,除了被眼光、学识所限制之外,还折射出更为复杂深广的时代信息。就文化背景而言,作为"义宁陈氏"的故乡,江西也好,修水也好,竹塅也好,都与这个闻名于世的"文化世家"产生了巨大的疏离。半个世纪中,老家已失落了本该与这个"文化世家"血脉相联的人文环境,文化传统。就宗谱的作用与功能而言,在明清时代,一个宗族有没有气派的族谱,族谱中有没有出色的科举人才的事迹,已成为象征社会地位高低的要素。将祖先科举成名的历史浓墨重彩地渲染,把读书出仕而得的旌表诰命罗列谱中,置于卷首,是提高宗族声誉和本族在周边社会空间中地位的现实需要。法国文化人类学家劳格文先生指出:"族谱的作用永远是建立网络和名誉。"①而新谱已将过去宗谱中蕴藏着的丰富内涵简化成一条以寻根认祖为主的"根"。这表明过去族众深厚牢固的"旺族"意识已经淡漠,自己的宗族是不是强宗旺族已不是题中应有之义。

以上我们将陈宝箴家族在修宗谱祠志活动中所起的作用和这个家族在宗谱上的崇高地位作了简要的叙述分析,初步勾勒出陈宝箴家族从陈于庭到陈寅恪十代三百余年的家史轮廓。假如我们把陈宝箴家族史分为上杭陈氏、竹塅陈氏和义宁陈氏文化世家三个阶段,则道光谱集中地载录了这个家族第一阶段的家史材料;同治谱除顺延第一阶段的部分材料外,适时增加了第二阶段的家史材料;光绪谱、民九谱、民三十二谱集中载录了第三阶段前期的家

---

① 转引自刘劲峰《宁都县的宗族、庙会与经济·序》,国际客家学会等,2002年。

史材料;1994 谱稍为涉及到了第三阶段后期的家史材料。作为一个家族,其家史史料能够这样长时间地、不间断地、系统地在宗谱重典上延续下来,在修水的怀远各姓宗谱中为仅见,在全修水县各姓宗谱中也不多见。这种独具特色的文化现象值得深入研究。这个例子足以说明名门显族在宗族中的作用与地位,也可以看出昔日宗族组织的表现形态和族众的旺族意识。所谓宗族,说到底其实就是本族内一个或几个有实力家族的活动舞台。一旦失去聚族而居的社会条件,产生不出具有核心地位的名门显族、书香门第和乡绅阶层,宗族也就徒具形式,宗谱、宗祠的历史使命也将渐渐消解终结。

江西义宁州怀远陈姓
"拟制宗族"的个案分析

明末清初,连年战乱,地处赣西北的义宁州(1913年分为修水、铜鼓二县)生产凋敝,人口锐减,田土荒芜。清康熙十七年(1679),政局稍稳,知州奉旨向闽、广、赣(南)发出招帖,于是闽、广、赣(南)四十多个州县的客家人扶老携幼,负耒而至,开山垦荒,搭棚栖止,史称"棚民"。以后亲朋乡邻辗转相邀,雍正、乾隆年间又迁来不少。

康熙末年,迁入义宁州的棚民人口已逾万,但一直入不了籍。雍正三年(1725),官府为解决激烈的土客矛盾,正式设立"怀远都",作为"附籍"。义宁州的客家移民,从此被称为"怀远人"。

嘉庆年间,"怀远人"迁入义宁州已一百余年,各姓人口大量增加,并且崛起了具有科举功名(庠生、廪生、贡生、举人)的乡绅,联宗建祠修谱、重建宗族一时蔚成风气。到道光年间,各姓建祠修谱已经普及,即使是人数很少的古、冯、连、卓、缪等姓,也都纂修了宗谱。从此,义宁州的同姓宗族,就有了本地、怀远之分。

宗族形成的最初原点是"血缘关系",比照"血缘关系"的结构原则,将没有"血缘关系"的同姓组合成一个同姓组织,社会学、人类学称之为"拟制宗族"。据统计,义宁州的怀远人有102个姓氏、近千个开基祖。他们同姓却不同宗,但他们互认本家,联宗合流,建立起区别于本地同姓的宗族组织。

"怀远人"宗族的拟制重建有一个较长的磨合时期。他们来自不同地区,族源复杂,如黄姓最早形成的 28 户家庭,18 户来自广东七县,6 户来自福建三县,4 户来自赣南四县,且迁入义宁州后居住地极为分散。要把这些来源不一、距离遥远、互不相识的各家各户串联起来,建立一个新的宗族联合体,其难度可以想见。但一旦构建成功,便有很强的稳定性、凝固性,祠堂、宗谱自成体系,与本地同姓绝不相混。

通过查阅、研究"怀远人"百姓宗谱和实地考察几十栋祠堂,可以归纳出拟制重建一个宗族的主要程序和要素是:在硬件方面,必须拥有几个有经济实力、有文化话语权力的家族;修建宗祠,作为族众归属的标志性建筑与宗族活动中心;编修宗谱,作为宗族内身份认同、人口统计的依据。在软件即文化建设方面,必须理清纷繁复杂的分支脉络关系,统一在一个共同的祖先名下;构思、颁布新的行辈用字(修水民间称"派号"),以确定尊卑秩序,问名知辈。这个文化建设在纂修宗谱的过程中会同步配套完成。

一、从小家户到"房""族"

客家人迁入义宁州,或是一小户或是几兄弟甚至单身一人,分散在深山老林耕作生息,所以初期没有形成像本地人那样绵延不绝的单姓或主姓血缘村落,也没有"房"的称谓。只有在三四代以后,才渐渐形成屋场村落。屋场是最底层社会的"棚民"跻身编户齐民的外在表现形态。正是这些具有"族"的外延与内涵的乡村屋场,成为整合、凝聚、构建移民圈子里同姓宗族的主要力量,在建祠修谱等构建宗族的活动中,起到了重要作用。

　　陈姓是闽、粤、台三省的大姓,在闽、台排名第一①。唐文宗大和六年(832年),有南陈后裔陈伯宣之孙陈旺迁居江西江州德安县太平乡,成为历史上著名的义门陈氏开基祖。北宋仁宗嘉祐七年(1062年),义门陈氏奉旨分庄,有进士陈魁,挈眷徙福建汀州,成为客家陈姓的始祖。魁公生育五子:崐、崘、嵩、岳、峰,后人称"五山"。峰公传十二世有中兴公,生子18,称十八郎。在康、雍、乾时期闽、广、赣(南)客家人向赣西北迁徙的移民潮中,十八郎后裔、嵩公后裔接踵而至,散布于义宁州和与义宁州接壤的万载、奉新、浏阳诸县山区。

　　义宁州怀远陈姓最早迁入的一批是康熙二十六年到四十四(1687—1705)年间,到嘉庆初年,已有一百余年四、五代的历程。经过艰苦漫长的原始积累,陈姓已经产生了一些"阡陌交通,屋舍俨然"的屋场,拥有了最早的一批"家族"。按照过去建祠修谱的惯例,某个家族能够在文谱②上登录较多的人物传记和屋图、坟图以及在祠堂的神主牌位较多,一般都是较有实力的家族。现以陈氏宗谱、祠志材料和田野调查为依据,选择比较兴旺的屋场来作说明,并以居住地作为这个家族的称谓。这些屋场到现在还在居住使用,仍是十里八乡同姓宗亲的中心联络点。

　　双溪陈家:雍正四年(1726),陈健岩随其叔从江西泰和县迁入义宁州安乡十四都双溪创业定居,属十郎公支裔。"公世居吉安泰和云廷乡……幼年时其叔挈至义宁州。年十一,就外傅读。十九

_____

① 陈支平《福建族谱》,福建人民出版社,1996年。
② 谱有"文谱""丁谱"之分。"文谱"指卷首、卷尾,内容有序、跋、封赐、家规、人物传记、屋图、坟图、艺文等;"丁谱"即各支世系,有成员的辈分世次、生庚名号、简历等。

辍儒业医，经营略裕……晚年家益厚，置产业房屋，立祀田……岁戊寅，其长嗣君克轩游泮，戊戌复饩食。己亥，其三嗣君丙垣又游泮焉。于是公乃畅然而喜曰，此差可慰吾志矣"①。陈健岩生子四：光祖、光庭、光缙、光弼（称双溪四房）；光字辈生裕字辈 15 人；裕字辈生惟字辈 23 人。乾隆三十五年（1770），陈健岩长子陈光祖中秀才，乾隆四十三年补廪，嘉庆八年出贡。他是义宁州怀远陈姓第一个拥有科举功名的人。陈健岩次子陈光缙，乾隆四十三年（1779）秀才，后曾就学白鹿洞书院。两兄弟开馆授徒，在义宁州怀远人中一度颇有影响，是陈宝箴的启蒙老师。陈光祖发脉的书香传承了四代：次子裕璇习举业，因某次院试失利，遂不再应试，转为塾师。长孙惟汉，秀才。惟汉长子懋栋，廪生；次子懋根，附贡生②。

　　竹塅陈家：约雍正十一年（1734）左右，陈鲲池（陈寅恪六世祖）奉母从福建汀州府上杭县来苏中都迁入义宁州泰乡七都竹塅里创业定居，属十一郎公支裔。"公先世居闽省汀杭之来苏乡，尊甫斗垣公耽读，能文章，乡先辈咸器之，延为子弟师。公髫年随侍就读……斗垣公即世，境益穷，乃弃举子业，奉母客游豫章，至义宁，爰卜居焉，其时年方及冠……公年逾七十，循例入大学。家境益厚，督耕外，课读维勤，食指以百计。回忆自汀来义宁，无尺寸凭借，数十间，遂能有此……"③陈鲲池生子四：克绳、克调、克藻、克修（称竹塅四房）；克字辈生规字辈 20 人；规字辈生观字辈 37 人；

①　吴凤鸣《健岩先生传》，义宁怀远陈姓同治三修《陈氏合修宗谱》卷首，江西修水县，1863 年。

②　义宁怀远陈姓民国六修《义门陈氏宗谱》卷十三，江西修水县，1943 年。

③　黄文荣《太学生鲲池年伯墓志铭》，义宁怀远陈姓道光二修《陈氏宗谱》卷首，江西修水县，1828 年。

观字辈生三字辈53人。与先来义宁州的其他怀远家族相比,竹塅陈家的崛起相当迅速。第二代克字辈就完成了从棚民到耕读之家的转变,第三代、第四代子弟中已有多人习举业,人文蔚起,产生了5个秀才、1个举人,崛起了陈宝箴(陈寅恪祖父)这位杰出的人物。竹塅陈家在义宁州怀远陈姓建祠修谱活动中起到了核心作用。

令公洞陈家:约康熙四、五十年间(1701—1711),陈伯焕从广东兴宁县迁入义宁州崇乡二十一都令公洞(今属铜鼓县)创业定居,属十四郎公支裔。"公生兴宁石马,庭训最严……康熙时,度庾岭,下章贡,游义宁……披荆斩棘,以勤俭起家,创令公洞田庐,聚族于斯"①。陈伯焕生子四:友义、友声、友德、友信(称令公洞四房);友字辈生祚字辈10人;祚字辈生俊字辈19人;俊字辈生文字辈34人。陈伯焕早年做过塾师。其孙陈俊瑛习举业,两应童试未售,遂开馆授徒。到第四代,这一粒书香种子终于开花结果。陈俊瑛长子陈文凤道光二十一年入州学,咸丰元年中举,与陈宝箴同为义宁州怀远陈姓两个最早的举人。在义宁州怀远陈姓中,陈文凤家族与陈宝箴家族是全族的两大支柱,只是陈文凤家族崛起比陈宝箴家族稍晚②。

新庄里陈家:乾隆四十九年(1784),陈运生兄弟三人奉母从广东平远县迁入义宁州安乡十三都新庄里创业定居,属十郎公支裔。"公生于粤……少失怙,幸母氏马冰霜矢志持家,于乾隆丁丑之春挈公兄弟自粤跋涉来义宁。力稿事,与二兄胼手胝足无暇时,遂小

① 陈文凤《伯焕公墓志铭》,义宁怀远陈姓同治三修《陈氏合修宗谱》卷首,江西修水县,1863年。
② 义宁怀远陈姓光绪四修《义门陈氏宗谱》卷二十,江西修水县,1894年。

阜,创田舍……"①陈运生生子四:良虎、良凤、良豹、良缘(称新庄里四房);良字辈生光字辈 19 人;光字辈生裕字辈 37 人;裕字辈生惟字辈 36 人。裕字辈陈裕镗为秀才②。

莺源陈家:康熙四十年(1702),陈尚林从广东平远县迁入义宁州奉乡十五都莺源创业定居,属十郎公支裔。"公世居粤东平远,幼务耕稼,长营商贾。当国初时,粤多故,公为子孙计,相厥攸居,胥宇义宁,于奉乡之莺源购田园,扩栋宇,是为迁义宁始祖……"③陈尚林生子二:南典、南金;南字辈生良字辈 9 人;良字辈生魁字辈 24 人;魁字辈生瑞字辈 58 人④。

杨坑陈家:雍正六年(1728),陈凤依携次弟从福建汀州府上杭县来苏里迁入义宁州武乡二十九都杨坑创业定居,属四郎公支裔。"缅吾祖凤依老大人时当壮年,不甘固守方隅,有怀迁移之念,于雍正戊申携次叔由闽而来义宁……艰苦备尝,兴家立业,迩来垂余祖荫。公之孙十八人,曾元百有余,亦可谓枝繁叶茂、瓜绵瓞庆者矣……"⑤陈凤依生子三:启元、启光、启霄(称杨坑三房);启字辈生永字辈 18 人;永字辈生达字辈 81 人,达字辈生庆字辈 167 人。庆字辈陈庆华为秀才⑥。

---

① 陈光祖《运生公传》,义宁怀远陈姓同治三修《陈氏合修宗谱》卷首,江西修水县,1863 年。

② 义宁怀远陈姓民国六修《义门陈氏宗谱》卷十二,江西修水县,1943 年。

③ 钟遇辰《陈尚林公传》,义宁怀远陈姓同治三修《陈氏合修宗谱》卷首,江西修水县,1863 年。

④ 义宁怀远陈姓民国六修《义门陈氏宗谱》卷十二,江西修水县,1943 年。

⑤ 裔孙敬撰《凤依公传》,义宁怀远陈姓道光二修《陈氏宗谱》卷首,江西修水县,1828 年。

⑥ 义宁怀远陈姓民国六修《义门陈氏宗谱》卷十八,江西修水县,1943 年。

从以上几个家族的简略介绍中,我们可以看出某个客家移民间关远道而来,备尝困苦之后,得以组建一个家庭,再扩大到一个家族的大致情况。当一个家庭的子孙繁衍到三、四代后,"房"就产生了。如邱化飞于康熙三十五年(1696)从福建上杭县迁入,到第三代就扩展为邱佑明等七兄弟的"七房";郭崇章于康熙四十七年(1708)从赣南安远县迁来,到第三代就扩展为郭家宗等八兄弟的"八房"。"房的形成是一个历史过程。由于房是相对于父亲而言的一个概念,所以房存在的首要条件就是祖先要有几个儿子,有几个儿子就分成几房,每代都是如此。所以,分房实则是分家。宗族的发展过程就是每一代不断分家析产的过程"①。"房"不仅是家族内部长幼亲疏的标志,也是经济利益、社会活动的基本管理单位。"房"实际是"族"的雏形,相对于原来的"族"他是"房",相对于后来的"房"他又是"族"。作为外来移民,如果家庭内部房份发育成熟,上升为族,立祖堂、修家谱、办蒸尝就会提上议事日程,如杨坑陈家于嘉庆六年(1801)自编了一本家谱,新庄里陈家于嘉庆四年创办了蒸尝会。

二　在"族"的基础上联宗

从乾隆四十六年(1781)起,双溪陈家、竹埠陈家、新庄里陈家即开始牵头筹划在州城修建怀远陈姓祠堂。周折二十余载,至嘉庆八年(1803),终于经始落成,取名"光远堂",与本地陈姓建于州城的三座祠堂鼎足而四。嘉庆十三年(1808)修成第一届《光远堂祠志》。道光十八年(1838)扩建光远堂,续修第二届《光远堂祠

---

① 刘大可《闽西武北的村落文化》,香港:客家国际学会,2002 年。

志》。咸丰十一年,两次重修被太平军焚毁的祠堂。同治五年
(1866),续修第三届《光远堂祠志》。光绪八年(1882),续修第四
届《光远堂祠志》。民国二十六年(1937),续修第五届《光远堂祠
志》。嘉庆年间州城总祠的建成和祠堂活动的正常开展,为以后联
宗修谱提供了重要的保障。

　　建祠为了敬祖,修谱为了收族,旧时建祠修谱往往前后交错进
行,义宁州怀远陈姓也不例外。"陈氏为颍川旧族,散处天下。吾
族属等由闽粤迁江右义宁州各乡。发源于闽粤,衍庆于义宁。非
不欲合千里于同堂,会一族而辑谱,唯是为世也远,为支也繁,其势
有不可旦夕而联者。乃合建宗祠,进祖主,崇祀事。诸后裔每岁冬
祭毕,会议修谱峡者再三"①。从嘉庆十九年(1814)到民国三十二
年(1943),义宁州怀远陈姓共纂修六届宗谱。五届祠志和六届宗
谱,为后人留下了详实的族史文献资料,生动地展示了这个宗族从
家到族到宗"滚雪球"式构建的全过程。

　　嘉庆十九年,义宁州怀远陈姓首次联宗修谱(距怀远陈姓最早
迁入的时间已有一百二十余年)。主持联络、编修事务的是属十郎
公支裔的双溪陈家。惜嘉庆谱始终没有找到,所以一修谱的具体
情况暂付阙如。仅从同治二年三修谱的序言中得知这次联宗的范
围较小,只有属于十八郎公系统的三、四支。

　　道光二年(1822),竹塅陈家再次联宗修谱。陈宝箴的祖、父辈
投入了大量的人力、物力,主修、监修、分理等均由竹塅陈家担任,
至道光八年完成。竹塅陈家属十一郎公支裔,故所联络的宗亲仍

---

① 陈克调《联辑陈氏宗谱序》,义宁怀远陈姓道光二修《陈氏宗谱》卷首,江西
　　修水县,1828 年。

以十八郎公系统为主,计四郎、五郎、七郎、十郎、十一郎、十二郎、十三郎、十六郎、十七郎支裔,旁及峰公名下的赘公一支,共十支,范围主要在峰公之内。二修谱以十八郎公为一世祖,颁布新派行"观成端正士,守善定超群。缙笏盈庭盛,声华继懋勋"。从十八郎公下延至二十世按新派号取名,这就是陈宝箴谱名"观善"的来历,但这次颁行的派行用字只使用了"观"字,即被下一届更大规模联宗修谱所颁行的派行用字代替。

咸丰元年(1851)恩科乡试,义宁州共录取五位,其中怀远陈姓占了两位,即陈文凤、陈宝箴。怀远陈姓欢欣鼓舞,敦促陈文凤、陈宝箴领头纂修大成宗谱(通谱),积聚多年的能量终于借科举成功的喜庆契机释放出来。咸丰五年春成立谱局,因太平军战事影响,至同治二年,通谱得以告竣。

同治通谱在义宁州怀远陈姓族史上具有重大意义。它规模宏大、支系繁多,除义宁州外,邻县武宁、奉新、万载、宜丰、浏阳、陕西的洵阳(从闽广迁义宁州再迁洵阳的陈姓),甚至原籍福建上杭、顺昌的宗亲也派人远道前来上谱,可谓场面空前。这标志着一个区别于本地陈姓的又一个陈姓宗族的确立与成熟,以后光绪谱、民九谱、民三十二谱,都基本沿袭了同治谱的范围和体例。"吾义宁与武宁、奉新、万载、浏阳接壤,国初时招徕安辑,十八郎公裔接踵而至者累累,迄今二百余年……咸丰辛亥文凤与宝箴同举于乡,诸宗老谆谆以编纂大同宗谱属……遂遍访我十八公之裔,得十六支,而赘公等支裔亦皆闻风景附,共成令典……"①

---

① 陈文凤《陈氏合修宗谱序》,义宁怀远陈姓同治三修《陈氏合修宗谱》卷首,江西修水县,1863 年。

　　同治谱吸纳的分支仍以峰公名下十八郎公系统为主,共有十六支(缺十五郎公、十八郎公支裔);峰公名下赟公支;嵩公名下万三郎支、万五郎支、三六郎支、梅山公支。另有三支没有世系联系的小族作为附修,共二十四支。突破了峰公支裔的范围,但也带来了各支世次、行辈难以统一的困难。而合修大成宗谱首先要解决统一世次行辈的问题,因为联宗合族的重要目标就是要形成一个新的世系,"合万人于一家,统百世于一人",集合在一个共同祖先的旗帜下。主修陈文凤颇欲统一世次,从十八郎公上溯到峰公之孙肇基公(旧谱载肇基公曾官宁化,遂定居宁化陈德村),以肇基公为一世祖,但遭到谱局其他成员反对,只得保持原状。"谱者所以序昭穆、辨尊卑也,其要莫先于定世次立行派。陈氏世次满公居先,其继有以寔公为一世者,有以旺公为一世者。宁化陈德村之后,始以肇基公为一世,递传至中兴公十八子,子姓繁衍,转迁各属他省,所至成族,遂又各宗为分迁之始祖。前谱皆以十八郎为一世,而行派则各不相谋,以未经合修故也。此次合修,司编校者又以世系不可更易,遂仍按各支谱来稿世系付梓……他年合修,宜遵闽粤旧谱仍尊肇基公为一世,方足以统贯诸支"[①]。虽然确立一世祖、统一世次的目标没有实现,但同治谱颁布了"三恪封虞后,良家重海邦。凤飞占远耀,振采复西江"二十辈新派号,规定从十八郎公下延至二十一世,一律按新派号取名。新行派的确立颁布,是联宗成功的标志之一,也是同治谱的最大成果。

　　光绪二十年,义宁州怀远陈姓续修第四届宗谱。光绪谱承同

----

① 陈文凤《新定行派引》,义宁怀远陈姓同治三修《陈氏合修宗谱》卷首,江西修水县,1863 年。

治谱规模盛大的余绪,它所吸纳的分支比同治谱还要多。除同治谱原有的二十四大支外,又增加了一些理不清世系联系的十余支小族,共三十多支。主修陈文凤坚持认为,如果各支都以自己的一世祖来排世次,则同治谱颁布的新派号将失去意义。既然全州怀远陈姓以峰公、嵩公支裔为主体,则宜尊峰公、嵩公之父魁公为一世,世次从十八郎公起世的二十一世延长到三十四世。从三十四世起,按新派号"三恪封虞后……"取名。至于附修的各支,世次一时难以向魁公系统靠拢,则任其按自立私派取名。这个新旧并用、类似于"双轨制"的决定,得到了谱局的认可。对此,陈宝箴、陈文凤在谱的序跋中有说明:"今追溯旧谱,自满公传至吾宗旺公,盖七十有五世,皆远有端绪可寻。旺公著籍江州,即所称义门陈氏也。传十世至宋进士曰魁公者,实始挈眷九十七人,自江州徙汀州,为入闽之始迁祖。魁公子五人,传十一世,乃复由闽播迁散处粤东江右楚南诸郡县,遂各以近代迁祖起一世。吾义宁之宗十八郎公之后居多,则魁公第五子峰公裔也……于是参稽族属远近,整其纷而理其绪,一奉魁公义门初迁为始祖,各详世次。"①"兹偕编校诸君沿流溯源:梅山与万三郎皆嵩公裔,贽公与十八郎皆峰公裔,嵩、峰二公则宋进士魁公之子也。魁以义门分庄,挈眷入闽,今进第一世,正合先贤所谓'初迁为始祖',盖准诸朱子《宗图》遗意也"②。

　　由于魁公得以确定为一世祖,而魁公出自南方陈姓著名的郡望"义门",因此这次合修通谱的谱名正式定为"义门陈氏宗谱"

---

① 陈宝箴《义门陈氏宗谱叙》,义宁怀远陈姓光绪四修《义门陈氏宗谱》卷首,
　　江西修水县,1894年。
② 陈文凤《义门陈氏宗谱跋》,义宁怀远陈姓光绪四修《义门陈氏宗谱》卷首,
　　江西修水县,1894年。

（此前的道光谱谱名为“陈氏宗谱”，同治谱的谱名为“陈氏合修宗谱”），这表明义宁州怀远陈姓的上层士绅经过八十多年四次联族修谱，对本族的归属，族史的追寻，最后尘埃落定。

民国九年（1920），修水、铜鼓两县怀远陈姓续修第五届宗谱。五届谱从支系到体例，与上届谱相比，无大的变化。它的成果，是吸纳了不属于魁公系统的西向陈家、黄石源陈家入谱。西向陈家历来与黄石源陈家合修宗谱，这两个家族的世系是“存道裔泰和庄濂江房”。得名缘由是北宋仁宗嘉祐七年（1062 年），义门陈氏奉旨分庄时，陈承壹房分在江西泰和县，为泰和庄始祖。承壹公传十四世有存道公，在江西安远县任训导，卒于任上。其子遂定居安远上濂村（因位于濂江上游而得名），奉存道公为一世祖。也就是说这两支本不是闽、广、赣（南）的客家移民，但迁入义宁州的时间与客家移民同步，且与怀远人同落脚在山区，所以他们在入籍时怀远人一起入了“怀远都”的行政建制。因为与怀远人长期在一起生活、活动，他们在语言、习俗与怀远人一体同化了。这两个家族于康熙年间从安远县迁入后，曾多次参加原籍的修谱。同治元年（1861）才脱离原籍，自己独立修谱，光绪十七年（1891）续修。两次修谱均以西向陈家举人陈茂萱为主要组织者。陈茂萱去世后，西向陈家、黄石源陈家终于放弃了独立修谱，依附了全州怀远陈姓的联宗修谱，与其他一些不属于魁公的支系作为附修放在全谱的最后。

民国三十二年（1943），怀远陈姓续修第六届宗谱。主修陈三崑认为不管十八郎公系统尊魁公为一世，还是附修的各支以本族的开基祖为一世，追根溯源，其实都是受姓始祖满公的苗裔。于是谱局决定以满公为一世祖，世次从魁公起世的三十四世延长到一百一十七世。“民国壬午夏，族人同发敬宗收族之心，议将谱牒重修……凡义门诸宗,虽山川远隔,莫不闻风景附,持稿来局。各谱稿所编为一世者皆始宋进士魁公,合修子姓固多出自魁公之后。然梅山郎、万三郎皆嵩公裔,贽公与十八郎皆峰公裔,嵩峰二公即魁公之子也。魁公以义门分庄挈眷入闽,为迁闽始祖,故进为第一世,以合先贤所谓初迁为始祖之义。此系清光绪甲午文凤先生所校正也。殊不知以迁祖为宗,有善有不善。其在魁公以下之子姓固可以联合,若在魁公以上之子姓犹难统系。兹改受姓大始祖满公为第一世,盖以吾陈氏举古今遍寰球无一非满公苗裔也。遵满公为一世,则合五洲同姓而修一大成谱,亦非不可能之事"①。这就彻底解决了魁公系统的世次与不属于魁公系统的附修小支世次不合的矛盾,参加合修的所有支系都统一在受姓始祖满公名下。

三　结语和启示

对于在义宁州已经定居了五、六百年的本地宗族来说,他们经过长期积累,早已走完从小到大、扩族联宗的程序。其宗族的构建过程已淹没在历史的长河中,寻找其族史形成的轨迹已颇为困难。而后来的客家移民构建宗族的时间与现在距离较短,保留下来的屋场村落、祖茔、祠堂、宗谱为我们留下了复原他们从家扩大到族、从族扩大到宗的脉络、细节,提供了拟制宗族层累叠加构建的"样本",使我们可以从中归纳联宗的过程与特点。

---

① 陈三崑《重修宗谱序》,义宁怀远陈姓民国六修《义门陈氏宗谱》卷首,江西修水县,1943年。

（一）联宗的过程与古史辨派"层累地造成古史"理论暗合

我国各民族相传之上古史，如筑塔积薪，大都有逐层增建的过程。时间越后，虚构成分越多。陈寅恪论证关于蒙古民族起源的旧史有一个层累向上创造的过程，实与胡适、顾颉刚等"层累地造成中国古史"之说有暗合之处。"古史辨派"认为中国传说的古史系统，不是自古就有的，而是由不同的时代"层累式地造成的"。时代愈后，传说的古史时期愈长，例如，周代人心目中最古的圣贤是禹，到了孔子时代出现了尧舜，到了战国时代又出现了黄帝、神农，到了秦代又出现了"三皇"，到了汉代以后则出现了"盘古"。

义宁州怀远陈姓宗族构建的过程，与"层累地造成古史"这一民族历史演进规律竟有暗合之处。首先，从时间上看，时代越后，族史就越向前延伸。嘉道时期，这个宗族的族史上限仅追溯到明朝；咸光时期，上限追溯到北宋；民国时期，上限追溯到西周。其次，从一世祖的确定来看，一世祖越古老，传说的成分就越多。嘉道时期，确定十八郎公为一世祖；咸光时期，则延伸到分庄迁闽的魁公为一世祖；民国时期，更延伸到天下陈姓受姓之始祖胡满公为一世祖。用以数目字组成的"郎"名称呼自己的祖先，是客家的传统习惯，是明朝以前口述族史的遗存，已经注入了传说的因素。魁公作为客家陈姓的始祖，其入闽时间、原因和身份，也有多种说法，缺乏足够的文献材料予以考证落实。而作为虞舜之后的天下陈姓的始祖胡满公，半人半神的成分比十八郎公、魁公更为浓厚。再次，从范围上看，联宗的地域越广、圈子越大，吸纳的支系就越多。嘉道时期联族修谱，只吸纳与本族居住地较近、有世系联系的近亲旁支；咸光时期，进一步吸纳与本族同源但血缘关系已经遥远的全州境内的远亲支系；民国时期，更扩大到吸纳全州境内的所有客家移民同姓家族,世系联系让位于移民背景联系。

上述三点,前两点是因为第三点促成的。只要参加合修的支系越来越多,原有的族史不足以涵盖所有支系的世次,族内的文士乡绅就必定会寻找上限更古老的一世祖,重新构建族史。横向的圈子越大,纵向的长度就越长,世次就越多。各个不同支系、房派的族人聚合在一起,多个具有血缘关系的家族就会扩张为泛血缘关系的拟制宗族。

这种不纠缠全族的一世祖与自己这一支的世系是否连得上的联族修谱,与浙江平阳县的陈氏联宗修谱极为相似。根据钱杭先生的研究,平阳县陈氏在联宗过程中也遭遇了各族世次不齐、与受姓始祖满公之后的世次难以衔接的困扰,但他们最终实现了把全县陈姓扩张为同一姓氏的联盟组织目标。研究者对此作了一个很好的总结:"经过陈氏族人精心整理追溯的平阳陈姓各宗族的宗亲源流,虽然仍不能提供自皇祖以下能与各派高祖直系衔接的任何证据,但互相之间主要的历史联系应该说已经建立起来了⋯⋯它使各陈姓宗族的成员知道他们共同拥有一笔丰厚的文化资源,把现在的陈姓人们与这个古老姓氏的历史联系了起来。至于这个为各族所一致认同的历史是否符合真实的情况,似无必要再给以过多的注意。为了实际需要,陈氏各族不在乎全部细节的真实与否,而是大胆地跨越了历史世系的界限,成功地把几十个世系独立、居住分散的同姓宗族联合成一个观念上的整体,在遥远的共同祖先的旗帜下,实现了观念形态上的联合。"①

---

① 钱杭《血缘与地缘之间—中国历史上的联宗与联宗组织》,上海社会科学出版社,2001 年。

(二)拟制宗族的内部结构更能反映"差序格局"

"差序格局"概念是费孝通先生提出的,旨在描述依据血缘差序划分亲疏远近的社会关系格局。如同水面上的涟漪一般,由己身为中心,向外一圈一圈延伸开去,按与中心距离的远近来划分亲疏①。

如上所述,义宁州怀远陈姓宗族构建过程是以其迁义宁州后发展起来的血缘家族为原点,向外扩展到明代十八郎公系统的圈子,再扩展到宋代魁公系统的圈子,再扩展到天下陈姓受姓始祖满公的圈子。这样,义宁州怀远陈姓宗族内部就出现了由小到大的四个系统圈子。从这个宗族静止的宗谱材料来考证分辨这四个系统圈子的亲疏远近并不困难,可是在日常生活中,要分辨来源不同的支派系统却不容易。由于义宁州怀远人的迁徙不是同一时间的群体行为,而是分期分批的不同家庭、个人的个体行为,所以与本地聚居几百年的一村一姓相比,怀远人各姓聚居地内部成员的来源非常散乱,成员之间的血缘关系参差复杂。某个村的同姓怀远人在本地人或学者专家看来应是一个血缘家族,但深入进去却发现其实并不如此。以陈宝箴家族所在地——竹塅村为例:由于陈宝箴家族闻名于世,土改时又有非陈宝箴家族的怀远陈姓贫农分到陈宝箴家族的故居——陈家大屋居住。他们派号相同,都讲怀远话,不少慕名而来的人以为居住在陈家大屋和这个村的怀远陈姓都是陈宝箴这个大家族的后裔。事实上这个村的怀远陈姓分别从赣南、广东平远县、福建上杭县迁入,分属峰公名下的五郎公、十

① 费孝通《乡土中国》,三联书店,1985 年。

郎公、十一郎公支裔。他们虽然同住一村甚至在一个屋檐下,却要与几十里外的五郎公、十郎公、十一郎公后裔共一本世系册。笔者最初调查陈宝箴家族史时,对这种同在一村却不在一本世系册上的关系也很困惑,几进几出位于深山的竹塅村,反复查阅比对宗谱材料才解开这个谜团。而乡民们自己却非常清楚,他们用形象生动的词汇来反映乡土社会"差序格局"的亲疏远近。凡共一个迁义宁开基祖的后裔谓之"共一炉香";凡十八郎公支裔谓之"共一篼姜";超出十八郎公支裔系统则谓之"共祠堂"。"一炉香"指在同一个祖堂灵牌前祭祀开基祖;"一篼姜"从姜的根系茂盛这一植物现象,引申出同根生发之意;"共祠堂"则表示共一个始祖关系。正是这朴素直观的意念表述,一纵一横之间,判别着以"血缘关系"为基点的亲疏远近,维系着家与族、族与宗梯系结构的运转延续,也折射出传统宗族层累叠加构建过程的历史信息。

一个客家移民群体的社会经济关系

——以《护仙坑磜上合众分关》为基本史料

清康、雍、乾之际,闽西、粤东、赣南地区四十二个州县的客家人纷纷向赣西北义宁州(今江西修水、铜鼓县)移民。义宁州是大山区,客家移民落脚的第一站多是深山老林。他们先搭蓬栖止,待小有积蓄,再盖土木结构民居。延续数代后,有能力的人家,再向地理环境更好的山下盆地(塅)迁移。近代史学大师陈寅恪先生的家族,就是清代义宁州客家移民的家族之一。本文主要依据乾隆五十五年(1790)陈家与同是客家移民的何、邱二姓共同签订的《护仙坑磜上合众分关》,结合其他民间历史文献和田野调查资料,探讨清代中期义宁州客家移民群体的社会经济关系。

一 一个特殊的客家移民群体

在义宁州的东南方,有一座海拔 1198 米的大山,名眉毛山。眉毛山西边的余脉名护仙坑。它海拔约七百多米,长十余里,两山夹峙,山谷幽深,阴冷潮湿,以前人迹罕至。这样一座地无三尺平,不被本地乡民看重的陡峭山涧,却成为几户客家移民的落脚点。

这几户客家移民为陈、何、邱三姓,都来自福建上杭县同一个乡甚至同一个村。关于他们迁入的时间,陈氏宗谱有迁徙者陈公元的年龄描述"弱冠"字样,何氏宗谱只记载某人迁往某地,无迁徙年份。根据迁入者本人和其儿辈的年龄推算,他们迁入的时间大约是雍正末年和乾隆初年。此外,笔者收藏了一册义宁州棚民入籍丁粮簿抄本(截止到雍正八年),无护仙坑地名和迁入者的人名,可证他们都是在雍正八年之后迁入的。

(一)约雍正十一年(1733),陈公元(陈寅恪六世祖)偕其兄公远、弟公升从上杭县中都乡琳坊村迁入护仙坑。公元生子四:显梓、徽声、西玉、兼万;公远生子一:显赞;公升生子四:德宽、德常、德济、德广①。

(二)何姓共有五批迁入②。第一批何秀光,约雍正末年从中都迁入护仙坑。秀光生子五:腾球、腾瑞、腾兰、腾华、腾贵;腾球生子五:若聪、若明、若和、若临、若显;腾瑞生子四:若谟、若书、若训、若诰;腾贵生子五:若忠、若信、若礼、若义、若州。第二批何大诚,约乾隆初年携子孔潘、孔玉、孔钦、孔亮从中都琳坊迁入。孔潘生子三:献猷、献鸿、献谟。孔玉生子三:献珠、献球、献琳。孔钦生子一:献杨。第三批何昌秀、坤秀兄弟,约乾隆初年从中都琳坊迁入。昌秀生子二:胜松、胜柏;坤秀生子三:胜兰、胜桂、胜芳。第四批何巨珍、巨兰兄弟,约乾隆初年从中都琳坊迁入。巨珍生子一:松盛;巨兰生子二:松干、松拔。第五批何云升,约乾隆初年从义宁州的另一个乡迁入(其父何文光,先从上杭中都乡迁义宁州武乡)。何云升生子五:芳馨、茂馨、蕃馨、莲馨、蔚馨。其中何大诚、何昌秀、何巨珍是添意公的四世、五世、六世孙;何秀光、何云升是添若公的四世、五世孙,都是同宗共祖的宗亲。另有迁入者何永和,因与上

---

①据修水客家陈姓《陈氏合修宗谱》卷十一,清同治二年(1863)刻印。
②据修水客家何姓《何氏宗谱》卷二、卷三,清同治二年(1863)刻印。

面列举的何姓人员不共世系册,故不知其年龄。根据陈公元次女嫁何永和这一线索推断,其迁入时间约在乾隆初年。

(三)邱姓开基祖为邱尧林、尧森兄弟,因始终没有找到义宁州客家移民邱姓的通谱,故兄弟二人的年龄、后裔情况暂不详。只在义宁州客家移民书院《梯云书院志》捐款名单中得知邱尧林有子廷辉,有孙荣信、荣绍。在其他材料中,得知护仙坑还有邱能照、邱能远、邱仲山、邱伟文等人。根据邱廷辉在乾隆末年产权界定时已独自拥有田山的经济状况,他的父辈邱尧林、尧森兄弟约在乾隆初年迁入护仙坑。

三姓人迁入护仙坑后,随着人口的增长,原本闭塞荒僻的山谷出现了类似于一个人类学概念的"宗族集群"。集群里的成员在迁入之前已是姻亲的基础上又继续联姻。陈公元娶何觐光女,其长女嫁何孔玉,次女嫁何永和。陈显梓续娶何氏,其长女嫁邱能照,次女嫁何迪康。陈徽声娶何云升女,其长女嫁邱氏。陈德宽、德济娶邱氏,陈德广娶何氏。陈、何、邱之间维持了二三代人的姻亲关系,咸丰元年陈宝箴(陈寅恪祖父)中举,所刻乡试硃卷亲戚一栏中,即填"姑丈何迪康、邱能照"。光绪三年他为何云升的孙子何斐然撰墓志铭,落款亦称"姻愚侄"。三姓形成了你中有我、我中有你的"篱笆亲",父系、母系都有盘根错节的双重亲属称谓。简单的父子、兄弟血亲关系发展为复杂的甥舅、翁婿、姑表、姨表、连襟等姻亲关系,组成了一个以婚姻关系为中介联结起来的拥有三个姓氏的"宗族集群"。

按照人类学概念范畴,"宗族集群"是在两姓以上的宗族互相联姻基础上发展起来的,成员的范围扩大到包含各姓母系和女方的亲属。集群里的每个人都可以在血亲、姻亲的亲属网络中找到自己的位置。"宗族集群"一般聚族而居,以"单姓聚居村落"和

"杂姓聚居村落"二种类型为主①。

　　对于世世代代在义宁州繁衍生息的本地人而言，"宗族集群"村落并不鲜见，没有特殊之处。但具体到远离本籍、地位低下的"蓬（棚）民"和自然条件恶劣、进出艰难的护仙坑，这个由客家移民组成的特殊群体则具有"个案"研究价值。他们通过同乡、姻亲关系，结成了一个紧密的群体，一同耕山垦荒，种蓝为业，生存立足，发展壮大。以建房为例，在迁入的初期，他们互相帮助搭蓬栖身，后来稍有能力，再互相帮助盖建简易的土巴屋，下一步再互相帮助盖建面积更大的天井式屋宇。到乾隆末年，已有大小屋宇二十一栋，其中何姓十五栋，陈姓两栋，邱姓两栋，并有老屋、新屋之分，三姓都拥有一栋天井式民居屋场。从附着在地名上的历史信息和产权界定文书中，可以窥见他们从栖身茅蓬到天井式民居的提升轨迹。

　　乾隆末年，这个特殊的移民群体进行了一次产权界定。之后二十年，三姓成员之间开始了土地山林屋宇交易活动。因此，我们可以产权界定为标志，将护仙坑移民群体的社会经济关系分为两个时期。产权界定之前，群体成员艰苦创业，剩余不多。在经过原始积累阶段之后，虽然贫富不均现象已露端倪，但利益驱动的潜规则还没有走到前台，亲情、同乡的纽带仍然维系着群体的经济秩序。产权界定之后，群体内部的贫富差距进一步拉大，自然状态的经济秩序被打破，经济规律开始起作用，社会经济关系趋于复杂、多元。

――――――――――

① 钱杭《中国宗族史研究入门》第三章《宗族的规模》，上海，复旦大学出版社，2009，第67、81页。

二　一份内涵丰富的产权界定文书

乾隆五十五年(1790)，陈、何、邱三姓合资买下了属于山下本地乡民邓姓的护仙坑山场。所买山场为总面积，一张契纸。乾隆五十七年，陈公元的儿辈启动向山下盆地竹埱迁居的计划(九月开始在竹埱营建宅第，次年五月建成搬迁)，这预示着现存圈子里的秩序行将打破。十月，三姓细分山场界址，明确产权，订立契约，共刻印十五本"分关文书"，作为管业的执照依据。幸运的是，其中陈兼万的一本得以保存下来，成为这次产权界定的见证，具有义宁州客家移民史、经济史的史料价值。

这份"分关文书"全称《护仙坑礤上合众分关》(以下简称《分关》)。纸本一册，高三十一公分，宽十八公分，五十八页，共计一万三千五百余字。它用木活字、白毛边纸印刷，每页都钤有一寸见方的"护仙坑合众分关图记"方形红印。《分关·小序》云：

> 立分关帖人陈、何、邱三姓人等，情因乾隆五十五年众买邓斗孙安乡十三都护仙坑山场，俱系共契书写，契内二十一名承买，乃价银各有多少，山土各有阔狭。况契内只写四大界，其一切小土名繁多，悉未开载。今将各人买受之山，按天地元黄宇宙洪荒日月盈昃辰宿列十五字号，编立分关十五本。俱系刻字刷成，并无一字添减涂注。各执一本，永照分关管业，共相和好，不得越关侵占。凡共关契之人，倘有移来换去之处，俱于关内注明，任从照依批注字样经管。其陈、何、邱三姓原日合买邓姓山场印契壹纸，公举交与陈公元之子兼万收存，日后子孙永远不得遗失。"(下有手写字样：道光十五年闰六月

十二日批明，此契兼万经众交出清楚，嗣后议定三姓轮流收

存）。

乾隆五十七年壬子岁十月小春之吉合众公立

为了行文方便，先将《分关·小序》所言二十一名出资人和他
们所分得的十五字号二十三阄分列如下（《分关》没有按"天地元
黄……"十五字顺序排序）：

天字号两阄：何胜兰、何胜桂；地字号两阄：何孔钦、陈公元；元
字号一阄：陈显梓；日字号一阄：陈徽声；黄字号两阄：何腾贵、何腾
华；宇字号一阄：何巨珍；宙字号一阄：邱尧林；洪字号两阄：何献
猷、何献鸿；宿字号两阄：何献谟一阄，何献猷、献鸿、献谟兄弟共一
阄；荒字号一阄：何永和父子；月字号两阄：何若谟、何若书；盈字号
一阄：何巨兰；昃字号一阄：何胜柏；辰字号一阄：陈兼万；列字号一
阄：何腾球。

这是一次形式独特的产权界定，它兼有合业形式的明确界址
和家庭财产分配的性质。明清时期，民间有一种比较少见的"合
业"产权界定，即由同姓或异性的多户业主合买一宗田产，共有一
纸印契，内部再另立一种"分契合同"，载明每个业主所分得之土
名、税亩和租额。中国社科院经济研究所所藏《休宁朱氏置产簿》
即有一份合业形式的《黄土坞分契合同》①。从形式上看，护仙坑
这次产权界定基本属于"合业分契合同"性质，但具体内容上却有
所变化。它不仅将合买山场细分四界，而且借划定山场界址的契

① 章有义《明清徽州土地关系研究》，北京，中国社会科学出版社，1984，第165
页。

机,将三姓几十年内创置的产业和业主家庭内部的产权也进行了一揽子划分界定,兼顾了亲情、利益、集体、个人之间的复杂关系。

之所以这样运作,是因为:(一)三姓人迁入护仙坑后,租赁山下本地人邓姓的山场几十年。在出资人所买山场的界址内,既有本人手创的产业,也有父子兄弟共创的产业,还夹杂着亲戚创置的产业,仅仅明确划分出资人的山场界址是不够的,如陈公元一阄内即有"尧林山二处、腾华山一处、芳馨山一处、德宽山四处",其中"芳馨"是他二媳妇的内兄,"德宽"是他的亲侄;(二)共契业主都沾亲带故,在《分关》中,所有出现的业主均直称名字,不冠姓氏,亦反映出联姻产生的亲友关系。他们长期共处于一个圈子内,各家各户的情况都知根知底。在合业形式的分契合同上载明各家内部财产问题,同样具有权威性。这与《分关》的标题"合众分关"在意义上是吻合的,也符合拈阄析产的程序(明清以来民间称分家文书为分关、关书、阄书)。《分关》用刻字而不用手写,并钤红印,也有模仿"红契"(官契)以增强权威性的意图。

陈兼万保存下来的这份《分关》除刻印的正文外,还附有业主之间日后产业交易转让的手写契据。因此,《分关》内涵可谓丰富复杂,反映出来的产权关系至少可以分为五个层次:一、公众产业;二、二十三阄业主产业;三、业主家庭内部的财产分配;四、没有具名参加合资购买山场者的产业界址;五、业主之间的产权交易转让。

(一)《分关》在确定二十三阄的界址之前,首先注明属于集体的公共产业不予分割,共计四种:1. 水口蓄山一处、礁口蓄山一处、社坛蓄山一处、长蓄树山一处(具体界址略,下同);2. 学堂房屋一所,计三间;3. 荒田三处,由"路会"经管;4、种(zhòng)蓝种(zhǒng)土十五个,由众经管,任众取土。

（二）《分关》每个字号首先载明"阄分（某某）名下山场屋宇池塘菜园开列于左"，每阄内容分两部分，先详细列举山场的四界，次列举界内的各项产业，包括种蓝设施、屋宇、碓舍、牛栏、猪圈、菜园、熟土等。

（三）《分关》对家庭内部共有的产业和予以分割的产业，也一一载明。例如何腾贵、腾华所得阄内均载明父亲何秀光的坟山和另一处坟山由五兄弟共管；何腾贵山场界内有兄长腾球老蓝窖二只，腾华老蓝窖二只。何巨珍一阄内载明界内有四处山林与弟巨兰各半。何胜桂名下的一阄界址面积不大，交给其兄胜兰耕作，每年租息钱六百文，积存起来作为家族的蒸尝费用。即使对尚未成家成员的生计，也预先予以设定。例如何孔藩已于乾隆五十一年去世，产权界定时其长子献猷二十岁，次子献鸿十七岁，幼子献谟才八岁。献谟名下的宿字号一阄，是堂兄何发元转让给他的，这就为献谟成年后自立门户打好了经济基础。何氏三兄弟不仅在洪字号两阄、宿字号两阄中各自拥有一份产业，而且将宿字号的一阄固定为母亲在世时的奉养经费和母亲去世后祭祀父母的蒸尝费用，预先做好了三兄弟将来分家后家族公共财产积累的准备①。

（四）《分关》还涉及没有具名合资购买山场者的产业界址，共计十一人，其中陈姓三人：德宽、德济、德广。何姓六人：孔玉、芳馨、胜松、发元、腾兰、若信。邱姓二人：尧森、廷辉。他们虽然在这次产权界定时没有阄份，但《分关》中关于他们山场、屋宇、熟土的界址字样，仍然是界定他们产业的重要凭据。如道光十三年陈德

---

① 传统家族把用来祭祀祖先的田产称作"蒸尝"，它一般是因为分家而出现的。后代子孙在分割父辈遗产时，往往要先抽出一部分作为"公田"。以后随着宗族的不断繁衍，以分家形式积累的共有田产就会越来越多。

广之子规镇两次将房产典当给堂叔陈兼万,契据即写有"愿将先年三姓合买阄分坐落(下略)"字样。

这里引出另一个问题,即这十一个没有具名合资购买山场者的山场、屋宇、熟土的产权是怎样的一种形式呢?《分关》和附在《分关》后面的手写契据显示出两种情况:一种是与兄弟叔伯共有阄份,如何胜松与弟胜柏共有"昃"字阄;何发元在堂兄弟何献谟、献猷、献鸿阄份中共有未分家的家产份额(但他在其他业主的界址内也有熟土)。一种是与兄弟叔伯不共阄份。据何氏宗亲提供的口述资料,在土改前,山下邓姓每年仍上山象征性地收取"龙骨租",说只卖山场,未卖"龙骨",租钱给多给少不拘,可见护仙坑的山场是全部买下了的。那么这些没有阄份的业主在护仙坑山场的权属更换后,他们是从向原来的山主承租转为向现在的界址拥有者承租呢,还是亲戚之间默认了产权不明确的经济活动?或者相互之间还有约定?由于材料缺乏,尚不能考证清楚。从这一点也可以看出合资买山权属更换后护仙坑的社会经济关系比以前更为复杂。

(五)护仙坑这次产权界定的山场界址,维持了四十年。《分关》在"列字号"之后,预留了十页空白纸,以利于日后各家界址移换变动作批注。《分关·小序》有一句话:"凡共关契之人,倘有移来换去之处,俱于关内注明,任从照依批注字样经管。"当时只考虑到亲友之间互相移换,不希望买卖交易。但亲情终究抵挡不住经济规律的运转,入道光朝后,业主之间终于突破了界址的藩篱。《分关》所附十页空白纸写有十三份契据,时间从道光十三年到同治十一年。其中九次是辰字号陈兼万的儿辈购买何姓"天、地、黄、月、昃、宿、列"字号内的部分山场;一次是陈兼万长子规鈖购买堂兄规铢(日字号陈徽声四子)的部分山场。三次是陈兼万五子规锡将自己所分得的熟土售与盈字号何巨兰的孙辈。

《分关》上的这十三份手写契据以及笔者另外收藏的六份契据反映出护仙坑群体的身份地位已经出现了分化,当年一同起步创业的家户在五、六十年后,优胜劣汰的法则开始左右着他们的命运结局。如陈公元、公远、公升三兄弟,产权界定时,陈公元父子在《分关》中占有四阄。合资买山时,陈公元已八十岁,六年后去世,其阄份当是为儿孙预留的家产。长子陈显梓和四子陈兼万的两阄是二十三阄中面积最大的,可见这两兄弟的经济实力。嘉庆二十三年(1818),陈公元四个儿子正式分家析产,将竹塅和护仙坑的产业合在一起分割品搭,把护仙坑的山场、靛塘、屋宇、熟土分成四阄。屋宇理论上确定四房共有,长房与四房补偿二房、三房那一半的银钱①,以符合前次护仙坑产权界定时屋宇已经由长房、四房平分的现状。四房陈兼万遂定居护仙坑,其本人和后裔日后不断购进产业,家产日益壮大。到第五代,其玄孙陈文恪在1951年被划为地主,被安置到离护仙坑几十里远的地方定居。

而陈公远、公升两家不仅没有参加合资购买山场,后来连原有的家产也丧失殆尽。陈公升四子德广在兄弟中家境是最好的,但德广在世时已将位于竹塅的产业(田五处、山一处、庄屋三间)出售给堂弟兼万。德广去世后,其子规镇又将护仙坑屋宇典当抵押给兼万,显系除房产外,已无值钱的家产。家道如此,这一家的衰败是无可避免的了。

---

① 参见本书83页刘经富《陈宝箴家族分家文书解析》,原载《中国社会经济史研究》,厦门,2012(1),第60页。

三　田野调查印证《分关》的文献价值

在义宁州的客家移民早期遗址中,护仙坑具有典型的田野调查价值。它有第一手文献资料《分关》和另外六份田山、屋宇、靛池买卖契据,有比较完好的原始环境,有印证客家移民历史称谓的地名(上蓬、下蓬、蓝蓬里),有乡民口述传说。更重要的是,它是客家移民三个姓氏成员迁徙义宁州的第一站,并且从这里走出去一个日后闻名于世的文化世家——陈寅恪家族,令人为之神往。

笔者为研究陈寅恪家族早期家史,多次深入到现在陈氏宗亲、何氏宗亲聚居地——竹塅村,并三次登山进入护仙坑进行田野调查,获得不少可以与《分关》相互印证的实物材料和口述资料。

(一)客家移民经济活动遗迹。护仙坑山高坡陡,陈、何、邱三姓迁入后,只开发出极少的水田,大量的耕作用地是熟土,主要种植红薯和蔬菜。《分关》中记录的熟土共计三百余块,面积大约二三百亩。每块面积不大,这从"月光块""荷包块""灯盏埚""瓦刀块"之类的形象称谓可以看得出来。如果没有经济作物作支撑,客家移民不可能在护仙坑长久坚持下去。

经济史家傅衣凌先生认为川、陕、湘、赣、浙、闽广大山区在棚民开发下,成为蓝、靛、麻、棉花、甘蔗、烟草等经济作物的生产重地。这些山区大量的经济作物为手工业提供丰富原料,促进了农产品的交易,使山区经济进一步商品化①。义宁州客家移民早期经

———————————

① 傅衣凌《略论我国农业资本主义萌芽的发展规律》,收入《明清社会经济史论文集》,北京,人民出版社,1982,第 154 页。

济活动主要是植麻种蓝,后期以经营桐油、茶油、茶叶为主。这在《分关》中有明显的线索脉络可寻。

《分关》中记录的种蓝生产设施,计有大小靛池六十二口,干池六口,石灰湖十一口,石灰舍五间,蓝坪十二处,蓝窖十个。几乎每一阄内都有"靛池""蓝坪""蓝窖""干池""石灰湖""石灰舍""靛圳""转水湖""起水堰""靛圳"的生产设施,在公共部分也有"沤蓝种土十五个,任众取土"的划定。通过这些名词术语,我们可以约略知道把蓝草制成蓝靛这种染料的工艺过程。种蓝要用特殊的"种子土",蓝叶要放在池塘浸泡,加石灰发酵,还要不断地换水,然后曝晒,最后储存。《分关》中没有关于茶菀、茶土的分割内容,据此可知陈、何、邱从迁入时到乾隆五十七年,一直在经营种蓝业。在笔者另外收藏的契据中,有两份是地字号何孔钦之子献杨和列字号何腾球之孙奎馥将阄分的靛池、蓝坪、蓝窖、石灰湖、水圳等出售给辰字号陈兼万,时在道光三年和二十一年,可见护仙坑的种蓝业维持了上百年。护仙坑早年间还有一个地名叫"蓝蓬里",即由此得名。

到护仙坑进行实地调查,发现用青石垒砌的像梯田一样的一块块旱地和掩映在茅草中的茶树菀随处可见。护仙坑在蓝靛没有了销路之后,再改种茶叶,这中间估计有一个较长的转产期。义宁州是著名的"宁红茶"产地,道光时期开始扬名,到光绪年间,达到鼎盛时期。这从《分关》后面所附陈兼万父子购买何姓产业契据内都有"界内荒熟桐茶松杉竹木食茶一并在内"的字样可以得到印证。其中"桐茶"指桐油树和茶油树,"食茶"即指茶叶。从前茶叶的产量规模,以"秤"表述。如果够得上常设一个收购站,即称此地有"一秤茶"。护仙坑即有"一秤茶",可见护仙坑当年茶业的繁盛①。入民国后,华茶受到海外市场排挤,宁红茶急剧衰落。茶叶收入在农业生产中的比重,从光绪三十一年(1905)的51.64%,降至民国三十七年(1948)的0.72%②。具有"一秤茶"荣耀的护仙坑,其一度兴旺也应在道光至光绪时期。

(二)碑刻。在护仙坑一个叫关门洞的山埂上,发现一块倒仆的大石碑,字迹已经漫漶不清,但仍可以依稀认出大致内容:

陈显梓　乙千文;陈兼万　乙千文;何云升　三千文;邱尧林　乙千文;邓廷显　乙千文;何腾球　四百文;陈永朴三百文(下面还有一些捐款人的姓名、数额)

这是一块民间常见的修路功德碑,是一次以居住在山内的客家移民为主,联合山下的山主共同捐款修路公益活动的纪念。护仙坑只有一条弯弯曲曲的羊肠小道,是山里通往山外的唯一通道,维护小路畅通是护仙坑人的一件大事。这块修路功德碑可以印证《分关》里关于公益组织"路会"的记录。

这块碑上的捐款人以陈显梓、陈兼万兄弟领头。在护仙坑这个特殊的群体中,陈姓的人口数量低于何姓,但素质却高于何、邱。陈公元本人少年时曾随做塾师的父亲读过书,他的四个儿子虽然出生在贫瘠的护仙坑,但都曾在山下几十里远的客家移民教馆开蒙读书,习过举业,是护仙坑的"乡绅"。因此护仙坑的对外联系和

①《客家人在修水》第二编《经济开发·茶业》,修水客家文化研究会编印,1999,第170页。

②《修水县志》卷十《茶业·前言》,深圳,海天出版社,1991,第187页。

公共事务,陈家是"发言人"。

护仙坑还有两块保持完好的"封禁碑"(详下文)。

(三)屋场遗址。从关门洞沿着陡峭的小路再往上走三四里,就进入了《分关》所说的"礤上"("礤"与"寨"音同义同)。这一段是护仙坑稍微开阔的地方,坡度也相对和缓。进入礤上,村寨的气息扑面而来。这里有三只屋场,称"上蓬""下蓬""梅子㘰"(这三处地名在《分关》中多次出现),每只屋场相隔大约一两里许。"上蓬"是陈姓、何姓的屋场,这是寨上最开阔宽敞的一块地盘,曾有并排三栋天井式屋宇,为陈德广兄弟、陈显梓兄弟与何巨珍、巨兰兄弟联手合建。屋宇已于上世纪六十年代倾圮,从墙脚呈现的轮廓面积和《陈氏宗谱》上的"崇德堂"屋图来看,这处屋场应是当年护仙坑标志性建筑。大门前竖立着两块义宁州知府立的"封禁碑",内容为严禁无赖棍徒进山盗砍桐茶松杉竹木,立碑时间是光绪四年。申请立碑者:何姓二十人;陈姓八人;邱姓三人。实地考察,可以推断"上蓬"是护仙坑社区群体的活动中心。"下蓬"是邱姓、何姓的屋场,房屋早已倒塌,只剩下高达两米多的石磡和屋坪。邱尧林的宙字号一阄对他屋宇房间面积划定的表述有"天井""上重""下重"字样,可知是一栋天井式民居。"梅子㘰"是何姓屋场,现存并排两栋天井式民居。何姓后裔步陈姓后尘,亦于道光、宣统年间先后迁居竹塅。邱姓人丁一直不旺,乡民传说终至于绝户。

《分关》中所说的学堂也在"上蓬",现只剩遗址。

(四)乡民口述传说。在何姓后裔提供的关于护仙坑口述资料中,有一个动人的故事。他们的祖先当年是陈、何、邱三姓从原籍福建上杭中都结伴迁移义宁州,在漫长的路途中,互相照顾,结下了深厚的友谊。落脚护仙坑后,面对艰苦环境,三家人同甘共苦、同居共爨三十年才分家,并立有分关文书为据。

　　笔者在没有获得《分关》和另外几份契据之前,对这个田园牧歌式的民间传说半信半疑。后来阅读分析《分关》,觉得事出有因。在陈兼万分得的"辰字号"与何巨珍分得的"宇字号"阄中,均有东西向厢房、过巷、天井两家共有的表述。嘉庆十七年,何巨兰儿辈将房产出售给陈家,契子写道:"立杜卖房屋契人何松干兄弟,今因别建屋宇,自愿将父手与陈兼万表叔共住老屋伍间,厅堂半间,杂房叁间。又新屋厢房壹间及天井三股之一股。以上屋宇地基余坪前后空地凭中出卖与陈兼万父子……。"《分关》和契据,可证"同居共爨"的美谈并非空穴来风、向壁虚造。

　　综合几种材料分析,"同居共爨"的关系当是发生在陈、何两姓的部分家庭之间,后来的传播者把它扩大到陈、何、邱三姓全体范围,加入了三姓共同迁徙,结下深厚友谊的情节,并借助《分关》的权威增强它的可信度。这个美好的传说经过近二百年几代人的层累叠加、踵事增华,把三件原本不相连属的往事连成一线。它的细节虽然经不起考证推敲,但形成故事传说的背景事实却不虚妄,有它合理的内核。

　　在陈姓后裔提供的口述资料中,也有一个故事。说是当年公元、公远、公升三兄弟迁来护仙坑后,种蓝种发了,做了大屋,老二公元自告奋勇回上杭老家迎养双亲。时父亡母瞎,公元就手提父亲遗骸、背负老母走了几千里回来。老二有孝心,德行好,后人就旺发。老大、老三不孝,有报应,就绝代了(公远传续三代,公升传续四代)。陈氏宗谱上的陈公元传略记载他于乾隆十八年(1753)回原籍迎母,未言其母目盲。他父亲的骸骨则是嘉庆十六年(1801)由他三子西玉长途跋涉回原籍带回竹埔安葬的。过去民间广泛流传着孝敬盲母的故事,携带父母骸骨远道迁徙的传说则以客家移民居多。乡民受这类教化故事的影响,移来解释兄弟之间截然不同的结局。

这个传说与前一个传说一样,故事有原型,但不必坐实其细节。按照法国汉学社会学派创始人葛兰言"这个故事未必存在,而用笔写这件事之人的心理确实存在"的观点①,百姓的"历史记忆"表达的常常是他们对现实生活的理解,而不在于历史事实本身。

这两个传说,前一个折射出护仙坑移民群体在迁入初期依靠集体力量,同甘共苦求生存的往事踪影。后一个隐藏着群体内部后来出现了贫富分野,成员身份已悄然变化,亲情维系与经济规律交错并行的历史信息。

---

① 桑兵《国学与汉学——近代中外学界交往录》,杭州,浙江人民出版社,1999,第7页。

陈宝箴家族分家文书解析

清嘉庆二十三年（1818），陈宝箴祖父四兄弟分家析产，抄写四份《分关》（明清以来民间称分家文书为分关、关书、阄书）。幸运的是，当年陈家四房各执一份的《分关》，其中一房的保存下来，为我们了解、分析陈宝箴家族这次分家的过程和分家以后的发展提供了珍贵史料。

这本《分关》高21公分，宽14公分，封面题"分关"二字。共50页，每页9行，每行约23、24字，小楷抄写，共计九千八百多字。内容可分为四部分：一、序言；二、公共经费的管理、支出；三、各房拈阄所分得田山、屋场细目；四、凭中人、鉴证人名录。

一、分家缘起

清雍正十一年（1733）左右，陈宝箴的曾祖陈鲲池从福建上杭县来苏里中都乡迁徙江西南昌府义宁州（今修水县）安乡护仙坑，为陈家迁义宁始祖。陈鲲池生子四：克绳、克调、克藻、克修。六十年后，陈鲲池挈家再迁到与护仙坑邻近的泰乡竹塅村（下称竹塅陈家）。

乾隆六十年（1795），陈鲲池去世。嘉庆十年（1805），竹塅陈家开始分灶吃饭。嘉庆十五年，陈鲲池夫人何氏去世。二十三年

（1818），竹塅陈家正式分家析产，聘请义宁州客家陈姓第一个获得科举功名的长辈陈光祖（嘉庆九年岁贡生）主持并书写《分关》。时长房陈克绳（陈宝箴祖父）59岁，有子4、媳4、孙7、孙女5。二房陈克调54岁，有子2、媳1、孙2。三房陈克藻48岁，有子4、媳1，孙1。幼房陈克修43岁，有子4、媳1①。从人口统计来看，四房人口已达50人左右，且各房中又产生了小家庭，分家析产势在必行

中国传统家族有一个源远流长的"五世同堂"情结，但实际操作却很困难。父母健在时可以勉强维持。父母双亡后，即使兄弟希望同居共财，也难以长久。虽然宋朝时期官府曾大力旌表聚族而居的大家庭，但这种理想化了的大家庭毕竟是少数。到明朝时期，分家析产在民间已经普遍，流传着"树大分桠，儿大分家"的说法，形成了分家有如江河的分流和树木的分枝一样，是极为平常、天经地义的观念。从现代管理学的角度出发，为便于管理、促进发展，大家庭的分家析产迟早会提上议事日程②。

为了使读者深入了解竹塅陈家的早期发展史和这次分家的背景，兹将《分关·序言》全文照录：

> 窃惟九世同居，张公之忍字可法；七百共食，义门之家范堪追。第源远者流长，分疏而有九派；根深者叶茂，发生而长万枝。瞻水木之同情，知产业之一理。我宗长鲲池老先生，当其少也，芸窗苦读，艰一遇而后务沾涂；及其壮焉，阛阓经营，积余金而乃置阡陌。德配何老夫人，禀四德之箴，勤操内政；

---

① 据义宁州客家陈姓《义门陈氏宗谱》卷十，光绪二十一年（1895）四修谱。
② 关于传统家族分家的细节描述，参见林耀华《金翼——中国家族制度的社会学研究》，三联书店，1989，页106—110。

遵三从之训,佐振家声。晚有贤嗣:伯曰克绳,步圜桥而无愧大学;仲曰克调,屈黉宫亦有造小子;叔曰克藻,丕绍箕裘;季曰克修,终恢弓冶。是伯也仲也叔也季也,诵诗慕吹埙吹篪之乐,居家尽则友则恭之义。此皆宗长之遗泽,冈非德配之芳型。纵事事完备,未必度越乎尘寰;而陈陈相因,何难几及于贯朽。居恒相嘱,每谓和气致祥;贤裔凤铭,谁敢遗言是背。特逐来生齿日繁,遂至于度支日广,思夫合而易入于奢,或者分而可从乎俭。岁当乙丑,暂析烟爨,分家而未分产;今值戊寅,合同商议,分产而定分租。敦延族戚,将田山高低品搭,屋宇新旧均匀。祷告祖宗,矢公而更矢慎;凭阄拈定,式好而戒毋尤。惟花萼相辉,房房光大先业;棠棣竞秀,人人垂裕后昆。爰书巅末,以纪其盛。分关四本,交挂合同,各执一本,永远为据。

　　时嘉庆二十三年岁次戊寅阳春月日吉旦□□岁进士候选儒学愚叔七十老人光祖谨撰关□□书,四本一样,每本计二拾伍帙

　　明清时期分家文书大都在相当于"序言"的开篇部分讲一通上代艰苦创业的历程,教诫子孙要敬宗友爱,分家不分心,不可见利忘义,让财产利益冲淡了骨肉亲情。这篇序言也是如此,先叙述分家析产缘由,对陈氏子弟予以勉励,文辞畅顺,简明扼要。从"岁当乙丑,暂析烟爨"一句,可知竹埠陈家在嘉庆十年创业人陈鲲池去世之前,一直是同劳作、共甘苦,吃"大锅饭",显示出传统家族具有的集体主义性质。

二、分家时的资产总量估算

1.田租:共计617石(担),分家时分四股,每股以120石为准,

在此基础上略为浮动。其中长房陈克绳分得170石(补50石劬劳费)。二房陈克调分得144石(补助24石)。三房陈克藻分得120石。幼房陈克修分得127石(补助7石)。另有族产田租56石,茶油租40觔,山租钱3200文(《分关》中租谷计量单位用石、斗、升、觔,与当地通行的习俗相符)。

2.屋场:竹墩祖屋凤竹堂及护仙坑祖屋崇福堂四股平分,二房陈克调、三房陈克藻愿意另行建屋,让出自己的一股给长房陈克绳与幼房陈克修。长房、幼房补偿二房、三房建房款。庄屋十所,九所用来分产,一所用来做家族学堂。

3.山场、熟土:山场按茶山、柴山两大类搭配平分;熟土按菜园、薯土以及其他经济作物土三大类搭配平分。因地形、位置犬牙交错,难以将四股具体数据细列。

由于对《分关》中记载的稻田、熟土、山场、屋宇逐一进行复原统计颇为困难,加上古今币制、计量单位的差异,很难准确地估算出竹墩陈家分家时经济总量达到了什么程度。如果以"收租一千石以上为大地主,一百石以上、一千石以下为中等地主,一百石以下为小地主"为标准①,则竹墩陈家分家时为中等地主水平,分家后每房为小地主水平。但客家人多居住在山区,山多田少。如果以陈家拥有的山林面积来补充稻田的不足,其分家时全部资产应接近于大地主水平,分家后每房接近中等地主水平。从《分关》详细记载的田土、山场坐落地点来看,有些田土、山场与竹墩相距十几里远,来去要翻山越岭,可见陈家的土地山林范围很广。

---

① 郑振满《清至民国闽北六件"分关"的分析——关于地主的家族与经济关系》,《中国社会经济史研究》1984(3),页32—36。

或者将石数折合成田亩,按每亩平均出产三石计算①,竹塅陈家分家时约共有 224 亩稻田,分家后每房平均 56 亩。在修水这样处在万山之中的地区,拥有 50 亩稻田以上的人家已是一个不小的地主了。1951 年修水土改时,拥有 30 亩左右的人家一般都划为地主成份②。陈家有两户划为地主,即长房陈克绳的后人陈清恪(实为陈宝箴次子陈三畏的管家),幼房陈克修的后人陈文恪。

在《分关》的各项条款中,多次提到田山屋场的契据。这是关于全族资产合法性的重要凭证,一直由长房陈克绳保管。陈克绳去世前一年(道光二十年[1840]),将全族产业印契分散给四房子弟收藏。规定:"各契不得遗失损坏典当过押,每年清明各房所领印契务要带齐,当众查阅。倘兄弟要看或要批载等事,不得执掯。倘别人有事要看,必须兄弟同场面付,以免怨悔,书三张,付各房收执一纸为据。"字里行间透露出过去民间对契约管理的慎重、严格,也反映出族众对于契据凭证这项公共资源的共享、制衡心理③。

三、公共经费的管理、支出

明清时期民间分家,一般都会在《分关》上首先载明众存资产和公共支出的项目、定额,竹塅陈家也不例外。但客家人家族似乎更注重祖堂、祖墓的公共维护和子弟科举的成功,深刻地反映出家

①光绪年间,江西抚河平原的水稻亩产量:早稻"上田亩收三石有奇,次者三石";晚稻"上田亩收谷四石,中田三石,下田二石"。见万振凡、吴小卫《近代江西农村经济研究》,江西高校出版社,1998,页 31。
②据《修水县志》卷六《农业·土地制度·1951 年 23 个乡土地分配情况表》,海天出版社,1991,页 117。
③据笔者另外收藏的陈克绳长孙陈观礼所写收条原件。

族制度时代敬祖收族和耕读传家的治家理念。这部分条款是这份《分关》最有价值的内容,特此摘录部分原文,并加按语解释。

原文:

> 谨将众存田山租息议定,公消规则于后(田山具体地名、租息数额从略):共实存众谷叁拾五石七斗四升,租钱乙千六百文,茶油租廿斤。公收公用,四房轮流办理,每房经管一年。立公簿四本,三面一样注明。于冬至日将进出数目三面算明,上手交下手。各房务择公平诚实之人,方许经理。以公济公,不得藉公肥己。倘有不遵家规、不习正业者,永远不得经管。

按:上述条款贯穿着集体主义的原则。在平分家业、财产之前,先确定族产祭田(共有经济成分)的提留,留足公共事业的支出费用,公收公用,以公济公。并严格规定只有诚信可靠的子弟,才有管理公产的资格。

原文:

> 上杭县来苏里中都林坊,共有田租壹拾八觔,每觔三斗,可卖钱五六七百不等。又存香火堂三间,菜地六块。又有上代祖坟,开列土名于后(略)。
>
> 原籍田租十八觔,永为祖堂、祖坟祭祀消用。但虽有伯叔兄弟代祭,我等嫡裔均皆外出,若不及时省理,难保无人侵占。自后议定每十年回省一届,四房子孙,二房共归一届。各房金派一人,务要依期归里省墓,不得推委迟延。所有往来盘费,每届二人众共付钱四十千文。

　　按：上述条款涉及竹塅陈家原籍——福建上杭县祖堂、祖坟的管理、祭扫，反映了客家人浓烈的木本水源、慎终追远的家族传统。《分关》中"每十年回省一届"的规定实行了很多年，一直到光绪二十四年(1898)，仍由长房派陈三垣、二房派陈观伍前往上杭。光绪二十六年(1900)陈宝箴去世后，竹塅陈家逐渐式微，再无力量前往上杭办理祖堂、祖坟维护事宜。

　　原文：

　　　　清明冬至祭扫祖坟，鸡一只约三斤，鱼二只，干则一斤，鲜则二斤，硝一斤，香纸油烛火千，照坟备用松边。子孙登坟拜祖者，每人肉六两，酒半瓶，米半升，盐乙两，油乙两，清明米粿米一斗。其老而不能登者，亦准与席。其有年登六十者，胙肉乙斤，七十者二斤，八十者三斤，九十者五斤，百岁者十斤，俱于冬至日分发。

　　按：上述条款折射出我国古代独有的人伦主义精神①。规定清明、冬至扫墓的聚餐费用由集体、小家庭两方面负担。冬至颁发胙肉，则全由集体支出。数额从六十岁到百岁不等，既继承了尊老敬贤的良风美俗，也体现了家族组织的人情温暖。

　　原文：

　　　　鲲池公坟山壹嶂，坟前田一坵，连及水口之田，共计谷田拾

---

① 参见郭正林《家族的集体主义：乡村社会的政治文化认同》，《社会主义研究》2002(6)，页97—99。

式石,一并存为鲲池公及何姒孺人二位大人永远祭扫之用。其
田山永不许出卖典当,其山内树木,永远长蓄护坟,子孙不得砍
伐伤塚。如有不遵,冬至日家法重责外,仍要每树一根罚钱五千
文上会。其坟前巨杉,子孙有能登贡科甲者,任砍竖旗无阻。

按:风水保护和子弟科举,是昔日宗族的两件大事。祖坟的山
林树木神圣不可侵犯,唯有子弟科举成功竖旗杆时可以破例砍伐。
陈家培育子弟的决心之大,在这一条款中充分体现出来。

原文:

　　　读书凡发蒙至作半篇者,每年众帮俸钱五百文,成篇者每
年众帮俸钱乙千文。赴州试者,每名卷资钱四百文,终场者倍
之。赴府试者,每名盘费钱乙千叁百文,其州试府试有列十名
前者,外赏钱乙千文。入泮者花红银十两,补廪出贡者五两。
登科甲者三十两,祖堂旗匾众办。

　　　生监有志观光应乡试文场者,每届帮助盘费钱式千四百
文。倘得名魁虎榜,及新进生员,三年之内,必须回籍省墓。
除常费外,众另帮敬祖盘费钱式十千文,以为先人光宠。至举
人应会试者,众帮盘费钱式十四千文。

按:上述条款涉及全族公益事业中支出费用最大的一项——
子弟科举。中国宗族组织普遍都从族田内分出学田(书灯田),鼓
励子弟投身科举,获取功名,跻身士绅阶层。但竹垅陈家在分家时
专就科举费用作出安排,有着特殊意义。克字辈四兄弟都曾习举
业,第三代规字辈习举业者七人,但两代均艰于一遇。因此,陈家
在分家时对子弟读书加大了支持、奖励的力度,表明全族经过两三

代的积累已具备支撑子弟参加科举各项费用的经济实力,亦表明
耕读模式在这个家族已经固定化,"读"的分量在加强。

原文:

> 父母年迈,弟辈幼稚,一切教读婚配,悉长兄佐理调停,经
> 营家事,甚费心力。一丝一粒,出入无私,不唯守成,且多添
> 置。今奉母遗嘱命,特酬长兄劬劳田租共伍拾石。弟等感悦,
> 谨将劬劳田租开列于后(具体地名、数额从略)。

按:上述条款为对长房的优惠、奖赏。邢铁先生指出:诸子平
均析产方式中的平均并不只是数量上的相等,还体现着合理差别
的平等,即在平均的原则下给个别对尽义务较多的儿子一些优惠。
这便需要在分家之前特意留出一部分田产,称为"长子长孙田"①。
在陈氏家族发展史上,陈克绳功不可没。他对家族发展的贡献,主
要体现在两件大事上:一是主持盖起了凤竹堂;二是不遗余力地作
育人才,为子弟的科举成功倾注了大量心血。

原文:

> 四房子孙,务宜禀遵谱载家规,孝亲敬长为先。倘有不孝不
> 弟,恃强欺陵尊长者,为父者不得姑息,随即首究,伯叔亦宜护禀。
> 倘有袒庇逡巡,经族一并同首,以容隐养奸论治。倘有田山细故,
> 必须先请族长叙明理释,不得遽行兴讼,如有不遵,责以家法。

---

① 邢铁《家产继承法》,云南大学出版社,2000,页159。

按：上述条款属于家规之类的训诫。《分关》中屡次出现"家法"字样，具体条文、惩罚程度虽然不明，但仍折射出过去家族组织的劝善惩恶、自我约束的民间自治功能。

四、分家对陈氏家族的发展所起的推动作用

中国传统家族一直存在着与生俱来的两股对立力量：血缘亲情产生的向心力和财产利害产生的离心力。分家析产是家族的重大事件，是血缘关系和利益分配之间的一种平衡，标志着家庭成员之间权利、义务的重新界定，大家庭大一统的结构开始解体。但竹㙷陈家自立门户后，并没有出现多个中心、离心离德、各奔前程的现象，整个家族仍围绕家族整体利益这个大目标运转，可谓分而不散。其原因约有三端：1. 这次分家，不是通常产业创始人在世时"子壮则出分"那样的"生分"方式①，而是在创业人陈鲲池夫妇去世之后分家。所分产业，既有父母的遗产，也有四兄弟自己尤其是长兄手创的部分。因此，很大程度上是当事人己身之间的协议平衡。只要大体均匀，就不会因地力肥瘠、田块远近等因素而引起矛盾，留下后遗症；2. 克字辈四兄弟素质较高，都受过诗书礼乐的化育熏陶，已经具备了昔日乡绅处士的个人条件，尤以长兄陈克绳的名气最大。四兄弟也非常团结，对长兄很敬重。3. 客家人具有强烈的家族观念，这是全体客家民系的共性。但具体到义宁州的客家人，则有其独特性。他们在康、雍、乾时期迁徙到义宁州，到嘉道之际，才三四代的光景，正处在上升的阶段，才形成不久的家族组织正发挥着强大的吸引力和凝聚力。

---

① 参见邢铁《家产继承法》第二章《诸子平均析产方式》，页 12—33。

　　基于以上几个因素,竹塅陈家的这次分家析产,就不是一次单纯的产业分割,而是对整个家族既有财产、未来发展的统筹兼顾与制度设计。竹塅陈家以此为契机,进入了持续稳定发展的阶段,呈现出新的面貌。在活动范围上,长房陈克绳在凤竹堂居住,二房陈克调、三房陈克藻在凤竹堂附近各建宅第,四房陈克修仍留守护仙坑原有的宅第"崇福堂",形成了以凤竹堂为中心的家族活动圈。在经济上,各房仍继续购进田山,一直持续到咸丰年间才告尾声①;在社会地位上,嘉、道、咸、同时期,竹塅陈家处于全州客家人的中心位置,是公益事业的主要组织者。如道光二十四年(1844),义宁州的客家士绅发起创办客家书院,陈宝箴父亲陈规鋐是首事之一。他承担了大量事务,并捐银 720 两,是捐款最多者。

　　但竹塅陈家分家后最大的成果,是耕读模式、作育人才的成功。分家九年后,第四代观字辈中,终于有佳子弟脱颖而出,产生了一个庠生(陈观璠)、一个廪生(陈观礼,先为增生,后岁试补廪)、一个举人(陈宝箴,谱名观善)。第五代三字辈产生了一个庠生(陈三爻)、一个廪贡生(陈三略)、一个进士(陈三立)。至此,《分关》中列举的"入泮""补廪出贡""科甲"(举人、进士)竟然被陈氏子弟全部实现。由陈鲲池奠基的耕读家风,中经陈宝箴(陈寅恪祖父)、陈三立(陈寅恪父亲)的弘扬光大,到第六代恪字辈达到了高峰。竹塅陈家遂从客家棚民一跃而成为中国近世著名的文化世家之一。耕读传家,累世书香,是这个家族留给后人的巨大精神财富②。

----

① 据笔者另外收藏的二十多张陈家购置田山的印契。
② 参见本书 192 页刘经富《从耕读之家到文化世家》,原载《读书》2005(2),页83—90;本书 112 页刘经富《陈宝箴乡试硃卷册的文献价值》,原载《中国典籍与文化》2011(3),页 103—107。

陈宝箴履历单解读

陈宝箴(1831—1900),谱名观善,字相真,号右铭。江西义宁州(今江西修水县)人。清咸丰元年辛亥恩科举人。同治九年(1870),以知府发湖南候补。此后历任河南河北道道台、浙江按察使、湖北按察使、直隶布政使、湖南巡抚。《清史稿·列传》251 立《陈宝箴传》。

清代制度,凡文武官员升迁调补时,例由吏部(或军机处)、兵部奏请引见,并附呈该官员的履历单。履历单记录了该官员的籍贯、身世、功名、经历,是研究清代人物的第一手资料①。

一

现存陈宝箴第一份履历单,抄录在陈宝箴故里宗亲保存的一本《手抄本》上。时在光绪五年(1879)二月,为赏加布政使衔,循例呈请吏部引见事:

---

① 参阅秦国经《清代官员履历档案全编·序》,载《中华文史论丛》第 56 辑,上海古籍出版社 1998 年版。

布政使衔候补道陈宝箴,现年五十一岁,系义宁州泰乡七都民籍,原籍福建。由附生中式咸丰辛亥恩科本省乡试举人。克复义宁州等城出力,保奏,九年四月二十一日奉上谕着以知县俟先选用。同治三年在本省军营生擒逆首洪福瑱,保奏,是年十月十一日奉上谕着免选本班,以同知直隶州知州,不论双单月即选,并赏戴花翎钦此。旋于信丰等处扼要拦剿大捷,保奏,四年十月初一日奉上谕着免选本班,以知府不论双单月即选钦此。五年克复广东嘉应州,荡平发逆出力,保奏,请以知府本班不论双单月遇缺前俟先即选,经部议准具奏。六年三月十七日奉旨依议钦此。随同楚军援黔,克复江口,案内保奏。八年十二月二十日奉旨着以知府留于湖南归候补班补用钦此。九年八月十八日引见,奉旨着准其以知府留于湖南归候补班补用钦此。十二月十八日到省,年满甄别,以繁缺知府留南补用,办理援黔军务,攻破贼巢,苗疆平定。同治十一年五月十二日奉旨着免补本,以道员留省补用,并加盐运使衔钦此。期满甄别,以繁缺道员留南补用,委署辰沅永靖道,光绪元年二月十九日接事,二年四月十五日卸事。回省亲母李氏,迎养来南,于光绪二年九月初七日在湖南省寓病故,系属亲子,例应丁忧。当经出具亲供,由长沙县报明在案,南省并经手未定事件,例应请咨回籍守制。蒙湖南抚宪王给发咨文,交家主承领,于光绪三年四月十五日到籍守制。所领咨文呈请转缴,并邀族邻出具甘结,禀请转详报明,尚前州转详在案。自丁忧之日起,扣至四年十二月初一日止,不计闰二十七个月。服满,业将丁忧起服,复缘由先后报明转详各在案,又先于同治十二三等年督办衡永等属土匪,擒斩渠魁,地方安定,光绪三年六月汇案,保奏。七月十八日奉上谕着俟服阕后赏

加布政使衔钦此。今于光绪五年二月亲身在籍,循例呈请给
咨送部引见。

第二份履历单,见华东师范大学出版社 1997 年版《清代官员
履历档案全编》第五册(以下简称《全编》)。时在光绪十五年
(1889)六月,为补授湖北按察使,循例呈请吏部引见事。光绪五年
前的履历表述,与第一份履历单大致相同,增加了光绪六年四月到
十五年六月的履历。由于第四份履历单亦有光绪六年后的内容,
故第二份、第三份履历单全文这里不予引录。

第三份履历单,见《全编》第六册。时在光绪二十年(1894)十
二月,为补授直隶布政使,循例呈请吏部引见事。内容上增加了光
绪十六年十月到二十年十二月履历。

第四份履历单,亦出自《手抄本》。时在光绪二十一年(1894)
十月,为升任湖南巡抚事:

　　光绪六年委署河北道,十一月初三日接事,八年八月卸
事,于十月引见。九年奉旨委署浙江按察使司,四月接事,六
月二十八日奉上谕部议降调卸事。光绪十年三月初十日回
籍,至五月初二日回家省视祖坟。八月置买何家店杨芳墩生
茔一穴,用去价钱捌拾余吊。十二月初二日迎葬子润公,共用
去一千余金。于光绪十一年八月置买汪坑生茔一穴,于光绪
十二年正月十一日迎葬祖母谢太夫人,共用去八百多金。于
本年建立庐源义学,捐田租五拾石。九月两广督臣保奏,本月
初六日奉上谕着以广东督臣张委用,于十月二十日在家起程,
往湖南省,于十一月十三日往粤省。光绪十六年庚寅岁六月
初十日引见,奉上谕实署湖北按察使司,本年十二月初四日接

印,本月初七日接布政使司兼理,至十七年十月十三日卸布政
使司印。光绪二十年甲午岁,官。七月十一日奉上谕往金陵
与刘制军商议海防各口公事,于本月二十日回署,二十九日接
署藩台篆。本年十一月二十九日卸事,十二月初三日起程赴
北。光绪二十一年乙未岁,官。正月初十到京,十二日引见,
二十日请训,升授直隶藩司。三月十三日接印。光绪廿一年
乙未岁,官。冬,直隶布政使司陈宝箴奉谕升湖南巡抚,陈宝
箴即赴新任,毋庸进京引见请训。本年九月初三由直隶交卸
起程,十月十二接湖南巡抚印。

按:《手抄本》上的两份履历单由两人抄写,一为行书,一为楷
书。第四份履历单,抄写者略去了光绪五年前的内容,接抄光绪六
年到光绪廿一年升任湖南巡抚前的经历。

保存在《手抄本》上的第一份、第四份履历单,所述经历比《全
编》收录的第二份、第三份履历单更为详细,细节内容更多,为我们
了解陈宝箴的生平经历留下了非常珍贵鲜活的原始材料。在月份
日期上,《手抄本》上的履历单也比《全编》上的履历单更为准确,可
作为日记看。如光绪二年九月陈母李太夫人逝世,陈宝箴按例守
制。第一份履历单详细罗列守制须办理的手续和守制时间。光绪
九年陈宝箴因会审王树汶案受牵连降级,在家赋闲一年。第四份
履历单详叙赋闲期间在老家所办事项及其费用数目。又如陈宝箴
在湖北任按察使期间,两次代理布政使,以前关于陈宝箴生平履历
的传记对此都语焉不详。陈宝箴之子陈三立所撰的《先抚君行
状》,也只述及父亲曾两次代理布政使,但没有具体月份日期。第
四份履历单述及陈宝箴光绪十六年十二月初四日接湖北按察
印,三天后代理布政使,至十七年十月十三日卸布政使司印,还任

按察使本职。光绪二十年七月二十九日再次代理布政使,本年十一月二十九日因调任直隶布政使卸事。结合《邸抄》和《光绪朝硃批奏折》保存的陈宝箴两份《谢委署湖北布政使摺》,可以帮助我们彻底搞清陈宝箴两次代理湖北布政使的因由、时间。

根据上面两点比较,笔者推测《手抄本》上的第一份、第四份履历单,是陈宝箴呈报吏部引见材料的自留底稿,而《全编》上的第二份、第三份履历单,则是吏部在呈报人提供履历材料基础上的删节定稿。第一份、第四份履历单的定稿吏部(或军机处)没有保存下来,故《全编》没有收录,幸好《手抄本》保存了底稿。四份履历单,前后衔接,完整地记述了陈宝箴从咸丰元年中举后到升任湖南巡抚的所有官职、时间。

二

陈宝箴履历单,以记述陈宝箴早年经历价值最大,但解读也最困难。陈宝箴一生经历复杂,转折甚多,特别是从咸丰元年(1851)中举后到光绪元年(1875)委署湖南辰永沅靖兵备道前这二十四年间的经历最为错综。其原因主要有两点:一是当时陈宝箴的行踪不定,在故里与山外之间进进出出,空间转换频繁;二是在漫长的候补期内,对人生道路的选择、机会的寻找颇多变化,呈现出不稳定状态。而此前关于陈宝箴生平履历的传记材料,多着眼于传主的出处大节,具体细节则疏略带过。这些传记材料作为历史人物生平概述则可,若依据它们来考证行年事略则远远不够。必须用履历单记述的经历与传记材料和陈宝箴自己的文章信札来印证,三者综合起来融通连接,钩稽弥合,才能使陈宝箴这二十余年的行年事略脉络清晰、一气贯注。

陈宝箴于咸丰元年恩科乡试中举,时年二十一岁。嗣后因太平军在江西战事的影响,咸丰二年、三年、六年三次会试之期,他都没有赴京师参加会试。咸丰四年春,太平军攻扰州境,陈宝箴父亲陈伟琳筹办团练与太平军作战,陈宝箴兄弟踊跃加入。由于义宁州地理位置重要,实为赣西北门户,因此从咸丰三年到六年,义宁州团练配合官军与太平军进行拉锯式的争夺战。大小战斗近百次,两次克复州城,并攻克邻县城池。曾国藩对义宁州团练的实效极为赞赏,曾在奏疏中说"天下团练并皆有虚名而鲜有实效,惟江西之义宁,湖南之平江,办团确有成效。以本地之捐款,练本地之壮丁,屡与粤贼奋战,歼毙贼匪甚多,故该二州县为贼深恨亦甚畏也"①。义宁州战场形势的重要,战斗的激烈和兴办民团的实绩,使义宁州的士民多次得到朝廷的议叙嘉奖,不少团练骨干从这里走上仕途。陈宝箴年轻时在家乡的几年军旅岁月,是陈宝箴日后政治军事生涯的起点。

对这段经历,第一份履历单的表述是"由附生中式咸丰辛亥恩科本省乡试举人。克复义宁州等城出力,保奏,九年四月二十一日奉上谕着以知县俟先选用"。由于没有找到当时江西巡抚陈启迈、文俊《义宁保举案》的原件,我们暂不知这次保奏的全面情况。现只知陈宝箴的同州乡试同年陈文凤,保举的职位是"以教谕俟先选用"。另一位邻县(武宁)乡试同年罗亨奎,保举的职位是"即补知县"。

咸丰七、八年后,义宁州以及邻县已无大战,各县举子纷纷公

---

① 见《义宁州志》卷十四《武备志》。引自《中国地方志集成》江西府县志辑《同治义宁州志》213 页,江苏古籍出版社 1996 年影印本。

车北上参加咸丰九年己未正科、咸丰十年庚申恩科会试。咸丰八年,陈宝箴与罗亨奎结伴北上应试,两试落第。虽然金榜题名的热望破灭,但陈宝箴留京期间,广交四方英才,尤与易佩绅(笏山)交谊最笃,与罗亨奎有"三君子"之誉。三人会试既不第,遂决定放弃下一科(同治元年壬戌科)会试,昂然出都,投笔从戎。咸丰十一年,易、罗赴湖南受巡抚骆秉章檄,招募兵勇,号"果健营",驻防湘西来凤、龙山一带,与太平军石达开部作战。陈宝箴先回故里省母,旋赴湖南与易、罗会合。骆秉章移督四川,易、罗率"果健营"随之。陈宝箴仍回乡奉母。易佩绅后来官至江苏布政使,罗亨奎官至四川雅州知府。

同治元年到二年秋,陈宝箴在故里有两件事可记:一是与陈文凤主修义宁州客家陈姓的大成宗谱;二是盖了一栋书塾,名"四觉草堂",请武宁秀才李复课读子弟,并与李复的业师汪瀚结交。汪瀚,字澄溪,武宁县人,咸丰九年己未科举人。中举后投效曾国藩,掌管厘务。保举江苏补用知县,因丁父忧回籍守制。

同治二年(1863)八月,陈宝箴出山投席宝田帐下,参加了安徽青阳解围战役。被保举免补本班,以直隶州知州留于安徽补用①。这是陈宝箴第二次因军功保举,履历单未提及。但陈宝箴三年后在故里所撰《陈光远祠三修〈祠志〉序》,落款"诰授中宪大夫,赏戴花翎安徽补用知府,裔孙陈宝箴",可以印证。

同治二年十一月,陈宝箴到安庆拜见曾国藩。时曾国藩任两江总督,并以钦差大臣督办江南军务。曾国藩待陈宝箴为上宾,称

---

① 见曾国藩同治三年九月《续保上年青阳解围出力员弁摺》,载《曾国藩全集》第7册《奏稿》4431页,岳麓书社1987年版。

为"海内奇士"。但陈宝箴不欲躬亲文牍,在曾幕月余,即返回江西,仍入席宝田"精毅营"戎幕,参加实际作战。陈宝箴在席军中出谋划策,屡立战功,两次叙功保奏。同治三年九月,席宝田采纳陈宝箴的建议,在江西石城县击败太平天国幼王洪福瑱的队伍。时任江西巡抚的沈葆桢上奏《席军生擒首逆摺》(同治三年十月初三日):"……拟请开复记名按察使席宝田应如何优加恩奖之处,出自宸裁。蓝翎同知衔即选知县谢兰阶、俟先选用知县陈宝箴,可否免选本班?均以同知直隶州知州,不论双单月即选,并赏戴花翎……谨奏。"①十月十一日,咸丰帝谕内阁:"……以江西官军生擒首逆洪福瑱,赏记名按察使席宝田黄马褂……余加衔升叙有差。"②

同治四年八月,清军在江西信丰县与太平军汪海洋部激战,汪军遁走粤东嘉应州。席宝田部与其他部队追击会剿太平军。同治五年元月,汪海洋部败亡,太平天国覆灭,江西巡抚刘坤一上奏《席军两次出力并案请奖摺》(同治五年三月二十八日)保举有功将士。四个月后又呈《查明劳绩人员请照原案给奖片》(同治五年七月二十八日):"……又即选同知直隶州知州陈宝箴,经臣前于湘军追杀窜贼随摺保奏案内请免选本班,以知府不论双单月即选,亦均钦奉谕旨。嗣经吏部奏驳:'各项劳绩保举,除攻克城池、斩擒要逆,其余不准免选本班,并加候补班次……'。兹据总局司道查复……陈宝箴随同精毅营扼贼于广东之东石,江境之铁石口,督队鏖战,两获大胜。或杀或降,四万有奇。其间擒斩头目约数十名,均非寻常劳绩可比,确有具报打仗原禀可查。前保考语务求简约,以免烦

①《沈文肃公政书》卷三《奏摺》103 页,《近代中国史料丛刊·正编》,台湾文海出版社 1967 年版。

②《清实录》第 47 册 603—607 页,中华书局 1987 年影印本。

渎,未能详悉,致奉部驳。然细核各该员战绩,实系斩擒要逆、攻克城池,与免选本班并加候补班次章程相符……仰恳天恩俯准,仍照原保……陈宝箴免选本班,以知府不论双单月即选。敕部注册,以昭激劝。理合附片陈明,伏乞圣鉴训示,谨奏。"①

陈宝箴同治三年到五年的经历,历来陈宝箴的传记材料比较完整,可与履历单相印证。但随后三年的行踪,却需要借助陈宝箴的文章、信札来补充。

同治五年,东南各省大局已靖,陈宝箴于本年元月离开军营,回到家乡平居约两年。一度计划经商,未果。又拟赴京参加同治七年会试,因病未成行。这段时间,他参与了打击义宁州教徒倡乱的行动,参与义宁州客家陈姓宗族的一些事务。同治六年冬还去过一次湖南,与席宝田聚会。总的来看,这两年是陈宝箴比较低落的时期。但陈宝箴的声名在山外已然鹊起,已进入名公巨卿的视野。

同治五年八月,曾国藩批示《义宁州厘卡委员朱宽成禀公暇得与陈守宝箴李生复等读书论古籍资切劘等情》:"该员在卡照常办事,又得陈守、李生等读书论古,问学日新,至以为慰。兰生幽径,不以无人而不芳,本无所待于外,而德无久孤之理,玉无终閟之辉,亦会有赏音也。"②朱宽成是安徽泾县人,附贡生。同治二年来义宁州掌厘务(十一年补义宁州同知),与陈宝箴结交。同治五年十月,曾国藩在致刘坤一(时任江西巡抚)的信中云:"……承示物色陈守,学识并茂,余则慎所许可。右铭曾来安庆,接见多次,信为有用

①《刘坤一遗集》第1册《奏疏》卷三90页,中华书局1959年版。
②《曾国藩全集》第13册《批牍》407页,岳麓书社1987年版。

之才。武宁、义宁共有数人,志行优异,惜汪君遽逝,罗令被劾,右铭气类日孤,此外罕闻佳士。"①刘坤一回复:"……晚生自惭谫陋,未敢言培植士人。然自抵任以来,亦尝留心物色,无奈见闻不广,目前尚觉寥寥。惟有义宁举人、已保知府陈宝箴,品学尚优,胆识亦茂,虽间有不自检束之处,终不失为豪杰一流。以外殊难许可。"②同治六年九月,曾国藩又在复朱宽成信中云:"义宁地稍僻陋,文报罕通,似无以扩充闻见,全赖师友砥砺,振发志气。阁下既与陈右铭互相渐摩,则旁近当有闻风景附者。汪澄溪与其弟子李复先后徂谢,善类日孤,令人叹惋。"③(同治三年年底,汪瀚丁忧服除后暴逝于赴曾帅府召途中。同治五年秋,李复赴金陵入曾国藩幕,不料几个月后竟因病赍志以殁)。

　　约同治七年春,陈宝箴再度出山,往金陵就曾国藩幕。本年八月,曾国藩奉命调任直隶总督。陈宝箴欲就官邻省,以便养母,未随曾国藩北上,而到湖南,随同湖南援黔部队赴贵州与侗族农民军作战。本年十二月,楚军攻克江口屯,陈宝箴以军功保奏。同治八年十二月二十日奉旨着以知府留于湖南归候补班补用。至此,陈宝箴基本实现了"就官邻省,以便养母"的意愿。早在咸丰十年秋,陈宝箴赴京会试不第留京期间,曾致函内兄黄鸿九,函中有"向者亟亟一官,不过亲老家贫,为禄养计耳。故箴仕之拜,必以楚南北为准,便迎养也"之语④。

　　同治十年,湖南巡抚刘崑接受布政使王文韶的建议,派遣陈宝

①《曾国藩全集》第 28 册《书信》6005 页。

②《刘坤一遗集》第 4 册《书牍》卷三 1649 页。

③《曾国藩全集》第 28 册《书信》6435 页。

④ 见《陈宝箴集》下册 1814 页,汪叔子、张求会编,中华书局 2003 年版。

箴到席宝田军辅佐军务(同治六年十月,已回乡的席宝田复受命率旧部专办肃清苗乱军务),二人再度合作。至同治十一年,将苗军全部击溃,苗疆肃清。十一年六月十四日同治帝谕军机大臣:"王文韶奏援黔官军扫除窜匪,苗疆肃清,并分军设防,抚恤降众各摺片……所有擒斩首逆,尤为出力各员,著王文韶先行酌保数人,以示鼓励……王文韶现派各军分段设防,并拨银两分别抚恤,实能力顾大局。著即令道员陈宝箴会同分防各营及该地方官体察情形,妥筹办理。"①事后,陈宝箴又一次以军功保奏,以道员留省补用,并赏加盐运使衔。

　　同治五年到同治九年这五年间,陈三立所撰《先抚君行状》是这样记述的:"席公假还籍已前为府君叙功,累保知府,府君不顾也。久之复就曾文正公,江南宾僚益盛,游咏无虚日。曾公移督直隶,府君至是亦欲就官邻省,便养母,遂入觐,以知府发湖南候补。"②这段话提供了陈宝箴第二次入曾国藩幕的依据,但却省略了在故里平居两年和赴贵州平侗乱事略。前者可以依据陈宝箴的文章信札予以补充;后者依据履历单予以补充。履历单还提供了进京引见和"以知府发湖南候补"的具体时间,可与《先抚君行状》的记述相印证。

<h2 style="text-align:center">三</h2>

　　虽然根据陈宝箴的传记材料和陈宝箴文章信札,可以帮助理

①《清实录》第51册425—426页,中华书局1987年影印本。
②陈三立《散原精舍诗文集》下册845页,上海古籍出版社2003年版。

顺贯通陈宝箴履历单上记述的早年事略,但仅仅做到这一点还是不够的。还必须对履历单蕴含的清代官制予以解析,才能彻底读懂弄通陈宝箴从一个举人荐升擢拔为封疆大吏的时运际会,国家、地方互动的体制内外原因,最大限度地接近历史真相。笔者不揣谫陋,略申管见,诚心引玉,希望精通清代官制的专家把陈宝箴履历单作为个案材料予以释读。

(一)出身以进士为贵。陈宝箴一共获得七次军功保奏(履历单记载六次),官阶从候补知县晋升到候补知府、候补道员并赏加布政使衔。有人认为《清史稿·陈宝箴传》记述他为席宝田出谋划策歼灭洪福瑱而荐升府道,是微讽传主"以保案为功业"①。咸、同军兴,保案踵起。陈宝箴以举人出身,且非高门巨族,没有家庭背景可以奥援,而在仕途上取得成功,最终跻身为封疆大吏,既是个人才干的表现,也是"时世造英雄"使然。他与举人出身的左宗棠一样,都是咸同之际在风起云涌的疆场上崛起的那一批人物中的佼佼者。

但从进士、举人入仕的职位比较来看,左宗棠、陈宝箴以团练起家,卒致通显,终属个案特例,不可以为常则典要。清末朱寿彭曾比较道光到光绪末甲科、乙科官至一二品人员甚详,举人所占比例比进士少得多②。即以知县而言,据乾隆十年(1745)《缙绅全书》,当时全国知县中进士占44.6%、举人占22.3%③。咸丰元年

---

① 见刘体仁《异辞录》43 页《陈宝箴享誉》条,山西古籍出版社 1996 年版。
② 见朱寿彭《安乐康平室随笔》207—214 页《历科榜运》条,中华书局 1982 年版。
③ 见张研《清代候选官员得官初步——读〈望凫行馆宦粤日记〉之一》,载《清史研究》2008 年第 2 期,88—96 页。

辛亥恩科江西乡试正榜共取录124名,后有21名考取进士。至同治末年,未考取进士的121名举人中,得知府二、道员一(陈宝箴),知县六(大挑四),绝大多数为训导、教谕。已考取的21名进士中,知府一,知县十三,余者为编修、主事①。清代科举出身以进士为贵,其任职分配有保障,起步就是正处级。外放州县班次亦优先安排,俗称"老虎班"。事实证明,文人入仕,仍以获得进士功名为最佳途径。陈宝箴咸丰十年秋致内兄黄鸿九函中已宣称不再应科举,同治七年不得不改变初衷准备参加会试,以应对现实,原因即在于此。

(二)"署理"是"实任"的前奏。从咸丰九年(1859)以知县侭先选用,到光绪元年(1875)前以道员留湖南补用,陈宝箴度过了十六年的候补岁月。

清代的各种官职均有定额编制。在任官员如亡故、告病、休致、丁忧、终养、参革等,便出现了缺额,称为"出缺",其相应的官职则称为"缺"。有资格的人,按出身、资历等分为"班",依次排序,候选补"缺"入仕。

制度设计虽好,但"缺"少"员"多,始终是一对尖锐的矛盾。咸、同时期,因巨大的军饷开销,朝廷"劝捐"(京官最高可捐到郎中,外官最高可捐到道员)。但实缺有限,而捐官者大增,使正常铨选秩序更为混乱。同治八年(1869),江苏巡抚丁日昌上《条陈力戒因循疏》云:"即如江苏一省言之,道员可由外补之缺,不过二三员;府、州、县、同(知)、通(判)可由外补缺,亦不过十余员,而候补道约有六七十人,候补同、通、州、县约有一千余人。夫以千余人补数十

---

① 据《咸丰元年辛亥恩科江西乡试同年录》,约刻于同治十二、十三年间。

员之缺,固已遥遥无期,即循资按格而求署事,亦非十数年补能得一年。"①光绪四年(1878),各项捐官花样一律停止,但积重难返,光绪六年四月,御史邹纯嘏奏:"国家选补州县,于正途本属优异。自军兴以来,识时务者由武功得官,拥厚资者因纳粟入仕,以致科甲州县候补无期。"②陈宝箴的好友陈蓝洲,早年为了得到湖北房县缺,捐了"花样"才到手③。"军兴以来,奏调人员往往不次骤迁"④,奏调人员大都是参加幕府的人,这就造成了官吏升迁的捷径,于是希望作幕宾的更多了……许多著名人物由幕府变成高级官吏,如胡林翼、左宗棠、刘蓉等⑤。

　　陈宝箴同治五年因克复广东嘉应州,荡平发逆保奏,奉旨以知府遇缺即选,但何时有"缺"可补仍无法逆料。陈宝箴家境并不富裕,无钱入赀加捐,年龄也到了三十五、六岁,家累甚重。这就是他同治五年归里准备经商的原因。同治五年二月,他在《致席宝田函》中云:"……弟贾事已有端绪,可借此作上海之游,一领岛夷风味。不充名士,真作利徒,形迹较混浊,心事实光明也。士农工商,异流同源,不过曰'混饭吃'……从此公垂钟鼎之名,我躬负贩之业,行自伤也! 然得为盛世市井之臣,输厘助饷,以效愚忠,又自慰也。"⑥同治七年夏初,又在《致席宝田函》中云:"去冬归自湘中,大病两月,

① 见张研《清代候选官员得官初步——读〈望岢行馆宦粤日记〉之一》,载《清史研究》2008 年第 2 期,88—96 页。

② 引自《光绪朝东华录》第 1 册 915 页,中华书局 1958 年版,1984 年重印本。

③ 见周采泉《漫谈"捐班"与"候补"》,载《学林漫录》第 12 集,中华书局 1987 年版。

④ 引自咸丰十一年给事中何璟奏疏,载《清史稿·列传》卷 54《何璟传》。

⑤ 见郑天挺《清代的幕府》,载《中国社会科学》1980 年第 6 期,127—147 页。

⑥《陈宝箴集》下册 1627、1810 页,中华书局 2005 年版。

计偕之行,遂已不果,岂作刘蕡亦有命也?维思朝廷苟不以言为讳,何必射策金门始行其志?若无诱言启谏之风,即贾、董复出,亦悠悠耳。俯仰身世,不复为憾。"①

结束这种胶着状态的,是光绪元年署理湖南辰永沅靖兵备道带来的契机。第一份履历单记述陈宝箴于"同治十一年五月期满甄别,以繁缺道员留南补用"。清代官制,以官员所掌握政务的紧要和繁简程度,划分为"冲、繁、疲、难"四缺。"繁缺"即重要岗位,而地方督、抚享有"繁缺"的任命权。一般先"署任"(代理),以此作为"实任"的过渡,半年后没有大的过错,再报吏部,改为"实任"。因此,候补道要获得实职,与督、抚的推毂转圜有极大关系。此时湖南巡抚是王文韶。王于同治十年十月由布政使升任巡抚,对陈宝箴在平侗抚苗中的才干已留下了深刻印象。同治十一年八月十四日在日记中写道:"接右铭来牍,详陈苗疆善后章程,即有见地,亦肯担当,心窃伟之……"②胡思敬《戊戌履霜录》:"陈宝箴……初以举人从席宝田治军,叙功保知府。王文韶巡抚湖南,甚倚重之,一切章奏皆出其手。"③据第一份履历单,知陈宝箴由候补道代理湖南辰永沅靖兵备道职务,时间是光绪元年二月十九日到二年四月十五日,在治所——今湖南湘西凤凰县只有一年零两个月。光绪二年四月卸任还长沙后,已"声称藉甚,大臣交论荐"④,担任"实

①《陈宝箴集》下册 1627、1810 页,中华书局 2005 年版。
②《王文韶日记》上册 333 页,中华书局 1989 年版。
③见胡思敬《戊戌履霜录》卷四《党人传·陈宝箴》,《近代中国史料丛刊·正编》第 445 册 1687—1689 页,台湾文海出版社 1970 年版。
④引自陈三立《先府君行状》,载《散原精舍诗文集》下册 845 页,上海古籍出版社 2003 年版。

职"已为期不远了。

（三）超授的荣耀。《清史稿·陈宝箴传》对陈宝箴早年经历是这样记述的："少负志节，时文皆有法度，为曾国藩所器。以举人随父伟琳治乡团，御粤寇。已而走湖南，参易佩绅戎幕，军来凤龙山阁。石达开来犯军，饥疲，走永顺募粮，粮至不绝，守益坚。寇稍稍引去。宝箴之江西，为席宝田画策，歼寇洪福瑱。事宁，叙知府，超授河北道。"对传主十余年的候补经历，一笔带过，而凸显传主授任实职，谓之"超授"。

第一份履历单记述，陈宝箴因"同治十二三等年督办衡永等属土匪，擒斩渠魁，地方安定，光绪三年六月汇案，保奏。七月十八日奉上谕着俟服阕后赏加布政使衔钦此"。第二份履历单接续记述："（光绪）五年七月赴部引见，九月到省。六年四月十七日奉旨补授河南河北道。"据此可知，陈宝箴于光绪五年初在丁忧服除后已获"布政使衔"（从二品），而道员为正四品。光绪五年七月赴京引见，补授河南河北道。《清史稿》谓之"超授"，不为无因。陈宝箴经过多年打拼，终于拥有属于自己的平台，道员的身份与"道"的行政实职得以吻合。时陈宝箴已虚龄五十二岁。

与"超授"的说法可以相互印证的，是陈宝箴、陈三立父子师朋戚友的赠序贺诗之多，笔者已搜集到赠序五篇，贺诗七题十首。特别是郭嵩焘，独撰两序三诗。他先写《送陈右铭赴任河北道序》，有云："光绪庚辰之春，诏求人才，大臣多以其名应。于是特命分巡河北……任重而位尊，名高而眷深。"[①]嗣又撰《陈右铭观察赠别诗序》，有云："嵩焘既前为序以赠观察之行，而导楚人之思，张君笠臣

---

① 《郭嵩焘诗文集》257—278 页，岳麓书社 1984 年版。

又相率为诗歌褒美,敷陈赓飏而推大之。嵩焘亦为诗以附诸君之后。"①推求句意,似当时还有一本湖南友朋为陈宝箴送行诗的专集。喜讯传到故里,义宁州的客家陈姓合族欢庆。光绪五年,陈宝箴曾回乡一次,与乡试同年陈文凤倡议扩建宗祠,两人率先捐银壹百吊。第二年工程竣工时,恰好传来陈宝箴荣授河南河北道的喜报,于是宗亲同声称贺,认为这是祖宗默佑之兆②。按说陈宝箴此后升任按察使、布政使、巡抚,职位都比道台高,但再也没有出现像这次一样的喜庆场面,说明结束候补,担任实职,意义非同小可。

光绪六年正月二十一日,诏谕各直省将军督抚及曾任统兵大臣彭玉麟、杨岳斌加意访求保荐人才。彭玉麟三月底巡阅长江至荆州时得知告谕。五月初一日,彭玉麟上奏,保举文职十六名,武职十七名③,文职第四名为"湖南候补道陈宝箴"④。彭玉麟保举时,尚不知陈宝箴已于四月十七日奉旨补授河南河北道,这一天的《申报》已刊出授任人员名单。不过这后到的名臣保荐,也从一个侧面反映出陈宝箴在政界的影响。

清代官制,知县升知府,知府升道员,道员升按察使,按察使升布政使,布政使升巡抚。陈宝箴的从政历程,非常符合这一升迁路线。记录在履历单上的官制术语、事由期限,简简单单,质朴少文,其实一句话浓缩几年奋斗,一个词寓示一次转折。背后隐含着充满动态的丰富过程,承载着人生甘苦、宦海升沉。陈宝箴的六孙陈

①《郭嵩焘诗文集》257—278页,岳麓书社1984年版。

②见陈文凤《新修宗祠记》,载义宁州客家陈姓《光远堂四修祠志》,光绪八年刻本。

③见《彭刚直公奏稿》,《近代中国史料丛刊·正编》第33册72页,台湾文海出版社1967年版。

④见《郭嵩焘日记》第4册74页,岳麓书社1983年出版。

寅恪晚年撰《寒柳堂记梦稿》,谓"吾家素寒贱……先祖仅中乙科,
以家贫养亲,不得已而就末职。其仕清朝,不甚通显,中更挫跌,罢
废八稔。年过六十,始得湖南小省。在位不逾三载,竟获严谴"①。
弔古伤怀,语意沉重。总的说来,陈宝箴在晚清政要谱系中,不是
最上层的核心人物,未曾飞黄腾达,膺寄中枢要津。但他出自客家
人"棚民"之家,崛起于阡陌之中,一步一个脚印,由作幕入仕,从候
补知县、候补知府、候补道员到实职道台、按察使、布政使,官拜湖
南巡抚,跻身封疆大吏,领导了湖南新政,在晚清政治舞台上扮演
了重要角色,自当青史留名。

---

① 陈寅恪《寒柳堂集》167、168 页,上海古籍出版社 1980 年版。

陈宝箴乡试硃卷册的文献价值

陈宝箴(1831—1900),江西义宁州(今修水县)人。清咸丰元年辛亥(1851)恩科举人。同治九年(1868)以知府发湖南候补。此后历任浙江按察使、湖北按察使、直隶布政使、湖南巡抚。

陈宝箴于道光三十年庚戌(1850)二十岁时中秀才。次年以附生资格参加恩科乡试中式,是义宁州这一科五个举人之一。

关于陈宝箴中举的情况,以前只在《陈氏宗谱》和《义宁州志·选举志》里有简略的记载。幸运的是,近年在陈宝箴故里发现了陈宝箴乡试硃卷册,使我们得以了解陈宝箴早年的科举应试经历。陈宝箴乡试硃卷册,纸本木刻,高26公分,宽15公分,封面封底为黄纸,共18页。分为前幅、后幅两大部分。前幅包括自述、家族成员名录、受业师、受知师名录;后幅包括考官评语、八股文三篇、试帖诗一篇。装帧、格式与我收藏的其他举人硃卷册相同。扉页有云龙图案,中间长方形方框内刻"恩科乡试"四字,其他举人硃卷册无此页。兹照录如次:

一、自述:陈宝箴,字相真,一字右铭,号戾臣。行三,大行十二。道光癸巳年正月二十日吉时生。江西南昌府义宁州学附学生,民籍。

二、家族成员名录:1、上栏:高祖文光,字君里,号斗垣;高祖妣氏刘。曾祖腾远,字公元,号鲲池太学生;曾祖妣氏何。祖克绳,字显梓,号绍亭太学生,例赠文林郎,著有小斋录诗稿待刊;祖妣氏谢、何例赠孺人。父伟琳,字琢如,号子润候选分县,著有北游吟草待刊;母氏李。外祖李群山登仕郎;外祖妣氏凌、张。岳父黄心园太学生,例封武略骑尉;岳母氏谢、李例赠孺人。2、下栏:胞叔祖五园积学未售;崑巘登仕郎;介田;胞伯宣六、心怡俱应试有声;化南;亲伯叔日峰、和璧应试有声;卜三、耕经、书简、尔甄、韵金、命三、致中、先金、建山;胞兄六殷候选左堂;典诒;亲兄观礼州增生,岁科屡试超等;琦、澜应试有声;球、瑶、松、海、璠应试有声;亲侄成塾现应童试;杰、庠、欧、序、柳、垣俱业儒。舅父(略)。姑丈(略)。内兄弟(略)。姊丈(略)。内室黄氏。

三、师长名录(上栏):1、受业师:邱达春老夫子;周应时老夫子;亲兄观澜老夫子;亲兄观礼老夫子;郑踏云老夫子州庠生,屡科呈荐;钟庆生老夫子甲辰举人,拣选知县;萧方泉老夫子辛卯举人,大挑候选教谕;颜韶九老夫子丙午举人,拣选知县。2、受知师:州牧叶枚生老夫子梯云书院月课,深沐栽培;学宪张小浦老夫子庚戌岁试取古,入州学第一名,本年科试特等。

四、硃卷:中式第一百十三名举人陈宝箴,南昌府义宁州附学生,民籍。

同考官试用知县夏阅　荐

大主考翰林院编修实录馆纂修国史馆协修龚批　取　又批思力精纯

大主考日讲起居注官詹事府詹事南书房行走沈批　中　又批风骨高骞

本房总批:"统阅三场,皆归一律。诗文俊爽,理析牛毛。经策淹通,谈倾鹿角。揭晓来谒,知生传经世业,惊座家声。傅就髫龄,驹齿已著龙文之目;庠游弱冠,凤翎早生燕翼之辉。去年泮沼芹香,既交辉于棣萼;此日蟾宫桂折,更附骥于竹林。从兹红杏联簪,丹墀摛藻,于生有厚望焉。"

信近于义言可复也恭近于礼远耻辱也

破题:平其情以应物,信与恭可无弊也。

承题:夫义礼,人情之准也。信恭本乎此,斯言行庶无弊乎?

起讲:且人有情而各用其情,即用其情而各宜近乎情也。顾有时慷慨以任其情,而情为猝动之情,则非其本情矣;有时曲抑以将其情,而情为过致之情,则越乎人情矣。情无以制,亦无以节,于是自变其情,自咎其情,而究不自谨其不近乎情,则吾愿以义礼为斯人进。不然,信与恭固皆情之所发也,而往往违于义礼者,何哉?

起股:平日无精义之学,则偶尔之感奋,非躁即疏。故当一诺相承,非不足征磊落,而一经有识之推求,若有不乐观乎其先而亟欲观乎其后者,则情未可遽通也。

夙昔无明礼之功,则偶尔之周旋,不谄即渎。故当大廷折节,非不足著谦光,而一经旁观之拟议,若有不难于为施而反若难于为受者,则情殊难自适也。

过接:然则欲言之可复,与耻辱之远也,是非近义近礼不为功。

中股:惧吾言之难践,而然诺不以假人,此亦冥情之难训。所贵乎义者,谓不轻于信乃以重其信也。一日此义,毕生即止此义,不必指天日以明情。而准义为衡,则期许之真,有以得其幽独之慊,裁度之密,足以胜其意气之粗。所以义所难任,斯感激皆平;义所宜坚,将畏葸悉化也。而言何不可复焉?

虑人世之多猜,而简夷因而玩世。此亦矫情之过深。所贵乎礼者,谓不紊其恭乃以肃其恭也。以礼处己即以礼处人,不必假繁缛以饰情。而奉礼为归,则亲厚所形,周而不邻于比,乐易所至,和而不涉于同。所以礼值其隆,矜持非以自苦;礼值其杀,坦率非以为骄也。而耻辱何不可远焉?

后股:此其故轻于信者不知也,壹于信者亦不知,而惟义之与比者知之。尝见小信之士,自负不欺而急遽相期,遂至迁就依违之两窒。背之既负乎初心,全之又非其本愿,君臣朋友之间,必有中情变迁者矣。念明信之有归,其可无精义之学哉!

此其故外于恭者不知也,足于恭者亦不知,而惟礼以制心者知之。尝见谦恭之儒,自鸣善下而逢迎相尚,遂至胁肩谄笑之徒劳。循之既莫泯其惭,反之益以增吾过,往来酬酢之际,将有两情莫洽者矣。念温恭之有则,其可无明礼之功哉?

收结:信恭者其知之。(注:原稿不分段落,现段落为笔者据八股文格式所分,不一定准确。)

本房加批:情字亦题所应有,难得其笔意幽折清刚,是说理之朴实,能得五家宗派者。

梯云掌院颜韶九老夫子评:淡宕夷由,清刚隽上。次跟孝字,不脱不粘,有典有则。三亦笔歌墨舞,兴会淋漓。诗清丽。

德为圣人

破题:论大孝而征诸德,人已独成为圣矣。

承题:夫孝者,德之首也,极之即为圣人。舜孝之大何如哉?

起讲:且自德为庸德,而古圣人之以孝成其德者,诚无俟求之高远,索之隐怪矣。盖德之表见,不仅在于一家;而孝之充周,实足征其全量。孝既大,而德莫与京;德既隆,斯孝无以尚。为人伦之至,即立人道之极,非天下之至圣,其孰能与于斯?

起股:吾言舜之大孝,盖先有见于其德矣。负罪引慝,号泣独著于田间。以是知深山之中，其闇修有独至也。

完性真于万善，一木一石，皆为砥砺之全神。烝乂克谐，明扬上达于帝座。以是知有鳏在下，其过化自有真也。

过接：观厎豫于盈庭，得亲顺亲，遂为古今之绝诣，德至矣！德为圣人弗可及也已。

中股：圣人无异人之事，所自励者，百行之原耳。顾孝之德本顺，舜则由逆而至于顺。夫境顺而心无少逆，与境逆而心无弗顺，其为孝果孰难而孰易？即其为德果孰全而孰偏乎？试思夔夔载见，顽嚚亦鉴其诚；源源而来，傲弟弥钦其爱。迨至一室著太和之象，五十犹孺慕之诚，则其德之源流可想也。

圣人亦人类之同，所独乐者，名教之地耳。顾孝之德甚常，舜则遇变而归于常。夫遇常而情不使变，与遇变而情如处常，其为孝果孰优而孰绌？即其为德果孰安而孰勉乎？盖其浚哲积中，生知非由乎人力；温恭著美，安行实本于性成。观于浚井焚廪之得免，烈风雷雨之弗迷，则其德之本末具见也。

后股：穷蝉以降，世为庶人，即令有子克家，亦足振兴夫世绪。然而圣人之以德成其孝者，独见其大焉。重华称协帝，直将归美于世德之幽光，是使天下知有圣子，亦即使天下知有圣父也。夫侧陋未扬，氏族讵通于帝，而赞扬克孝者，必从瞽子而溯其由来。则推其德之所孚，觉星辉云烂，皆足增门第之光。

允若以前，难为人子，即令吉占干蛊，讵能尽涤乎前愆？然而圣人之以德成其孝者，独见其至焉。斋栗著真诚，直将挽回夫顽嚚之意志，是使后世以圣人奉其身，并欲使后世以圣人奉其亲也。夫有庳未往，谟盖并济其谋，而孝思不匮者，必合一家而处之悉当。则推其德之所洽，觉兽舞凤仪，皆足为家庭之庆。

收结：此大舜显亲之孝也，而诸福之毕集，又可递观矣。

本房加批:不泛填舜事,而扼定题旨,贯注下文,是为清正雅正。

诗云自西自东自南自北无思不服此之谓也

破题:德之服人者深,绎诗言而恍然矣。

承题:夫合四方而思服,诚何如也? 心悦之谓,雅诗不已云然哉?

起讲:且王者出而四方之版宇扩焉,四方之声教通焉,即四方之人心亦莫不系属焉,此非特有宰制驾驭之权也。盖一人握感孚之本,其与天下相见以悃诚,而天下遂无不各输其悃诚,然后知同好同恶之原,实统乎作君作师之理。篇章具在,夫固可扬搉陈也。有声之诗,吾得而观其所谓矣。

入题:是诗也,何谓也?

起股:其非谓牧野陈师之盛,萃虎贲者三千;孟津燮伐之威,会诸侯者八百。其谓武王能广文王之声,大文王之德,以成此一统也。

自西自东自南自北无思不服,此无他,德之所及者远,心之所悦者诚也。非此之谓而奚谓哉?

中股:盖以思之难也,父不能得之于子,兄不能得之于弟。况九重之宵旰,岂能入间阎之窭窳而探其微。故一言所自觉,其梯航可得而通者,其性情不可得而强也。

而以思之易也,天下不啻其一家,中国不啻其一人。彼亿兆之归心,早已自宸衷之建极而操其券。故一言所自觉,其徧德无不被之区者,其媚兹无或匿之隐也。

过接:于斯时也,遐迩一体,中外禔福,皇风遐畅,民气敦厖。夫然后抚是诗而流连起叹,曰所谓心悦而诚服者,其在斯乎! 其在斯乎! 以德服人者,何多让焉。

后股：且夫今之朝约纵而暮连横者，岂复有人心哉？以视王者不矜震叠之威，而草野弥切尊亲之戴者，其向背为何如也？夫深宫为起化之地，而非化所竟之地，至推之东西南北而皆准，则尽人罔弗率俾矣。信如诗言，统五方之刚柔燥湿，而共庆夫咏仁蹈德之休，丕显文谟，丕承武烈，直合东西南北而共喻以天也，岂非德之弥纶而无外哉？

今之辟土地而开阡陌者，又岂复行仁义哉？以视王者振钟鼓于辟雍，而混车书于蛮貊者，其感应为孰神也？夫法术为辅治之具，而非治所出之具，至验之无思而不服，则众志罔不从风矣。信如诗言，合四海之霜露舟车，而悉被以械朴菁莪之泽，以觐耿光，以扬大烈，直并东西南北而相感以诚也，岂非德之盈量以相偿哉？

收结：夫惟圣天子鼎命维新，乾元资始，泽沛熙春，欢胪函夏。所由上畅九垓而下溯八埏者，猗欤盛哉！

本房加批：思字服字力透纸背，而议论开张，词藻深秀，自是有书有笔之文。

（注：三篇八股文的天头还有不少点评，不一一列出）

赋得光风霁月得周字

洒落标高品，濂溪望重周。光仪风可挹，霁色月长留。扇奉情应永，杯邀句好酬。云舒千里目，雨过一庭秋。爽籁初鸣铎，清辉合倚楼。吹开尘世垢，照澈大江流。窗草机全畅，池莲影欲浮。薪传欣远绍，对景证前修。

本房加批：志和音雅。

清代的乡试、会试卷子，应试者在放榜后可以领回，把自己的受业、应试情况和家族成员的名号、身份、功绩与试卷合在一起刻印成小册子分送文友亲朋，向师尊纳贽行礼。这就是我们今天在文物市场上还能经常看到家刻本硃卷（以乡试为多）的原因。硃卷履历中所记载的，不仅有应试者本人的传记资料，还有其家族的世系史料，可与宗谱相互发明补充。如果是著名历史人物的硃卷册，则其文献史料价值更高。

陈宝箴乡试硃卷册提供了以下新的史料和信息：

一、"自述"中所述名号、生年与《陈氏宗谱》有所不同。（一）、《陈氏宗谱》载：宝箴，谱名观善，字相真，号右铭。显示陈宝箴早年名号有两套：一套名观善，字相真，"观"与"相"、"善"与"真"互文见义；一套名宝箴，字右铭，"箴"与"铭"互文见义，古有"左箴右铭"之说。从"自述"中可知陈宝箴早年还有一个"宬臣"的字号。硃卷册内夹有"陈宝箴印""宬臣"篆文印蜕两枚，可证陈宝箴早年还用过宝箴、宬臣的名号，也就是说他曾有三套名号，后来他固定用宝箴、右铭的名号。清人的"号"即"表字"之意，不同于"东坡居士""山谷道人"之类的雅号；（二）、《陈氏宗谱》《清代官员履历档案全编·陈宝箴》等材料均显示他的生年是道光十一年辛卯（1831），而硃卷册"自述"的生年是道光十三年癸巳（1833），小了两岁，他填的是"官年"。"官年"是在应试者中通行的一种约定俗成的惯例，肇始于宋代，一直延续到清末科举制度被废除为止。硃卷"履历"所记生年一般比实际生年要小，是应试者虚报的一个生庚年份①。

---

① 参阅郗志群《封建科举、职官中的"官年"——从杨守敬的举人硃卷谈起》，《历史研究》2003 年第 4 期，页 154—157；徐一士《古代士人的"官年"与"实年"》，《凌霄一士随笔》，山西古籍出版社，1997 年，第 2 册，页 530—532；孔学《宋代官员的"官年"与"实年"》，《文史知识》2004 年第 1 期，页 80—83。

　　二、在受业师名录中，有两名是陈宝箴的堂兄。一为陈观礼，《陈氏宗谱》记载他于道光七年（1827）中秀才，道光九年岁试补廪。他是陈家第一个取得生员资格的人，以后数次参加乡试未中。一为陈观澜，《陈氏宗谱》记载他为"例授修职郎、候选分县"。虽"应试有声"（即参加过县试、府试），但终未能中秀才。在"家族成员"中，陈宝箴列举的七个从侄"俱业儒"，可证陈家内部设有私塾。陈氏家族从一个有客家"棚民"背景的家族上升为耕读之家①，产生了五个秀才（陈观礼、陈观璠、陈三略、陈三爻、陈俟恪）、一个举人（陈宝箴）、一个进士（陈三立），是非常大的跨越。受知师两名，一为州牧叶济英，下注："梯云书院月课，深沐栽培。"可证陈宝箴曾在梯云书院读过书。"梯云书院"是义宁州客家人的书院，创办于道光二十四年，招收客家子弟入学。一为学宪张小浦，下注："庚戌岁试取古，入州学第一名，本年科试特等。""州学第一名"即州案首。"取古"大约与院试第一场（称"经古场"）有关。按修水优贡龚浦庆撰《师竹斋笔记》卷二有《四觉草堂》（陈宝箴早年在故里的读书楼）条云："同州陈右铭……弱冠应童试，考古题为'藏器于身赋'，押而字官韵一联云，'纵然身便终藏，任人可矣；或者才求不器，俟我乎而'。宗师张小浦先生击节叹赏，批以'抱负不凡，决为大器'。明年遂领乡荐……"②"取古"可能即这段笔记中所说的受到学政张小浦激赏的"考古题"。

　　清代科举规制，习举业的童生须经县、府、院三级考试合格才能取得生员资格（俗称秀才）。院试为各省学政主持的考试。学政

---

① 参见本书 192 页刘经富《从耕读之家到文化世家》，原载《读书》2005 年第 2 期，页 83—90。

② 龚浦庆《师竹斋笔记》卷二，龚氏家刻本，民国九年（1920）刻印。

到任第一年为岁考，先考老秀才，再考县、府试已合格的童生，录取的新生称附生。第二年为科考，为送乡试的预考。成绩一、二等及三等前十名即取得参加乡试资格。陈宝箴头年岁试为"州学第一名"，次年科试成绩为"特等"，接着乡试又中式，说明他两年三试都很顺利。

三、试卷前面陈宝箴自述中举的名次是 113 名，这也是硃卷册提供的新资料。江西这一科正榜录取 124 名①，陈宝箴名次已靠后，不过能榜上有名对陈宝箴本人和他的家族意义都非同小可。在他中举之前，陈家已有四代习举业的子弟名落孙山、艰于一衿的痛苦记忆。陈宝箴的成功，使陈家彻底摆脱了文运不利的阴影。

四、试卷前面所列同考官（即荐卷房师）、主考姓氏，根据钱维福《清秘述闻续》卷六所载咸丰辛亥恩科乡试江西主考名录②，知主考为沈兆霖、龚实莲。但《清秘述闻》不载各省乡试十八房同考官名录，故陈宝箴试卷中出现的"本房总批""本房加批"为何人一时无从查考。幸在陈宝箴故里又发现《咸丰辛亥恩科江西乡试同年齿录》，书前列举主考和同考官姓名，得知陈宝箴的荐卷房师为"试用知县夏燮"。夏燮（1800—1875），安徽当涂人。道光元年辛巳（1821）中举。咸丰十年（1860）十月入曾国藩幕府，继为江西巡抚沈葆桢幕僚。其后在江西历任吉安、永宁、宜黄等县知县。有名著《中西纪事》《明通鉴》③。

---

① 见《咸丰辛亥恩科江西乡试同年齿录》，木刻本一册，约清同治九、十年间（1870、1871）刻印。

② 钱维福《清秘述闻续》，收入《清秘述闻三种》，中华书局，1982 年。

③ 关于夏燮的生平与学术，见张守常《夏燮的"临城司训"及其他》一文，《学林漫录》14 集，中华书局，1999 年，页 228—237。

五、陈宝箴应试所撰八股文、试帖诗是目前搜集到的他的最早文字（2005 年中华书局出版的《陈宝箴集》未收录，属佚文）。结合师长评语和天头点评，可以藉此分析青年陈宝箴的文字学识水平和八股文功力。且江西这一科 124 名举人以陈宝箴的官阶、影响最大，其他举人当年所刻硃卷册迄今尚未发现①。因此，陈宝箴硃卷册作为这一科试卷的代表性文献，得以存留天壤间，值得我们珍视，对其中所蕴含的价值进一步考索、研究。

---

① 现只找到江西这一科中式者16人的试卷，见江宁顾逊之《咸丰辛亥恩科直省乡墨鸿裁》，木刻本三册，清咸丰元年（1850）仲冬刻印。

用古文笔法写的八股文
——陈三立乡试答卷浅析

陈三立(1853—1937)，号伯严，雅号散原，江西义宁州(今江西修水县)人。他于同治十年辛未(1871)19岁中秀才后，于同治十二年癸酉(1873)、光绪元年乙亥(1875)、光绪五年己卯(1879)三次参加乡试，均未中式。光绪八年壬午(1882)年届三十，第四次参加乡试才中式，成为江西这一科第21名举人。

关于陈三立这次乡试成功，陈三立的孙女陈小从提供一个说法：祖父这次应试，考卷没有按照规定的八股文格式来写，而是用他自己平素所擅长的古文体来做。据说这份卷子在初选时遭摒弃，后被主考官陈宝琛发现，大加赞赏，于是破格予以录取，成就了一段慧眼识珠的佳话。

笔者有幸收藏了一册《光绪八年壬午科江西闱墨》(以下简称《闱墨》)，获知江西这一科乡试的首场三篇试题是《子曰岁寒然后知松柏之后凋也》《凡有血气者莫不尊亲》《夫苟好善则四海之内皆将轻千里而来告之以善》。《闱墨》收入了江西这一科38名举人58篇试卷。除解元黄英镇三篇都收入外，其余37人多数只收一篇，少数收两篇。陈三立收入的是《夫苟好善则四海之内皆将轻千里而来告之以善》。这篇试卷没有收入陈三立的《散原精舍文集》中，是篇佚文。

八股文的格式要求,开篇只能用两句话"破题"。"破"就是"析",既要准确地将题目一分为二,说出题目的两个方面,又要紧紧扣住题目的中心意思,摄全题之神理。"破题"类似于论文的中心论点,是后面论证的中心,围绕这个中心论点从正反、虚实、得失来对称排比论证之,最后得出结论。

"破题"之后是"承题"。"承题"是承接"破题"的中心论点,进一步补充说明,使论点更加明确、圆满。

"起讲"是八股文的第三步。八股文的本质是"宗朱颂圣","代圣人立言"。"破题""承题"是文章开展的总纲,"起讲"则要模拟圣人的口气说话。

"起讲"以下是"起股""中股""后股",是文章的主要部分。"股"又称"比"。明代八股文在"起股"之后本有一大股,称"虚股",但到清代,"虚股"已不流行,清代八股文实际只有六股。在"起股""中股""后股"各股之间,又有过渡句联系转折穿插,称"过接"。结尾称"收结"。每一段落前,有特定的发语词。如"夫""盖""若曰""且夫"等①。

规范的八股文,"起股""中股""后股"每股又分两两相对的两小股,形式上类似于一副长联。在两小股中,有时也会句与句对仗,类似于律诗、骈赋的"当句对"。因此,从形式上给八股文分段落层次并不困难。举黄英镇的同题试卷"后股"为例:

　　且夫善固与善感耳。下士熏修一室,鸡鸣不已,良友犹多

---

① 参阅邓云乡《清代八股文》"举例说明""选文六篇""名家名作碎锦""谈谈作法"诸篇,河北教育出版社,2004年,页74—132。

风雨之怀。况一旦以善得君，尤足以动其耳目乎！非必谓告者之善遂同夫好者之善也，而好者则又深矣。或告之而与好合，我固非一意之孤行；或告之而与好违，我亦终两贤之不厄。坦坦之怀，天下人庶几其谅我乎？

而告者若曰其心好之，是真寔能有容者也，而遂相率而来矣。即其未来者，亦怦然欲动矣。

且夫善原与善应耳。修儒砥行半生，圭璧为型，他山且来攻玉之错。况一旦以善为政，更有以鼓其惘忱乎？非必谓告者之善实高乎好者之善也，而好者则又切矣。念圣人犹师万物，吾何敢为封菲之遗；念知者亦不失言，吾何敢薄刍荛之献。拳拳之念，天下人庶几其信我乎？

而告者若曰人之好我，所当示以周行者也，而遂相约而来矣。即其未来者，亦惶然恐后矣。

两小股在词性、句型、字数上严丝合缝，活脱脱一副长对子。

但陈三立的这篇试卷却难于划分什么"起股""中股""后股"，与规范的八股文对照，明显另类。其文如下：

《夫苟好善则四海之内皆将轻千里 而来告之以善》

破题：好善有诚，天下之善皆归焉。

承题：夫海内岂患无善，特难于来告耳。苟好善以来之，不将以千里为轻乎？

起讲：今夫善者天下所共有，而欲收为己有者，私也。正惟收为己有，则不厌其多；而取诸共有，则又不患其少。盖以善召善，其

量甚宏；以善归善，其机甚速。精神意气之孚，固非封域山溪之所
能阻矣。

过接：吾言好善优于天下，盖举四海言之也。夫四海之内，其
怀善而欲告者，岂有穷乎？

首段：盖闻太山不让土壤，故能成其大；河海不择细流，故能就
其深；王者不却众庶，故能明其德。稽古帝舜，明目达聪，树进善之
旌，置敢谏之鼓，古今称大智焉。亦越我周文公，多才多艺，位为冢
宰，至今犹传其吐哺握发，一朝而见七十士。盖自王国之桢，以至
刍荛葑菲，莫不奔走偕来助我太平。当此之时，几无遗善矣。

二段：古人既不可作，士之读书好古而有意于当世者，考前代
之得失，观朝政之是非，私忧窃叹。以为某当革、某当仍、某当师其
意、某当去其甚，恨不抗礼秉钧，一吐胸中之所蓄，固已多矣。又或
自负不羁，感时发愤，上宰相之书，陈富强之策，无所遇合，太息而
归，谓此身安足惜，但使吾言得用，用吾言而弃吾身，亦无憾耳。

至若隐居求志，抱膝长吟，明治乱之机，蕴王佐之略。其为善
也，或怀古而自拟霸才，或同学而见称密友。虽避世躬耕，不求闻
达，要岂不欲托诸其人，感激而效驰驱哉？

三段：而或者谓宋斤鲁削，迁地弗良；齐傅楚咻，望风生畏。且
列国之政俗不同，非问禁不敢入境。荜门圭窦之子，仰事俯蓄，时
忧瓶罄，又何能三月储粮耶？如此而欲极四海之广，穷千里之遥，
使之蒙犯霜露，跋履山川，挟区区之善，以求试于不可知之人，岂不
戛戛乎其难哉？

四段：虽然，亦视执政者之好善否耳。夫苟好善，积诚以通海
内之志，虚衷以求海内之情。勿以莫殚莫究而畏其迂，勿以苦口逆
耳而憎其戆。千里之外，闻吾之见善如不及，从善如转圜也。不必
筑招贤之馆，而道之云远，皆担簦蹑屩而前；不必有厚币之迎，而行

而无资,将驱车饭牛而至。惠然肯来告之以善,有必然者。

盖其视一善也独重,则人之视千里也皆轻;其嗜善也愈深,则人之饷以善也益众。将见四海之善,皆萃于一人;而一人之善,可推诸四海。无智名,无勇功,无博闻强识,而天下莫不屈矣。

收结:以此为政,优乎不优?

这确实是篇好文章,先看"破题"。题目出自《孟子·告子下》,原文为:鲁欲使乐正子为政。孟子曰:"吾闻之,喜而不寐。"公孙丑曰:"乐正子强乎?"曰:"否。""有知虑乎?"曰:"否。""多闻识乎?"曰:"否。""然则奚为喜而不寐?"曰:"其为人也好善。""好善足乎?"曰:"好善优于天下,而况鲁国乎?夫苟好善,则四海之内皆将轻千里而来告之以善;夫苟不好善,则人将曰:訑訑,予既已知之矣。'訑訑之声音颜色距人于千里之外。士止于千里之外,则谗谄面谀之人至矣。与谗谄面谀之人居,国欲治,可得乎?"

这段对话的意思是要治理好一个国家不能单靠执政者个人的能力、智慧和学识,而应当广泛听取和采纳别人的意见,集思广益。这样,就会吸引天下的有识之士,治理天下就游刃有余了。相反,如果自以为是,听不进别人的意见,那真正的有识之士就会被拒之于千里之外,而奸邪的谄媚之徒就会乘虚而入,想治理好国家就很难了。

这样一个筑巢引凤、广纳贤才的话题,要怎样来"破题"呢?《闱墨》共收入四篇同题之作:解元黄英镇的"破题"为"善尽归于好,政所以优于天下矣";第16名刘孚京的"破题"为"明好善之效,以善召善矣";第41名李翊煊的"破题"为"善有感召之机。好之,斯告者众矣"。四个"破题"相比较,以陈三立"好善有诚,天下之善皆归焉"破得最好。它紧扣住一个"诚"字,作一假设,说明做到了"诚",将会出现"天下之善皆归"的局面。以下围绕"破题"的两个方面生发引申，层层递进，引古论今，酣畅淋漓。"起讲"以下不按套路分股，完全没有"股"的影子，而是使用了古文体直行而下、顶针承接的思路。先发思古之幽情，称颂古代圣人吐哺握发，虚心待贤。次叙当今善士俊杰众多，慷慨感奋者也好，隐居养性者也好，皆抱"达则兼济天下"之志。次叙这些善士俊杰之中，还有不少"穷则独善其身"的贫士。接后再次假设如果执政者诚心求善，那么天下的壮士、贫士都会克服困难，远道而来，不计报酬，为国效力。最后以"以此为政，岂能不优"结穴，照应《孟子》原文"好善优于天下，而况鲁国乎"。用今天的话来说，这是一篇有见解、有文采的阐述如何引进人才的优秀议论文。

《闱墨》所收试卷后都有批语。这些批语是考官所写，还是刻印《闱墨》的贡院（奎宿堂）请名家阅评，难以考证。陈三立此文的批语是"浅深离合，深得古文家数，非养气读书者不办"，为我们解读陈三立写作此文的笔法渊源指明了途径。

由于陈三立另外两篇乡试卷子没有找到，我们还不能确定他三篇答卷是否都用了古文笔法来做。不过有一点可以肯定，选入《闱墨》的卷子应是最好的。这篇佚文的发现，使我们可以基本确定上述那个出自陈氏后人"破格予以录取"的传说是可信的，也为索解为什么陈三立对只比自己年长五岁的陈宝琛终身执弟子礼找到了文献依据。

陈三立这篇用古文笔法做的不规范的乡试试卷，对解读陈三立的人品性情，也有认知价值。作为科举时代的读书人，他肯定专攻过八股制艺，否则无法中秀才。卢前《八股文小史·弁言》云："始余谒义宁陈伯严先生、归安朱古微先生于海上。两先生自言少时治举业,尝揣摩先太史《石寿山房制艺》,以为咸同大家无逾此者也。"①这条资料可证陈三立对举业下过功夫。但他对"桐城派"古文情有独钟,行文不涉骈偶,很少铺排形容,造语平实畅达,风格清刚稳健。他的古文水平之高,早在二十二岁时,就得到了前辈郭嵩焘的好评。《郭嵩焘日记》光绪六年四月十七日记:"阅陈三立、朱次江所撰古文各一卷。次江笔力简括,而不如陈君根柢之深厚,其与袁绥瑜论《汉学师承记》一书,尤能尽发其覆,指摘无遗,盖非以文士见长而已。"光绪六年四月三十日记:"批注阎季蓉、朱次江文十余篇……季蓉志趣甚高远,文笔亦俊,与陈伯严、朱次江皆年少能文,并为后来之秀。而根柢之深厚,终以陈伯严为最。"光绪八年正月十五日记:"接陈伯严寄示所著《杂记》及《七竹居诗存》、《耦思室文存》……伯严甫及冠,而所诣如此,真可畏也。"②但乡试已三次落第,第四次仍敢于不按程式答卷,可见陈三立对自己文章学识的自信自负。他的性格中具有矫然不群的定力。文章,不写千人一面的时文;书法,不写欧董面目的"馆阁体",以致三年后参加会试因书法不合程式被罚停一科殿试;写诗,忌熟忌俗。不过个人的力量总难抗衡体制的惯性,在他人生的重要转折点上,他有幸遇到了一个识贤怜才的好主考,使一篇黜落的卷子刮垢磨光,破格录取。

　　在这本《闱墨》中,还有一篇不规范的用古文笔法做的卷子,它就是第41名李翊煃的同题之作。这篇卷子与陈三立的卷子在写法上一模一样,根本不能划分所谓的"起股""中股""后股",但同

①《卢前文史论稿》,中华书局,2006 年,页 187。
②《郭嵩焘日记》第四册,岳麓书社,1983 年,页 44、49、254。

样被破格录取了。这个事例促使我们思考,破格录取用古文笔法做的试卷仅仅是陈宝琛做主考时的"个案"呢,还是当时科举衡文录取的标准已经松动,即可以"打擦边球",允许一部分不合八股文程式的优秀答卷录取呢?

　　这是一个比分析某一位士子因试卷独特而被破格录取更大的题目,值得我们去发掘研究,以期对清代的科举政策、做法获得更多更全面的了解。

关于陈三立赴京会试的重要文献

陈三立(1853—1937),号伯严,雅号散原,江西义宁州(含今江西修水县、铜鼓县)人。他于同治十年辛未(1871)19岁中秀才后,于同治十二年癸酉(1873)、光绪元年乙亥(1875)、光绪五年己卯(1879)、光绪八年壬午(1882)四次参加乡试,光绪八年中式21名举人。此后,曾三次赴京考进士。

在陈氏故里,保存着陈三立三次考进士的文物、文献资料,按其发现时间的先后排列为:陈氏故居大门前至今矗立着一对"进士礅"(又称"旗杆礅"),礅上有一行阴刻文字:光绪己丑年主政陈三立;光绪二十年陈氏四修《宗谱》"陈三立"条载明"清同治十年辛未入州学,光绪壬午科举人,丙戌科进士";光绪十一年十一月义宁州府为陈三立赴省布政使司领取明年赴京会试咨文的呈文抄件。呈文中有光绪"九年癸未科会试一次"之语,可证陈三立第一次赴京考进士为光绪九年,因乡试的次年即会试之期,凡新科举人均有资格参加。

兹将关于陈三立第二次赴京会试的重要文献照录如次:

义宁州为给文会试事。据卓州举人陈三立禀称,窃举现年三十三岁,身中面白无须,系本州泰乡七都民籍,由附生中式光绪八年壬午正科,本省乡试第廿一名举人,九年癸未科会

试一次。兹届光绪十二年丙戌科会试之期,自愿赴京应试,呈
恳转请给咨等情到州。据此,卑职复查无异,理合取具族邻甘
结,同该举亲供,具文给令该举赍赴　　　宪辕,听候转请给咨
赴试。再该举于十一月廿二日在州具呈,即于廿五日给文,至
应给水手银拾柒两,已于地丁项下重支给领,合并声明,为此
备由具申,伏乞　　　照验施行。须至申者　申府宪　　　计
申送　　　亲供五本　　　甘结五套

　　具亲供举人陈三立今于　　　与亲供为起文会试事,实供
得举现年三十三岁,身中面白无须,系义宁泰乡七都民籍,由
附生中式光绪八年壬午正科,本省乡试第廿一名举人,九年癸
未科会试一次。兹届光绪十二年丙戌科会试之期,自愿赴京
应试。举在籍并无抗粮匿丧违碍等情,所具亲供是实。

　　呈亲供式

　　具甘结族房举人陈经左邻教职涂家杰右邻举人郑兰芬今
于　　　与甘结为起文会试事,实结得举人陈三立,现年卅三
岁,照亲供全云自愿赴京应试。查该举在籍并无抗粮匿丧违
碍等情,合具甘结是实。

　　呈甘结式

　　南昌府义宁州为给发印照事,令给举人陈三立前赴
布政使司辕门,请领光绪十二年丙戌科会试咨文一角,批一
张。该举听候示领之期,亲赍赴辕,当堂将照呈验领给查销,
须至印照者。

　　呈印照式　　　　　　　　右照给举人陈三立准此

　　州正堂陈全衔为给发　　　护票事,兹有本　　州举人陈三
立带同火夫轿夫赴京会试,凡遇城门关卡验票放行,须至护

票者。

　　右票给举人陈三立准此

　　护票式

　　光绪　　　十一年　　　　十一月　　　　　二十三日

　　这批文献共五件:第一件是义宁州呈南昌府文,介绍陈三立到府办理相关手续。清代会试规定,举人参加会试,须先由本人提出申请,经审查合格,由省布政司发给咨文,赴礼部投递,称为"起送"。并按路途远近,给予路费,自数两至一二十两不等,由各州县就近发给。从义宁州呈南昌府文中知义宁州路费定额是 17 两,何故称为"水手银",待考;第二件是义宁州呈南昌府文的附件,即陈三立的亲供(申请)。中有"身中面白无须"之语,乃旧时套语,即使"面黑有须"也要写成"身中面白无须",连故宫的腰牌也要注明"面白无须"。江南陆师学堂发给鲁迅的《执照》亦称:"学生周树人,现年十九岁,身中面白无须,浙江省绍兴府会稽人,今考得一等第三名。"第三件也是义宁州呈文的附件,即担保书,担保者为三位举人。陈经(1844—1896),光绪元年中举。陈经与陈三立同为义宁州客家人,客家人与本地人不认宗,单独建祠修谱,另立一宗族;涂家杰(1818—1892),与陈家同乡同里,咸丰二年中举,光绪三年授江西浮梁县教谕;郑兰芬(1846—?),同治六年中举,所居地距陈家不远。关于担保,过去只知童生报名应县、府、院试,必须由本县一位廪生担保其身家清白,曰认保;再由县学学官派一位廪生,查看属实,曰派保①。这份文献可证举人报名会试也需要担保,且需

---

① 见刘禺生《清代之科举》,载《世载堂杂忆》,辽宁教育出版社 1997 年版。

要三位同乡举人担保，并推知生员参加乡试也可能需履行担保这道程序；第四件是南昌府发给陈三立的印照，介绍陈三立到省布政司领取咨文；第五件是义宁州府为陈三立赴京会试开的护票。护票是出差、旅游或运输货物的通行凭证。举人赴京会试是否一定要自带伙夫、轿夫，尚无其他材料可证，可能各人根据自己的经济条件而定。

陈三立的家族有着源远流长的科举书香传统，是义宁州客家人著名的耕读之家，注重培养子弟，作育人才，曾在《分关》文书中专就子弟科举议定："读书凡发蒙至半篇者，每年众帮俸钱五百文，成篇者每年众帮俸钱乙千文；赴州试者每名卷资钱四百文，终场者倍之；赴府试者每名盘费乙千叁百文；其州试府试有列前十名者外赏钱乙千文；入泮者花红银十两；补廪出贡者五两；登科甲者三十两，祖堂旗匾众办……举人应会试者，众帮盘费贰十四千文。"咸丰元年辛亥（1851），陈宝箴不负厚望，乡试中式，成为陈家的第一个举人。咸丰八年戊午，陈宝箴赴京参加九年己未科、十年庚申恩科会试，两试不第。因此，家族期盼的名登金榜就落在陈三立肩上①。启程前夕，父亲陈宝箴从长沙回故里（《郭嵩焘日记》光绪十一年十一月初四记："晚诣陈右铭谈，始知右铭已定明日回江西。"）为儿子送行，办理诸如担保、川资、伙夫、轿夫事项。

但陈三立第二次赴京会试仍不顺利，虽会试中式成贡士，但在复试时因书法不合程式未能进入殿试，下一科补殿试始成进士。按旧时民间习俗，贡士亦可称进士，这就是自上世纪八十年代"陈

---

① 参见本书 192 页刘经富《从耕读之家到文化之家》，载《读书》2005 年 2 期；本书 204 页刘经富《科举制度在民间的生动演绎——义宁陈氏故里的举人石、进士磴》，载《东方文化》2003 年 2 期。

寅恪热"兴起后,关于陈三立中进士的时间,产生了光绪十二年丙戌科进士和光绪十五年己丑科进士两说的原因,笔者另有专文论证这种习俗,兹不赘。而陈三立光绪九年已会试一次过去未闻此说,尽管陈三立在他的文章中早已透露出线索,如"余始逐试于南昌,得交君,俱少年耳。越三岁,同乡举,同计谐("计谐"是举人赴京会试的代词)居京师"(《文学士遗诗序》)①,"光绪壬午秋,与君同列乡试举人,朋聚于南昌。自后七八岁,每计谐必与君俱,留京师数月,或逾岁"(《刘镐仲文集序》)②,但直到这五件文献的发现,这些材料才豁然成为佐证。这五件文献还可以考证陈三立第二次赴京会试的时间。马卫中、张修龄《陈三立年谱》③"光绪十一年乙酉条"谓:"十月,文廷式由江南入都,三立当亦此前后赴京会试。曾广钧《乙酉十月赠文道希孝廉将由江南入畿辅》:'此来健者不可得,纷纷余子徒千百。龙阳易生工属文,义宁陈兄有奇策'。"文献中的第一件和第五件可证陈三立赴京在十一月二十三日后,十二月初到京。《郑孝胥日记》光绪十一年(1885)十二月初七(阳历1886.1.11)记:"芸阁固邀终至义胜居饮,同席十一人:二陈伯严、次亮、二张昆仲、华、乔、毛、方、文、季直及余也。"④

　　这五件文献的价值不言而喻,除可以考证陈三立的科举经历外,还可以为清代科举提供生动的第一手材料。关于清代的科举制度与规定,已经出版的著作多介绍大的方面,涉及到基层和民间

---

① 载陈三立《散原精舍诗文集》下册 1066 页,上海古籍出版社 2003 年版。
② 载陈三立《散原精舍诗文集》下册 886 页,上海古籍出版社 2003 年版。
③ 载马卫中、张修龄著《近代诗论丛》178—253 页,安徽文艺出版社 1995 年版。
④《郑孝胥日记》第 1 册 85 页,中华书局 1993 年版。

的具体做法,则语焉不详,常使学者专家感到困扰。这五件文献使我们得知举人亲供和县、府呈文的行文格式和具体内容,赴京会试须办的具体手续。虽是抄件,但也弥足珍贵,特别是第三件担保书和第五件护票这两道手续,为诸家著作所不载。

浅析晚清贡士、进士不分的原因

——以陈三立为例

陈三立(1853—1937)，号伯严，雅号散原，江西修水县人。他于光绪八年壬午(1882)中举后，于光绪九年癸未、十二年丙戌、十五年己丑三次进京考进士。

1981年9月，上海古籍出版社出版蒋天枢先生所著《陈寅恪先生编年事辑》。此书"前记"部分"光绪十二年丙戌条"云："先生父三立成进士，授吏部主事。"蒋先生此说影响极大，此后"陈寅恪热"中出现的众多研陈著作和文章，涉及陈三立中进士时间，都沿引了蒋说。蒋先生在书中注明此说出自吴宗慈的《陈三立传略》，吴文的材料源于陈三立次子陈隆恪(见陈隆恪致吴宗慈第二函，载王咨臣《千简斋藏名人未刊信稿丛录》)，可见蒋说实出自陈隆恪。但陈三立逝世后，陈隆恪兄弟编辑的《散原精舍文集·题识》却云其父"丙戌会试中式，是年未应殿试，己丑成进士，以主事分吏部行走"。著名的掌故家徐一士《谈陈三立》一文亦云陈三立"丙戌会试中式，是年未应殿试，己丑成进士"。这样，关于陈三立中进士的时间，就出现了光绪十二年丙戌科和光绪十五年己丑科两说并存的现象。

然而进一步考索文献资料，发现造成两说并存现象的创始者不是别人，正是陈三立自己。在陈氏故里，保存着时间更早的两说并存的文物、文献资料：陈氏祖宅大门前至今矗立着一对"进士礅"，礅上有一行阴刻文字：光绪己丑年主政陈三立。而光绪二十年陈氏四修《宗谱》"陈三立"名下则载明"丙戌科进士"。光绪十五年陈三立雁塔题名，老家宗亲为陈三立竖进士旗杆时他曾回乡一次（时陈宝箴一家已定居长沙）。四年后陈氏重修宗谱，由陈三立挂名任主修。因此，这两个中进士的年份都是得到陈三立首肯的。

《清史稿》卷108《选举志·三》云："三年大比，试诸生于直省，曰乡试，中式者为举人。次年试举人于京师，曰会试，中式者为贡士。天子亲策于廷，曰殿试，名第分一、二、三甲。一甲三人，曰状元、榜眼、探花，赐进士及第。二甲若干人，赐进士出身。三甲若干人，赐同进士出身。"即会试中式者称贡士，殿试录取者称进士，这是标准的称呼。陈三立既然丙戌科未应殿试，何以能自称"丙戌科进士"并得到社会的认可？又是什么原因未应殿试的呢？

搞清楚后一个疑问并不难。陈三立丙戌科之所以"未应殿试"，是因为他复试时书法不合格，未能通过。清代会试规定，贡士在参加殿试之前，先要复试一次，要求用工楷答题。复试后次日派阅卷大臣内定为一、二、三、四等，列一二三等者准其殿试，列四等者罚停殿试一科。清道光以后，殿廷考试专尚书法，重字轻文。阅卷诸臣，仅留意有无触犯忌讳违悖程式，名次优劣，以卷面楷书是否"乌、方、光"定之，几乎成了书法大赛，至咸、同、光时期更成风气。

陈三立书法取法黄山谷，参以北碑，自写胸臆，与"馆阁体"面貌迥异。虽自视甚高，曾说自己"字第一，文第二，诗第三"（见曾克耑《近代书家述评》），但毕竟不合时流。丙戌科复试落选后，在写给父执许振祎的信中说"三立缪举礼科，以楷法不中律，格于廷试，退而学书"（见王咨臣《千简斋藏名人未刊信稿丛录》）。三年后补己丑科殿试,列三甲第 45 名,三甲按例多不得点翰林。次年,他的内兄俞恪士朝考得点翰林,他在致好友陈锐信中说"恪士白摺生平未完一本,鄙人乃殚精三年,字过十万,而一等、二等,悬绝如此。岂保和殿上果有写字鬼,能作威作福耶?"(见黄濬《花随人圣庵摭忆》)虽"退而学书"三年,仍难彻底改变书风,半生荣辱,终为书法所累。光绪九年会试落第,也有可能与书法不合程式有关。至此,我们可以看出陈三立"丙戌会试中式,是年未应殿试,己丑成进士"说比"丙戌科进士"说更为准确,只是未说明己丑是"补殿试"成进士,给后人留下了悬念。《国朝历科题名碑录》光绪十五年己丑科陈三立名下即注明"补殿试"。清代举人会试中式成贡士后因丁忧或其他事故,不能于本科殿试者,可以声明事由告假,谓之告殿,准其下一二科补殿试,谓之补殿。清代补殿始成进士者不乏其人,如蔡元培光绪十六年庚寅科会试中式,下一科补殿成为翁同龢的进士门生。汪康年光绪十八年会试中式,下一科补殿成进士。因此,对陈三立中进士时间表述最为准确的是其父陈宝箴,他在光绪二十二年五月《为陈三立蒙旨送部引见谢恩片》中说:"……臣子陈三立以光绪八年壬午科举人,会试中光绪十二年丙戌科贡士,于光绪十五年己丑科恭应殿试(此句初作'补应十五年己丑科殿试'),以主事用,签分吏部考功司,即于是年请假回藉。兹乃仰蒙谕旨,送部引见……"(见《陈宝箴集》上册 194 页,中华书局 2003 年 12 月版)。

而解决前一个问题即贡士为何能自称进士且能得到社会认可却比较困难。笔者在相关的文献材料中,发现晚清贡士在未补殿试前常有被亲朋师友视为进士的例子。著名学者廖平光绪十五年会试中式,覆试列为末等,罚停殿试一科,十六年庚寅恩科补殿试成进士。但王树枏所撰《廖先生墓表》称廖平"己丑成进士"。与这个例子相似的例子是《郭嵩焘日记》丙戌4月26日记："见进士报，门人中式者二人。一李杜生，一余尧衢，而陈伯严与焉，三人皆佳士也。"廖平、陈三立未补殿试前，仍是贡士，但王树枏、郭嵩焘已把他们视为进士。

贡士当作进士看待在同年关系上表现得很明显。陈三立虽然光绪十五年己丑科补殿始成进士，但他与十二年丙戌科进士却保持着长久的同年关系。丙戌科进士榜以人才济济著称，此科进士王树枏为同年秦树声撰墓志铭，谓"光绪十二年丙戌，礼闱榜出，宝应冯煦、胶州柯劭忞、义宁陈三立、武强贺涛、南丰刘孚京、固始秦树声，皆赐进士，论者谓人才之盛，于斯为最"。这份名单中，有两人系下一科补殿进士，即陈三立与贺涛。贡士当作进士看待在考官与门生的关系上也有所体现。《翁同龢日记》戊戌5月13日记："寅初起，门人送者庚辰黄绍曾、于式枚；壬辰谭启瑞、刘燕翼、刘福姚……等四五十人。"翁同龢曾两典会试，光绪六年庚辰科任副总裁，光绪十八年壬辰科任总裁。戊戌维新时翁同龢因力主行新政而被黜免，他的众多门生到码头送行。其中黄绍曾为光绪十二年丙戌科补殿进士；刘燕翼为光绪二十一年乙未科补殿进士。

究竟是什么原因造成晚清贡士、进士不分的呢？徐一士对这种现象有较好的解释，他的《凌霄一士随笔》有数则专论会试中式即称进士之非："进士之赐，须俟殿试后。会试中式即曰进士，乃俗称，不能沿用。""举人会试中式曰贡士，言贡之大廷，候天子临轩策问也，故殿试仍自署举人。殿试揭晓，始列一二三甲，赐进士及第、进士出身、同进士出身有差。俗每称会试中式曰中进士，以会试名次为进士名次，非其质矣。此种误解相沿已久……"。咸丰三年癸丑科贡士张孟词未应殿试，未及补下一科殿试而卒于京城，阮元哭张孟词文说"（孟词）甫中进士，未及殿试而卒"。徐一士评曰："未殿试而曰'中进士',则是阮元徇俗以称之耳"。

　　从徐一士提供的材料来看,会试中式即称进士源于民间习俗。在科举时代,科举人才的多少,常被地方、家族作为衡量人文兴衰的标志。地方、家族以他们为荣,给他们以极高的礼遇和奖励。而作为科举人才中最高层次的进士,自然更受到人们的尊重膜拜。地方志著录补殿试的进士,绝大多数会把其会试年份作为进士录取年份著录。对终身未补殿试的"贡士",人们通常也把他们当作进士看待。甚至对会试未中式的举人,民间仍尊称为"礼部进士""岁进士"。这种根深蒂固的习俗影响很大,以至"清帝竟亦误沿俗称,有赏大臣子孙进士许一体殿试者"。这就是陈三立既可循俗称自己为丙戌科进士,又可按官方正式程序称自己为己丑科进士的社会背景。翁同龢有时将门生中的贡士、进士分得很清楚(《翁同龢日记》光绪十八年壬辰五月十七日记:"新庶常蔡元培,乃庚寅贡士,年少通经,文极古藻,隽才也。"),有时又不分清楚,自然也是源于这种"双轨制"。不过科举制度毕竟是朝廷重典,习俗只能在非制度层面通行,所以官员向朝廷呈文,涉及科举名位时,仍会按正式程序陈述,如上举陈宝箴对其子陈三立科举经历的正确表述即是。

张吴之后有散原

——读新发现的陈三立早年《文稿》评语和范当世佚函

陈三立(号伯严,雅号散原)是近世"同光体"诗派代表人物和古文大家,有《散原精舍诗》《散原精舍文集》传世。上世纪八十年代初,研陈学界即流传着《散原精舍诗》《散原精舍文集》并不是陈三立的全部作品,他还有早年未刊稿本的说法。约 2003 年,南京图书馆古籍部专家沈燮元先生在馆内库藏寻找陈三立四子陈方恪的遗稿时,不仅发现了陈方恪的遗稿,还发现了保存在陈方恪遗稿中的陈三立早年《诗稿》抄本二册、《文稿》抄本二册。至此,传说中的陈三立早年未刊诗文终于浮出水面。《诗稿》《文稿》收入陈三立从光绪六年(1880)二十八岁时到光绪二十一年(1895)四十三岁时所作诗文。2007 年 9 月,江西人民出版社出版了以《诗稿》《文稿》为主的《散原精舍诗文集补编》一书。另有学者正在做"散原精舍诗校补"的课题。这是近十年来,陈三立集外诗文辑佚的重要进展。陈三立早年《诗稿》由黄遵宪题识评点,《文稿》则由范当世题识评点①,有范当世题识一条,评点二十条,眉批八条。这些题识、评点、眉批,有助

---

① 范当世(1854—1905)字肯堂,号伯子。江苏通州(今南通市)人。廪贡生。清末诗文名家。平生自负甚高,而终身坎坷,诗多沈郁苍凉之作。著有《范伯子诗文集》。与弟范仲林、范秋门并称"通州三范"。

于我们解读陈三立古文的写作手法、风格面貌。而笔者近年在台湾"谢述德堂鸿轩氏藏近代名贤翰墨网站"发现的范当世致陈三立信札一通①，内容恰与陈三立这部《文稿》的评点、眉批珠联璧合，而且是陈、范结交后的第一函，因此非常珍贵。此函全文如下：

伯严兄长亲家左右：忝附婚姻，则傲落权舆，宜有所待。而大文新从叔节取还，观吴先生之深知而笃好之，良足为并世快心之事，不可不亟使君闻也。则第一书，当但论文矣。弟于兄文，前此皆不过粗读一番。此番乃得潜心玩味，一字不遗，至于数过。以吴先生之评点，不复为我留地，故亦无所用吾智，而但赏其尤，取足吾心，不复用君意为次第，此加笔之所以寥寥也。虽然，窃有说焉。盖尝闻之刘先生，文有仁、义、智诸气之不同，而当世从引申之，以谓大智兼义，大义兼仁，大仁兼义智。兄之根柢胜处，盖得于仁气者居多。《论语》第一首之言乐，是其征也，非我欲得挚父先生所遗余而笔之矣。其诸甚美之篇，大率皆有仁义之气，而《读管子》之超然大智力，能创设惊论，厌足乎人人之心，此独为第一。此等文虽纯用智气，不复有加。若《老子注叙》，发蔽昭蒙，意气凝重，有识惊叹，抑其次也。昔人甘苦之言，虽寻常而可贵。窃用先师之理论，以读吾友之佳文，虽颇甚微难窥，亦且隐约尽得。逐篇分析，则吾不能，但贡所闻，而君自复焉，则依类求归，离合高下出矣。敬惟上侍万福无疆。弟当世再拜　　　五月廿三

① 范当世诗文集民国年间即有刊本，未收入此函。后出的《范伯子集》（台湾文海出版社 1970 年版）、《范伯子诗文集》（上海古籍出版社 2003 年版）、《南通范氏诗文世家·范伯子卷》（河北教育出版社 2004 年版）均未收入此函。

下面从此函的写作时间、函中涉及的《文稿》抄本、对陈文的评价等方面进行考释。

一

范当世大约在光绪十七年（1891）与陈三立开始有间接信息传递。这一年六月，陈三立父亲——湖北按察使陈宝箴聘范当世二弟范仲林为西席，教长孙陈衡恪（师曾）。光绪二十年，衡恪十九岁，范仲林介绍侄女范孝嫦（范当世之女）与陈衡恪喜结连理。此函开头有"亲家""忝附婚姻"字样，可知写作时间为光绪二十一年（1895）五月二十三日。上年十一月，范当世送女到武昌成婚，在按擦使使署逗留一月有余，岁暮始返回通州。这是陈、范两人首次见面，两人一见如故。范当世回到通州即作《余既与伯严稍稍赠答无几而决行矣携大集以归用韵而成惜今日之作》七律一首①，诗题有"携大集以归"字样，范当世评点的陈三立《文稿》抄本应是这次带回通州的。

二

范当世在函中用自己老师刘熙载的衡文理论评价陈三立《文稿》中的文章，以《读管子》为第一，《老子注叙》为第二。对照陈三立《文稿》，范当世在《读管子》下加○○○，文末评语："议论惊创而犁然有当于人心，此谓瑰然大智，视《读老子》（即《老子注叙》）

----

① 载《范伯子诗文集》，上海古籍出版社，2003年，页190。

尤高,其笔力崭截,则西汉之文也。"在《老子注叙》题目下加〇〇,文末评语:"自善之论,与读《荀子》《论语》诸作同,而意度宽博,音节和美,读之使人有余思。"

而陈三立自己却以《老子注叙》为首选,将《老子注叙》列为《文稿》第一篇,《读管子》列为第三十六篇。他于光绪十九年(1893)将《老子注叙》抄录给汪康年,并附函云:"叙文录上,自谓颇有汉人气息,非王先谦、李慈铭所能知也。"①可见陈本人对这篇文章的看重。范在函中也申明"不复用君意为次第"即不按陈三立的意思来定文章的前后高下。

陈三立早年《文稿》共录存古文五十五篇,范当世评点了二十篇,与函中"逐篇分析,则吾不能"之语相合。但范当世利用在文章题目下加圈的形式,仍曲折地表达了他对全部文章的读后感。五十五篇文章,得三圈者四篇,双圈者十四篇,单圈者二十六篇,无圈者十一篇。

三

范当世函中提及在他评点《文稿》之前,吴汝纶已评点过②。根据这一线索,查得吴汝纶光绪十九年五月七日致范仲林函:

---

① 载《汪康年师友书札》第 2 册,上海古籍出版社,1986 年,页 1980。

② 吴汝纶(1840—1903)字挚父。安徽桐城人。进士。晚清文学家、教育家,桐城派后期代表,曾门四大弟子之一。曾先后任曾国藩、李鸿章幕僚及河北深州、冀州知州。后弃官从教,主讲保定莲池书院十年。晚年被任命为京师大学堂总教习,不就。赴日本考察教育,回乡创办桐城中学。

"……令兄又示陈伯严所著文,见伯严自跋云'欲附于不立宗派家数'。吾告肯堂曰'此殆以曾文正自命者也',伯严闻此以为有当乎?"①这与范当世在陈三立《文稿》卷首的题识"曩与吴冀州共读者居此之半,以吴评在先,未得君意,今颇次第之。文正公之没而有张、吴,又有《湘军志》②,又有斯文,不可云不幸矣。范当世谨再拜识"可以相互印证。

在范函没有发现之前,对范当世这则题识尚不能透彻地理解文意。现通过这封佚函透露的信息,再从吴汝纶文集中找到致范仲林函,把范函、范之题识、范之年谱、吴函四者结合起来参阅,围绕陈三立《文稿》的往事就贯通明朗起来。在范当世、陈三立两人见面的前一年(光绪十九年),范仲林就已经把陈三立《文稿》的另一个抄本寄给(或托人带致)兄长范当世,时范当世在天津李鸿章大府做西席,吴汝纶在保定莲池书院做山长。范当世将陈三立《文稿》转给吴汝纶,吴作了圈阅评点。这一年三月到九月,范当世内弟姚叔节正在保定莲池书院拜吴汝纶为师,深研经史。吴汝纶评点本可能就是这时转给姚叔节的。光绪二十一年(1895)四五月间,范当世从姚叔节处取回吴汝纶评点本,故函中有"大文新从叔节取还,观吴先生之深知而笃好之"之语。这样,陈三立《文稿》就有了两个抄本,由范当世在天津转交给吴汝纶的抄本(吴评本)和范当世自己从武昌带回通州的抄本(范评本)。

然而这个有陈三立自跋的吴评本至今没有发现。范当世从姚叔节处取回吴评本后,有没有把吴评本与自己的评点本一起寄给

---

① 载《吴汝纶全集》第三册,黄山书社,2002年,页71。

② 《湘军志》为王闿运所著,此处用来指代王闿运。

陈三立,函中没有明说。而陈三立早已知道吴汝纶评点他的《文稿》事,其《别范大当世携眷还通州》第二首云:"师友觥觥吴冀州,提携在口在心头……"①光绪二十八年(1902)在与朋友江瀚的唱和诗中再次提到"吴先曾定吾文者"②。以吴汝纶在文坛士林的地位声名,诚如范函中所言,得吴之评点,"为并世快心之事"。按常理推测,陈三立没有理由不保存吴评本,这给后人留下了一个谜团。

另外,这封佚函是范当世对评点陈三立《文稿》的说明,本应与自己评点的《文稿》抄本一起寄给陈三立。今《文稿》出自陈氏家藏而附函却流散出,亦是疑问之一。一百多年后,这两份本该在一起的文献,又分别在同一时期被发现,得窥全豹,殊为难得。

四

函中提到吴汝纶对陈三立文章"深知而笃好之","以吴先生之评点,不复为我留地"。现吴评本尚未发现,所以吴汝纶的题识评点暂付阙如。不过吴汝纶在《致范仲林函》中认为陈三立"欲附于不立宗派家数"的自白是"以曾文正自命",却很重要。范当世接过吴汝纶这个见解,在陈三立《文稿》题识中进一步认为陈三立的古文可以上接曾国藩、张裕钊、吴汝纶、王闿运,这对当时的陈三立是很高的评价定位。吴、范的评点为我们解读、研究陈三立的古文成就、宗风家数指明了途径方向,可谓片言居要,金针度人。

---

① 载《散原精舍诗文集补编》,江西人民出版社,2009 年,页 117。
② 见陈三立《雪夜诵叔澥与吴挚父京卿唱酬之作次韵有寄》,载《散原精舍诗文集》,上海古籍出版社,2003 年,页 57。

《艺风老人日记》中的陈三立资料

　　《艺风老人日记》的作者缪荃孙(1844—1919),字筱珊,晚号艺风老人,江苏江阴申港镇缪家村人。他于21岁中举,33岁中进士,授翰林院编修。他是我国近代著名学者,藏书家、目录学家、方志学家,被文化学术界尊称为中国近代图书馆事业的鼻祖。一生潜心学术,学识渊博,著述宏富。

　　中国近代的众多官员、学者、文人都有写日记的习惯,缪荃孙也不例外。他在繁忙的治学研习之余,为我们留下了一部卷帙浩繁的《艺风老人日记》(以下简称《日记》),被收藏单位北大图书馆列为善本书。1986年,北大出版社据手稿影印出版了《日记》,装成煌煌10大册(正文8册,《人名索引》1册,《书名索引》1册)。

　　《日记》始自光绪十四年戊子(1888)三月,终于民国八年己未(1919)十月,共计32年。在这32年里,缪荃孙逐日记下了一天的活动,包括借书、还书、售书、购书、校书记录,收信、写信、发信记录,读书撰文记录,友朋往来、诗酒文会记录。文字简简单单,但就是这些简单质朴的"起居注",给后人提供了大量的近代历史信息和人物行踪线索,保存了那个时代的学苑珍闻、文坛掌故。作为晚清士大夫阶层的一员和学者,缪荃孙的人事交游非常广泛。可以这样说,清末民初时期江南一带知名的文人士大夫,与缪荃孙都有或多或少的联系。笔者浅见,在已出版的晚清名人日记中,以《艺风老人日记》和《郑孝胥日记》记述江南一带文人士大夫的活动、行踪最多。《郑孝胥日记》已有中华书局点校本，惜无"人名索引"。《艺风老人日记》有"人名索引"，惜无点校本。好在缪荃孙书法高妙，《日记》用漂亮的行书小字书写，字迹辨认并不困难，展现了《日记》主人作为书法家的另一面。

《日记》共出现陈三立（号伯严，雅号散原）的名号221次。这200多条资料，记录了缪、陈从光绪十七年（1891）到民国七年（1918）交游往还的史实。地点则可以分为"武昌""宁、沪"两个大的板块。以下即以"武昌时期""宁、沪时期"展开叙述。

一　武昌时期

光绪十六年庚寅（1890）十二月，陈三立父亲陈宝箴（字右铭）授湖北按察使，陈三立挈家到武昌侍父。十七年辛卯（1891）十一月，缪荃孙到湖北见张之洞。《日记》本月10日记："拜胡介春、章石卿、王爵棠、陈右铭、谌富山、余吉甫、瞿耕莆、易实甫、史越裳。石甫座上晤陈伯严三立。"是为两人见面之始。十天后，缪荃孙离开武昌回北京家中。时并兼任自强学堂分校。光绪二十一年乙未（1895）一月到九月，缪荃孙与陈三立的来往非常频繁，因受徐桐压制，于光绪二十年十月挈家出都，到湖北依张之洞，主修《湖北通志》，《日记》中有28条与陈三立聚会的记录，其中四月、九月所记，有两点重要价值：

（一）提供了陈三立与黄遵宪交往的最初时间

以前的陈三立研究、黄遵宪（字公度）研究均认为陈、黄初次见面时间是光绪二十一年（1895）九月，地点是上海，依据是黄遵宪

《上海喜晤陈伯严》诗。而据《日记》所载，陈、黄交往始于该年四月，地点是武昌。

《日记》四月五日记：陈伯严约两湖书院天香阁。黄公度、叶浩如、夏穗卿、邹沅帆、吴铁樵、梁衍若、汪穰卿同席（此为黄遵宪名字在《日记》中第一次出现）。

在《汪康年师友书札》中，保存着陈三立致汪康年（字穰卿）的一封信："……合请黄公度拟择四五等日，于湖院举行。陪客为缪、夏、叶、吴、梁、邹诸人。如君无异说，即可日内发柬。菜不用燕窝，而用烧烤之类，可否，并酌之。"可见黄遵宪一到武昌，陈三立即联络汪康年宴请黄遵宪，并作了精心安排。

四月十三日记：汪穰卿、吴小村招饮曾公祠，吴铁樵、黄公度、邹沅帆、夏穗卿、叶浩如、陈伯严同席。

四月十七日记：约黄公度、邹沅帆、张伯纯、陈伯严、夏穗卿、叶浩如小酌。

四月二十八日记：访吴季清，同偕至自强学堂小饮。黄公度、陈伯严、夏穗卿、叶浩如同席。

五月一日记：黄公度招饮，陈伯严、张伯纯、吴季清、夏穗卿、叶浩如、吴铁樵同席。黄遵宪于五月十九日离开武昌，离开前一天致函陈三立："遵宪到武昌来，屡承大教，卓识挚爱，平生得此于人盖寡，是以惓惓不能自已。明日即东下矣，胸中无数言语，实非一时所能倾泻。惟尚有一二要事欲就而商，晚间幸勿他出，即当趋话。抑或以自强学堂作承天寺，吾辈作半夕之谈，如何？候示。遵宪顿首，十八。"

中华书局版《黄遵宪全集》收入此函，编者谓"此函似写于是年五月十八日"（《全集》351页）。依据是黄遵宪曾于光绪二十一年五月到湖北办教案。如果编者依据《日记》材料，考语中的"似"字就可以拿掉。《日记》在五月十九日后即无黄遵宪在武昌的记录，可见黄遵宪确于写信的次日"东下"到江宁。《黄遵宪全集》出版于2005 年，而《日记》1986 年就面世了，且有"人名索引"，编者没有注意到《日记》，可谓失之交臂。

缪荃孙的上述日记，也为黄遵宪、陈三立交往的另一个事例提供了书证。今本《人境庐诗草》收入陈三立所作两条题跋①，落款时间是光绪二十一年四月十四日。对陈三立这两条题跋，以往的几种黄遵宪年谱均未交待写作地点和缘由，给人的印象是黄遵宪将自己的诗集寄给陈三立，陈三立写好题跋后再寄还黄遵宪。现在有了《日记》资料，同时又在新发现的陈三立早年未刊诗稿中获得黄遵宪的三条题跋，落款时间亦为四月十四日，可证两人是在武昌当面请对方为自己的诗集作题跋，成就了一则近代两位大诗人互相钦佩的佳话。

（二）提供了陈三立光绪二十一年九月上海之行的行踪线索

光绪二十一年（1895）七月，陈宝箴由直隶布政使升任湖南巡抚（《日记》改称"陈中丞""佑帅"）。陈宝箴遂于九月初从天津启程，乘海轮到上海。陈三立则于九月八日从武昌东下江宁，再转上海迎接父亲。该年九十月间，康有为与梁鼎芬（字心海，张之洞幕僚）在上海筹备成立"强学会"。黄遵宪、陈三立都是会员，陈三立在上海又曾拜访黄遵宪，于是有的陈三立研究者认为陈三立这次赴上海有两个任务：一是迎父；二是参与康有为发起的成立上海"强学会"事宜。

---

① 钱仲联《人境庐诗草笺注》，上海：上海古籍出版社，1981 年。

此时缪荃荪的人生轨迹发生了重大转变,他应张之洞聘请,主讲江宁钟山书院,于九月九日离开武昌东下江宁,从此在江宁定居十六年(至 1911 年才移居上海)。九月二十三日,陈氏父子从上海到江宁,受到江宁友朋的接待:

《日记》九月二十三日记:"陈伯严来。晚心海招饮,宋芸子、黄仲韬、陈伯严、况夔笙、蒯礼卿、刘聚卿、徐积余同席。"

九月二十四日记:"拜陈中丞……王木斋招饮于画舫,陈伯严、康长素、况夔笙、沈艾苍、蒯礼卿、徐积余、刘聚卿同席。酒半伯严别,赴下关,艾苍送之行,盖侍中丞公到湘也。"

有的陈三立研究者虽注意到了《日记》这两天所记内容,但依据陈三立九月八日离开武昌前一天给易顺鼎电报中有"明日往沪候家君"之语和黄遵宪《上海喜晤陈伯严》诗自注"伯严到沪,访我三日不值"两条资料,把时间、地点、人物三者的关系弄拧了。把《日记》"陈伯严来"理解为陈三立从武昌来江宁;把第二天友朋接风时"酒半伯严别,赴下关"理解为陈三立从江宁去上海,准备迎接父亲并与康有为、黄遵宪会晤①。

产生这个误解是没有从九月起逐日看《日记》。原来缪荃荪于九日离开武昌后,并没有直奔江宁,中途在芜湖逗留了四天,十六日才到江宁,此时陈三立早到江宁并从陆路转赴上海了,两人的行踪出现了一个"时间差"。因此,《日记》九月二十三日所记"陈伯严来",就不是陈三立从武昌来,而是从上海返回;"酒半别,赴下关"是到下关码头上江轮与父亲西上武昌。这或许是没有充分利用《日记》"人名索引"中的"陈宝箴""康有为"索引,按索引页码逐

---

① 董俊珏《陈三立年谱》,苏州:苏州大学出版社,2010 年。

条落实产生的失误。

如果逐日看了《日记》，也可知道康有为、梁鼎棻此时不在上海而在江宁。《日记》九月二十日记："康长素主政自京来，住书院。"二十二日记江宁友朋招待康有为(康有为八月二十九日出京，九月初二到天津，初三游山海关，十二日到上海，十五日到江宁。在江宁二十余日，游说张之洞。十月初才到上海)①。根据《日记》资料，笔者认为陈三立这次到上海，主要是迎父。与黄遵宪、康有为等友朋讨论"强学会"事，只是时间上的偶合。

二　宁、沪时期

陈三立父子光绪二十一年九月从江宁启程西上武昌再转赴长沙后，《日记》有六年多没有陈三立的记载。其时陈氏父子在湖南励行新政。戊戌变法(1898)失败，陈氏父子被革职，一年半后陈宝箴去世。光绪二十六年(1900)四月，陈三立挈家定居江宁，《日记》才接续记录两人的往来。1911 年秋，江浙联军进攻南京，陈三立挈家移居上海避乱。1915 年夏，返回江宁。宁、沪时期，《日记》共有188 条两人交往的记录，其中江宁 150 条。概括起来，这 180 余条资料主要有以下几个方面的作用：

(一)帮助考证陈三立在江宁的人事关系

旧时代知名的文人士大夫，都有一个通过门生座主、同年、同

---

① 康有为《康南海自编年谱》，中国近代史料丛刊：正编第 11 册，台北：文海出版社，1968 年。

僚、姻亲等关系组成的人事关系网络。陈三立一生乐于交游,旧雨新知颇多。定居江宁后,除以前江西、湖南的友朋外,又结交了不少东南地区的贤达名士。陈三立的友朋圈子与缪荃孙的友朋圈子多有相包、交叉之处,因此在《日记》中可以找到许多陈三立江宁友朋的线索,并能发覆。

宣统元年(1909)三月,陈三立从江宁赴南昌西山扫墓,与南昌的朋友相聚,作《熊文叔招观三村桃花,林诒书、傅茗生、黎少屏、张让三、邵莲士、贺尔翙、义法和、刘皓如诸君同游》诗。诗题中的"傅茗生"在《散原精舍诗》中仅出现这一次,笔者多年不得索解。而《日记》所记陈三立江宁友朋聚会名单中,多次出现"傅苕生"其人。因悟"傅茗生"其实是"傅苕生",1922年陈三立印行《散原精舍诗·续集》时,手民将"苕"字错排成"茗"字,后来重印的《散原精舍诗》遂跟着连环错。若没有《日记》提供线索,也许会再错下去。陈三立还有一个友人叫傅春官,曾于宣统二年(1910)出赀重刻陈三立光绪十九年秋从杨守敬处获得的日本所藏黄庭坚诗集秘本[1],使这个本子广为流传。对傅春官其人其事,笔者也多年不得索解。这次由于从《日记》中获知"傅茗生"乃"傅苕生",才发现"傅春官"与"傅苕生"是同一人。他籍隶江宁,1909年在江西做劝业道道台,后回江宁定居,《日记》中有200多处关于他的记载。改正一个字,就使两件互不连属的事串联起来,使陈三立与这位友人的关系豁然明朗。

又:1914年重阳节,陈三立作《九日惠中番馆五层楼登高,集者艺风、樊山、补松、乙厂、止庵、涛园、子琴、黄楼、杪叔及余凡十人》

---

[1] 傅春官《重刻〈山谷集〉序》,山谷诗集注:首册,北京:中国书店,1993年。

诗。其中"黄楼"不知何许人,笔者做《散原精舍诗文集人名索引》时,把他归入黄姓。在《日记》所记陈三立在江宁经常聚会的友朋之中,发现有一个称"黄楼"的人多次出现,偶尔也记为"张黄楼"。根据这条线索,得知"黄楼"原来是张之洞的侄子,此时任职通志局和江南图书馆。

(二)帮助考证陈三立部分诗作的日期、本事

陈三立的《散原精舍诗》(含初集、续集、别集)在生前已经按年份刻印,从诗作的排序可以确定作品本事的年份、大致月份,但考证日期却很困难,《日记》提供了这方面的线索。即使诗题已有日期,毋须考证,但《日记》所记内容也可以加深对作品的理解。

光绪二十八年(1902)春,陈三立作《春晴同江叔澥太守、缪筱珊编修、欧阳笠侪观察泛舟青溪看桃花,吴董卿大令有诗纪兴,次韵报之》《同叔澥、筱珊登扫叶楼,归访薛庐顾石公,遂携石公及梁公约过随园故址,用前韵》两诗。《日记》关于这两次春游都有记载,二月九日记:"约江叔澥、陈伯严游秦淮,并晤欧阳笠侪。"二月十日记:"诣江叔澥谈,与伯严登扫叶楼,访南唐井栏,再过顾庐。石公留小酌,复访随园先生墓。"可证这两首诗作于该年二月,诗中所写之事发生在二月九日、十日。

光绪二十八年(1902)八、九月间,陈三立作《日本嘉纳治五郎以考察中国学务来江南,既宴集陆师学堂,感而有赠》诗。《日记》八月二十二日记:"坐马车过陆师学堂,俞恪士留午餐。嘉纳、天野四日人,范肯堂、陈伯严、陶篑林同席。"

光绪二十九年(1903)正月间,陈三立作《曾郎中酒集河舫》诗。《日记》正月初五记:"陈伯严、伯弢招饮河舫,佑遐、积余、履初(即曾郎中)、杨锡侯、顾石公、夏剑丞同席。"

　　宣统元年（1909）年四月间，陈三立作《陶斋尚书酒集扫叶楼遂同登翠微亭》诗。《日记》四月二十三日记："至扫叶楼早饭，同席赵伯臧、陈伯严、程乐庵……"

　　宣统二年（1910）年正月间，陈三立作《正月三日徐固卿统制招集公园》诗。《日记》正月初二记："徐固卿公园招饮，伯潜、樊山、旭庄、孝禹、伯严、梅庵、闻夫同席。"《日记》可证陈三立记错了一个日子。

　　1913年四月间，陈三立作《浴佛日超社第四集酒坐送林健斋枢相游泰山》诗。《日记》四月八日记："游樊园，陈伯严作主人。林赞虞、朱古微、瞿止庵、樊樊山、梁心海、吴子修、沈艾沧、周少璞、林贻书、王旭庄同席。诗题送赞虞前辈游泰山。"

　　1913年四月间，陈三立作《止庵相国为其兄子浚太守七十征诗》诗。《日记》四月十九日记："止庵相国为其令兄子浚寿辰征诗招饮。赞虞、艾沧、篁楼、少璞、子修、絅斋、伯严、旭庄同席。"

　　1915年正月间，陈三立作《正月廿五日止庵相国假乙盦斋作逸社第一集，招蒿庵中丞、庸庵制府、沤尹侍郎、病山方伯入社，同人咸赋诗》。《日记》正月二十五日记："瞿中堂开逸社，冯梦华、吴子修、沈子培、王旭庄、陈伯严、陈小石、王病山、沈涛园、朱古微、杨子琴、林贻书、张篁楼等十四人同集。即事为题，不拘体韵。"

　　《日记》中还有多处与陈三立诗作有关的记录，因篇幅有限，不一一引录。

（三）帮助了解陈三立中年以后钟情于诗钟雅集的情况

　　诗钟是清代道、咸以后流行于文人士大夫之间的一种文娱活动，至清末民初大盛，风行一时。它要求在限定的时间内，限定的题目范围内，创作似诗似联的七言对句。一般采取出题、答卷、评等、发奖等一连串的方式,常以文酒之会形式进行,即席拈题,称为"吟会""诗钟会""钟声"。陈三立喜欢诗钟雅集的原因,以易顺鼎的说法最详细。其《诗钟说梦》云:

"丙戌会试入都,四方之士云集,如陈伯严、文芸阁、刘镐仲、杨叔乔、顾印伯、曾重伯、袁叔舆辈,友朋文酒,盛极一时。每于斜街花底,挑烛擘笺,以歌郎梅云辈为上官昭仪,选定甲乙……伯严是时于此体尚不甚工。

诗钟甲乙最优者为状元,最劣者为眷录。梁节庵尝言陈伯严、缪小山作诗钟,皆由眷录升至状元,言其初皆不工后乃甚工也。"①

"南皮师督两湖……鄂中群彦萃集,朋侣尤多,诗钟之事又兴起矣。陈右铭丈方任鄂臬,伯严随侍署中,尊酒不空,座客常满。南皮师为海内龙门,怜才爱士,过于毕阮。幕府人才极盛,而四方宾客辐辏。余与伯严追逐其间,文酒流连,殆无虚日。其与于诗钟之会者,幕府则杨叔乔、屠竟山、华若溪、杨范甫、宋芸子、汪穰卿、范仲林;过客则文芸阁、曾重伯、缪小山、王子裳诸君。而闽派如郑肖彭、沈爱苍亦同会集,洵一时之盛矣。"②

《日记》光绪二十年(1894)七月六日记:"沈爱苍约至安徽会馆诗钟,梁衍若、尧衢、惠卿、伯严、叔峤同席。"可与易顺鼎之说相印证。

光宣民初之际,宁、沪的文人士大夫热衷于诗钟一度高涨,陈三立、樊樊山、缪荃孙是重要成员,《日记》有多处记录:

光绪三十四年(1908)年七月五日记:梅庵约在吴园诗钟。与

---

①易顺鼎《诗钟说梦》,《庸言》,天津:1913年,1(9):4—5。
②易顺鼎《诗钟说梦》,《庸言》,天津:1913年,1(10):1—2。

石甫、伯严、夏彝恂同作。

宣统元年(1909)年七月十日记:伯严约诗钟,辞之。

宣统元年(1909)年九月八日记:樊山约诗钟,陈伯严、仲恂、梅庵同集。

宣统元年(1909)年十一月二十三日记:樊山约诗钟,朱古微、陈伯严、朱竹君、张篁楼夏午怡、杨子琴同集。回寓已子夜矣。

宣统元年(1909)年十二月三日记:赴伯严诗钟之约,樊山、仲恂、子琴、篁楼、午诒、恪士同席。回寓已三鼓矣。

宣统元年(1909)年十二月二十六日记:篁楼约诗钟于藩署,樊山、伯严、旭庄、子琴、仲恂同作。

宣统二年(1910)年正月初一记:樊山招诗钟。伯潜、固卿、午诒、仲恂、伯严、旭庄、篁楼同作。

1914 年五月十五日记:赴沈爱沧诗钟局,止相、樊山、子修父子、少朴、伯严同聚。

1914 年五月二十七日记:诣樊山诗钟会,伯严、子琴、止相、少朴、子培、爱沧、篁楼、絅斋均在。

1915 年一月三十日记:篁楼约诗钟,在子培处。止相、伯严、古微、病山、旭庄、涛园、贻书同作。

上面所举例子只是陈三立约请和别人约请他参加的诗钟雅集记录,还有陈三立参加的其他诗钟盛会,因缪荃孙未参加,所以不见《日记》记载。如 1913 年七月十五日至十九日①、九月二十八日

---

① 樊增祥《樊园五日战诗纪》,何藻《古今文艺丛书》一集,上海:广益书局,1913 年。

（十月二日改在夷叔家）的两次樊园诗钟盛会①,《日记》即失载。陈三立中年以后酷爱诗钟,以前的陈三立研究鲜有论列,此前关于这方面的材料也不多。诗钟虽是小道余技,但这种以文字娱乐为依托的游谶觞饮,却可以折射出当时海滨流人的生存状态和流风习气。

四 余 论

缪荃孙与陈三立自光绪十七年辛卯(1891)十二月结识,至1918年,来往达28年。结交的基础,一是同属于张之洞系统的人脉,二是有声气相通的遗民心态、价值取向。《日记》光绪二十八年(1902)年二月七日记:"守旧而不知变易,迂儒固无以通方;求新而舍其本图,华士更无以致用。"这与陈三立的名言"不变其所当变,与变其所不当变,其害皆不可胜言"有异曲同工之处②。1911年,缪荃孙撰《丁修甫中丞传》,表彰丁修甫志节操守,结尾引陈三立言论:"吾友陈伯严吏部曾言曰:举世欲破三纲,吾欲加兄弟纲益之,以为治家之法。观于君,知伯严之言为不虚。范书之独行,浦江之义门,于今再见矣。"③道义之交如此,故两人未闻有龃龉不谐之事,但因各自的志趣、专业不对接,两人关系并不特别投契,谊在不疏不密之间。缪荃孙潜心著述,俯仰书城;陈三立戊戌变法后无意政治学术,安于"神州袖手人"的名士生涯,一心肆力于诗。陈有致缪

---

① 樊增祥《樊园战诗续记》,何藻《古今文艺丛书》二集,上海:广益书局,1913年。

② 陈三立《义门陈氏宗谱序》,江西修水客家陈氏五修宗谱卷首,1920年。

③ 缪荃孙《艺风堂文漫存》卷二《辛壬稿》,台北:文史哲出版社,1973年。

诗四首(《题缪艺风京卿蕉窗读画图》《垂虹感旧图题应缪京卿》《寿缪艺风京卿七十》《艺风京卿属题广雅书局对饮图》),缪亦有致陈诗三首(《赠伯严》《寄陈伯严》《和陈伯严韵》)。从酬唱诗作不多来看,也可证两人致力范围不同。

　　《日记》蕴藏的文献价值是多方面的,人物资料只是其中之一。《日记》"人名索引"厚达八百余页,光、宣名流毕萃于此。这是一幅场面壮阔的人物画长卷,犹如一个人物集散地,从中心辐射出各种信息。研究清末民初江南一带著名人物的学者专家,都可以从《日记》中取一瓢饮,获得自己所研究对象的资料与线索。至于利用《日记》作日记主人缪荃孙研究,更是题中之义,这方面已有学者披览采撷。如杨洪升著《缪荃孙研究》(上海古籍出版社 2008 年出版),祁龙威撰《读〈艺风老人日记〉》(载中华书局《书品》2008 年 2 期)。《日记》是原汁原味的第一手材料,值得人们用心挖掘,探赜索隐,彰显其所蕴藏的巨大文献价值。

散原老人身后事

1937年8、9月间,散原老人陈三立病重,其时正值"卢沟桥事变"不久。7月28日,京郊有激烈战事,当晚国民革命军第二十九军撤退。8月8日日军进占北平古城,津沽亦沦陷。日军进城后,散原老人终日忧愤,于9月14日(旧历八月初十)辞世,享年85岁。9月17、18日,上海《申报》连登陈宅报丧:"显考伯严府君恸于国历九月十四日酉时寿终于平寓正寝,哀此报闻,承重孙陈封可(陈衡恪长子)、孤哀子陈隆恪、寅恪、方恪、登恪泣血稽颡。"当时旧都人心惶惶,故老人的丧事未大操办。事后亲属也没有按当时习俗汇编刻印一本《荣哀录》或《哀挽录》,将挽联祭文保留下来。老人临终时三子寅恪、五子登恪在身边;次子隆恪在庐山,四子方恪在上海,接凶耗后奔丧到北平。方恪写了谢帖:"敬启者:隆恪等不孝载罹鞠凶,悲丛霜岵,痛结风枝。充穷于履石之晨,荼毒于寝苫之日。栾心柴骨,百赎何辞。遒重荷仁贤矜在疚之情,笃不渝之谊。生刍絮酒,戴盛德于南州;丹荔黄蕉,感精诚于吏部。或则远颁厚赙,宠锡褒题。拜眷眷之高怀,恩流垄室;仰煌煌之大笔,光烛泉台。抱恨终天,感深无地。惟为祭为葬,尚有待于苟延;称服称情,实滋惧乎隐越。敢祈悯海,庶免无违。泥首云天,伏为矜照。不戬。"这是目前所见的唯一一份与散原老人葬礼有关的材料。《谢帖》中"惟为祭为葬,尚有待于苟延",是指散原老人在杭州已有生圹。1923年6月,陈三立夫人俞明诗沉疴不起。长子陈衡恪(师曾)从北京赶回金陵侍疾,治丧期间劳累过度,染上伤寒,逾一月亦逝,年仅四十八岁。俞夫人与衡恪柩先厝西湖净慈寺,三年后择地九溪十八涧牌坊山黄泥岭下葬(在俞夫人墓侧预留散原老人生圹)。散原老人撰挽联:"一生一死,天使残年枯涕泪;何聚何散,誓将同穴保湖山。"抗战期间,兵戈扰攘,诸恪旅食四方,散原老人柩厝宣武门外长椿寺十一年之久。直到1948年秋,才移柩南下杭州落葬。

散原老人的爱国晚节,在社会上产生巨大影响。知交友朋,文人学者纷纷赋诗撰联撰文,纪念这位爱国老人。这里仅录部分诗、联。

陈仁先《陈散原先生挽诗》:"磊磊苍松姿,翁为何世人。天风石床梦,历劫一欠伸翁尝梦觉,于石床上欠伸而起,不自知何世人也。弃官非为高,绝粮不知贫。见人无过差,谐俗无缁磷。纯天绝机事,老辈谁等伦。精诚屈骚通,茹吐垂天垠。高风遗世间,使我伤千春。""一老不能容,神州何侷仄。削迹入匡庐,洪荒忍结舌。喜我跫然来,谈笑暖冰雪。破戒盈诗篇,荒寒留謦欬。浃月难竟留,分手若永诀。赠行语何哀,万缘尽一刜。岂意重合并,三载慰饥渴。回首离合情,嗒然肝胆绝。""冥心余死灰,回天瘉孤愿。穷途觅归墟,生趣略可见。硕果惟此翁,岁晚矢婉娈。旧京岁一来,深交天所鉴每岁请假视翁皆奏明。便拟投劾归,结邻为侣伴。素心约二三,晨夕无隔间。相依守心魂,寸隙聊把玩。此愿深可哀,此约竟不践。六合一游丝,萧寥空畔岸。"

袁伯夔《义宁师挽辞》:"谋国遵先觉,违时懔后凋。和光绝畦町,孤尚自云霄。坛坫嗟文丧,衣冠惜道销。固应千载范,何止一时标。""道愧渊源接,情逾肺腑亲。文章持诱我,孝友许为人。治馆常悬榻,移家预结邻。平生无限意,此日在埃尘。""身有一朝尽,名犹百世称。余生狎烽火,垂死恋孤棱。墙赐知难及,堂由倘许升。廿年遗札在,未忍发缄縢。""惘惘出门送,回思最可悲。玄亭虚载酒,阙里罢论诗。未信疑年谶,真成尽命期。吾生更何有,大宝是人师。""哭寝无由达,兵戈道路屯。绸缪未归骨,迢递与招魂。熏像怀渊度,繙诗认梦痕。藏山有传业,黾勉答深恩。"

汪东《义宁陈伯严挽诗》:"二十六年秋,倭寇陷北平,欲招置先生,游说百端,皆不许,诇者日伺其门,怒呼佣媪持帚帚逐之。因发愤不食五日死,时年八十有五矣。凛凛严霜节,弥天戢一棺。胡笳飘极塞,木叶下重关。天地诗名隘,春秋大义完。海藏真朽骨,那作等伦看郑孝胥诗故与先生齐名,先生殉国后,未几孝胥亦死长春。""昔凭金陵宅,曾陪杖履同。池光涵晓日,花气飐春风。城郭千年是,亭园一梦空。不须歌薤露,于此泣无穷。""回首音尘隔,惊心丧乱频。妖祥兴黑帝,寇盗剧黄巾。暂采西山蕨,归休北海滨。老成风节厉,嗟尔少年人。""折箠驱强虏,知翁勇有余。未愁鲸跋浪,终见骨专车。水忆宫亭净,山尊五老殊。旧乡临睨罢,魂魄此安居。"

胡小石《散原先生挽诗》:"绝代贤公子,经天老客星。毁家缘变法,阅世夙遗型。沧海吞孤愤,讴歌役万灵。纤儿那解事,唐宋榜零丁。""昔侍临川座,从容识古颜。道儒无异趣,岱华各名山。溪上宵谈虎,航头醉买鳊。沧飘感陈迹,东望泪潺湲。""莽莽焚林火,豺狼满九州。守经严内外,攒棘断跰踚。天意成完士,人纲重饿夫。千秋雄魄在,长有叠山俦。"

李宣龚《挽散原丈》:"罪言犹与世俱新,高隐翻教远避人。病榻不贪千嶂拥,危城甘受一天亲。辨亡早叹文将丧,哭死还惊笔有神。穿冢料从埋我计,莫张归旆犯边尘。"

邵祖平《闻散原先生之丧》:"杖底鸡声不再闻公《居庐山》诗"杖

底鸡声漏竹丛",归真仍入九重门。弥缝鲁叟苞淳意,跌宕渊明露醉言。盖代诗篇开广丽,旧乡党籍脱孤鶱。吟坛幅裂同光后,谁为神州奠厚坤。""忠孝谟谋昔最勤,神州袖手益酸辛。啸庐慈竹溅衰泪,牯岭浮云瘗古鞶。境举狼烟传赵猎,天分鹑首与秦亲。思量近事增哀愤,絮酒惭羁孺子身。"

蔡公湛《散原丈挽诗》:"南浦烟岚白下尘,卅年旧梦泪痕新。凌寒篆竹钦高致,阅世灵椿证凤因。义取云雷文未丧,气涵湖海道相亲。不堪棘地荆天里,老去神州袖手人。"

吴白匋《八声甘州·散原老人挽词》:溯当年变法壮图空,余事作诗人。把沧桑万感,人天孤愤,都付酸呻。饿死白头无怨,四海共悲辛。文苑荆榛辟,只手扶轮。　　接席记亲咳唾,正汉家明月,光满都门。向大荒酹酒,今日吊灵均。想依旧、朗吟夜壑,望霓旌翠葆入燕云。山居在,倚匡庐岫、犹障胡尘。

欧阳竟无挽联两幅:

概想畸人,暮年诗句动江关,少壮行谟开世宙;独寐寤宿,何处潇湘来彼美,老成凋谢到先生。

浩气已无前,何不忍死须臾,看犭严犭允于襄,匈奴就灭;危邦宁可入,久矣安心解脱,便维摩示病,彭泽停杯。

陈诒先挽联:

与贤郎,在官,或同膺编审,在校,或共授生徒,庭训备闻知感德;于我公,论交,则先以父兄,论学,则兼之师友,岩姿如见怆遗徽。

吴孟复挽联:

风气辟湖南,他日人应思此老;烟尘昏塞北,诸君何以慰诗灵。

严既澄挽联:

为诗集苏黄李杜之大成,玉振金声,自有高歌泣神鬼;行己与夷屈管陶而竟结,萝衣毛帽,晚依穷塞阅沧桑。

　　1943 年,江西士绅吁请中央明令褒扬乡贤散原老人。陈隆恪辞谢不成,乃致函江西通志馆主任吴宗慈,请吴撰一篇《传略》,作为呈报材料。虽然此事未成,但吴宗慈这篇为请求褒扬而准备的《传略》却意外地成为一篇重要的陈三立传记资料。1945 年 7 月,散原老人故乡修水县政府、县参议会及机关团体呈文省政府,请求将修水中学改名为散原中学,以崇忠烈,激励民族气节。而省教育厅则认为散原先生最大成就在学术文化,不宜以地域私之,呈请省政府将省图书馆改名为省立散原图书馆,并饬该馆收集其著述藏馆。11 月 7 日,省政府 1713 次省务会议权衡决议仍将修水中学改名为散原中学,1947 年 8 月,江西省参议会函请省政府,请求公葬陈三立。省政府 8 月 11 日会议通过,决定公葬陈三立于庐山。因散原老人在杭州已营生圹未能实行。1948 年夏,散原老人的子女开始实施将老父遗骨南迁计划。时散原老人的次婿俞大维任交通部部长,获舟车之便。遂由次女陈新午从南京赴北平迎榇,三孙陈封雄等护送灵榇,由北平转天津乘招商局轮船,经上海转至杭州九溪十八涧牌坊山安葬。6 月 16 日,灵柩在上海转车,张元济、陈仁先、陈诒先、陈病树、李宣龚、陈叔通、夏剑臣、沈涛园、袁师南、叶蒲孙、吴孟复等人前往致祭。陈仁先、陈病树、陈叔通、吴孟复作诗悼念。陈病树《戊子五月义宁师卜葬杭州过沪迎祭次苍虬韵》:"宣南记谒长椿寺,旅殡凝尘接屋山。异代终期两楹奠,间关真欠一棺还。彻泉泪尽恩长负,筑室心存力己孱。馀向邮亭偿野祭,过车瞬息不容攀。"陈叔通《散原枢自北京移葬杭州过沪迎奠次陈苍虬韵》:"萧寺一棺曾陷贼,十年国难重如山。望乡应抱辞亲痛,浮海犹疑作客还。环顾江湖仍保聚,冥逢妻子各衰孱。高文终压诗名上,殿代巍峨孰敢攀。"落葬的那天,沿途有士兵站岗,灵车后护送的小车有数十辆之多。方恪写了谢帖:"敬启者:先君之丧,日月其除,虽已逾夫虞禫;而祸乱频仍,迄未安于窀穸。慎终是懔,即远怀伤。今始由平护运灵輀,经沪转杭,合窆于黄泥岭生圹。迺重荷锡类之仁,或宠赙隆仪,猥临祖奠;或枉途执引,襄事劝防。高义云天,感深无地。专肃敬谢,敬颂潭安。伏维矜鉴。棘人陈隆恪、寅恪、方恪、登恪顿首拜启。"方恪还写了《戊子五月与家人会葬先君于杭州牌坊山生圹述哀》诗:"当时先子亲封圹,今日真成复坎年。家国几经离乱后,弟兄翻以贱贫全。高名余想终何补,往事留观或怃然。天惨云低江路迥,待培宰木护风烟。"

义宁陈氏(修水清代为义宁州)的先茔原有三处:修水老家竹塅,湖南平江金坪(与修水接壤),南昌西山。南昌西山葬散原老人父亲陈宝箴和母亲黄夫人,俞夫人与陈师曾长眠西湖九溪十八涧后,南昌西山与杭州祖墓遂成为陈家第三代恪字辈追思祖德,抒发哀痛的地方。五子隆恪因在江西工作,故所写谒墓诗最多。1925年10月,隆恪写了《十月赴杭州归葬母兄舟中感赋》:"东去江流恨有声,汀洲烟树客舟行。梦回犹卷西山雨,来向明湖作泪倾。"落葬事宜结束后,隆恪写了《牌坊山原叩别母兄新茔》:"湖上飞霜落叶深,氤氲云气补空林。横江光冷吹簏梦,廻嶂天迷寝苦心。忏悔余生通静寂,浮沉万象自追寻。痴儿坐废头垂白,待听松风夜鼓琴。"1926年4月,隆恪携妻喻婉芬、女小从回杭州,写了《与婉芬携小从至牌坊山原叩母兄墓》五古长诗。1949年后,隆恪定居上海,再也没有机会到南昌西山、杭州牌坊山展墓,只有将哀思寄寓在每年清明、冬至所写的诗中。1953年清明节,已经病入膏肓的隆恪写了两首五律:"葱郁西山下,先公拜墓时。运移犹此日,身老亦孤儿。宿草春能探,丰功世欲遗。靖庐断肠句,披卷昊天知。""短景支颐尽,寒飚掠鬓惊。双碑胶癙寐,万劫腐心情。塔耸招云气,江流咽雨

声。圣湖空自媚,扶病涕纵横。"前一首指南昌西山祖墓;后一首指
杭州祖墓。"塔耸招云气,江流咽雨声"一联,塔指六和塔;江指钱
塘江(之江)。1951 年 8 月,朱师辙从广州中山大学退休回杭州定
居,寅恪作诗送行,亦有"他年上冢之江畔(寅恪先茔在六和塔后牌坊
山)"之句。

在陈氏兄弟所写的伤悼诗中,有两首诗堪称"双璧"。一是方
恪的《为先母卜兆域至临安法华山中夜宿蓝若》:"荒山独夜自惊
神,鼠落鸱腾籁屋尘。灯影扑床疑有魇,松涛如海欲沉身。免怀顾
复承家日,换却艰难拜墓人。明日出门愁雨脚,麻鞋茧足仰苍旻。"
陈衍以为置之其父《散原精舍诗》"崝庐之作"中,几不能辨也。另一
首为寅恪在 1951 年老父忌日所作的《有感》诗:"葱翠川原四望宽,年
年遥祭想荒寒。空闻白墓浇常湿,岂意青山葬未安。一代简编名字
重,几番陵谷碣碑完。赵佗犹自怀真定,惭痛孩儿泪不干。"全诗回环
着伤感凄苦之音。蒋天枢先生谓"痛心之作也"。其第四句"岂意青
山葬未安",蒋老谓"审诗意,疑杭州有令迁葬之举"。蒋老的推测是
正确的。最近方恪的一批手稿浮出水面,证实当时确有此事。

方恪的这批手稿共计四件:除前面己交代的两篇谢帖和《戊子
五月与家人会葬先君于杭州牌坊山生圹述哀》诗外,还有一封写给
陈毅的信,全文如次:

弘公司令勋鉴:

凤承存注,感激弥深,久拟趋叩钤严,藉申谢悃,惟以未审
行旌何时莅止,疏阔之罪,百喙莫辞。兹有启者,先君散原公
与先母俞太夫人、先兄师曾先生合葬杭州西湖徐村。当时择
定该处,并未经形家勘定,且先公素不信风水之说,只以晚年
侨居武林,爱其山水清幽,偶营生圹。故不孝方恪等谨遵遗

命,遂于戊子秋间,仓卒告窆,迄今已四载矣。先母先兄早已于二十年前葬此。顷接看墓人应品森君来函,据云最近海军征收该处基地百亩建设海军疗养院,先茔三座适在圈中,且通知限二十日内迁葬(本月六日通知二十五日满限),如逾期未迁,当由公家发掘云云。方恪等深知海军征用,事关国防,凡属人民,理应赞助。惟念不孝兄弟分处沪宁粤汉,道路阻修,且皆服务于文教机关,生活清苦,非惟职守有关,会合不易,即迁葬之费,筹措亦难。又念先君文章气节,举世共瞻。先兄书画篆刻,蜚声海外。即我公燕谈之顷,亦闻齿及,私衷衔感,与日俱增。方恪等自惭椎鲁,无以克绍先业,又不能别谋窀穸,以妥先灵,势必一筹莫展,任其孤露。中宵惶骇,每至涕零。寻思再四,惟有呈恳我公可否设法保护,只求得免迁移,其他无不祗遵。至墓旁茶山余地,悉听征收,以急公家所需,亦义不容辞也。迫切陈情,伏惟矜鉴,不胜迫切待命之至。

专此　敬叩

勋祺　诸惟亮察　不一

不孝陈隆恪、寅恪、方恪、登恪谨呈

看来陈毅接到此函后,立即采取了行动,制止了海军占用陈家墓地建疗养院的计划。陈毅时任华东军区司令员,上海市市长,有能力办成此事。方恪这封信面世之前,在陈家世交李一平(民主人士,云南大姚人。早年投身军界。1942年成为龙云部下,后作为龙云代表长住南京,协助龙云策划滇军起义和云南起义,解放后任国务院参事)的后人中,一直流传着一个说法:当时某部拟在牌坊山下修建疗养院,限令陈家迁墓。散原诸子得此讯,震惊不安,乃函告李一平先生。李向周总理报告。周总理以中央名义电令华东局保护好陈墓,令某部撤消占用墓地的计划,并批准在陈墓若干距离范围内,不准建造任何建筑物。后来华东局领导请李一平吃饭,陈毅说,接到总理电报,我立即将那些人狠狠批评了一顿。如果我们共产党人把陈三立的墓都挖了,那我们将何以谢天下!这个流传了几十年的口述资料,是陈墓得以保全的另一个版本,宁信其有。根据现有资料,知周总理留学法国时,与寅恪相识。陈毅亦早闻衡恪、寅恪兄弟的高名。南京解放时,陈毅举办了一次盛大的宴会,招待各界名流,得与方恪接席,故方恪在信中婉转提及这一面之雅。1956年10月16日,陈毅参观中山大学,登门拜访了寅恪先生,两人相谈甚欢,给寅恪先生留下了很好的印象。这些都是陈家与中央上层人物的人事因缘。解放后,当局与文化名流有两次“蜜月”时期。第一次是解放初期,当时去古未远,当政者尚有礼贤养士之风。如毛公曾礼遇自己的老师黎锦熙、张干,对章士钊、柳亚子等民主人士亦颇善待。第二次是上世纪七十年代末、八十年代初,“尊重知识、尊重人才”时期。这两次“蜜月”都使陈墓分甘受惠。八十年代,陈墓已破败不堪。1986年,陈氏后人再次通过李一平关系,由中央统战部拨款,委托浙江省统战部将陈墓修茸一新。上层对陈墓的看重,对当地基层组织和村民群众自然会产生影响。“文革”时,与散原老人墓相距不远的陈布雷墓惨遭破坏,荡然无存。相比之下,散原老人墓算是幸运的。

　　美中不足的是,散原老人墓始终未能进入文物保护单位的行列。1956年,散原老人墓有幸列为浙江省二级文物保护单位(见1958年2月文化部文物保护局《全国各省、市、自治区第二批文物保护单位名单汇编》210页),但不知何故1962年复审时被撤消。联想到五十年代陈叔通、张元济曾建议发行1949年8月中华书局已经印好封存在仓库的《散原精舍文集》,有人认为文集中有不合时宜之笔、不准流传的事,觉得陈墓虽然两次得到上层的重视照拂,但还是只局限在统战的大背景下,若要越此藩篱再进一步,就不容易了。而不能列为文保单位,就得不到体制的保护,难以恢复当年的规模。当地父老告知,原来的陈散原墓比现在要气派得多。墓前有宽大的拜坪,有供人歇憩的石桌石凳,还有一栋十余间房的墓庐。虽然比不上有牌坊、墓道的古墓,但在杭州的民国名人墓中,应该有一席之位。如今石桌石凳和墓庐已不复存在,宽大的拜坪已栽满了茶树,墓前已无隙地,这就断绝了隆恪、寅恪兄弟百年后欲长眠在杭州先茔的归路。1956年初,陈隆恪在上海病逝,亲属欲葬杭州祖墓,未获有关部门的批准。后在看墓人应品森的帮助下,葬九溪十八涧杨梅岭应姓坟山。1969年10月,陈寅恪在广州中山大学逝世。从七十年代末起,亲属即遵照遗言开始奔走将遗灰葬杭州祖墓事。多次致函浙江省政府、全国政协、清华大学校友会、西南联大校友会,甚至请原清华大学顾毓琇教授帮助,均无结果(最终于2003年4月30日葬庐山植物园)。从1994年起,江西的文化人和陈氏后人以及庐山文物部门一直在为将散原老人庐山故居——松门别墅建成"陈三立纪念馆"而奔走努力,虽然省政府主要领导签字指示,仍难以解决。散原老人的身后哀荣、炎凉起伏,表面上看似关乎人事浮沉,往深处想,实可窥见时势国是,文运盛衰。

谈陈寅恪"恪"字读音

一、"陈寅恪"名字及"恪"字辈的由来

陈寅恪(1890—1969),江西修水县人。清雍正末年,陈寅恪的六世祖陈鲲池从福建上杭县来苏里中都乡琳坊村迁江西南昌府义宁州(1913年分为修水、铜鼓两县)泰乡七都竹塅村。

一百多年后,迁入义宁州的怀远人(修水、铜鼓客家人的特殊称谓)开始联宗建祠修谱。咸丰元年(1851)恩科乡试,陈文凤和陈宝箴(陈寅恪祖父)中举。怀远陈姓欢欣鼓舞,借此喜庆,敦促陈文凤、陈宝箴编纂"合修宗谱"(通谱)。因受太平军战事影响,延宕至同治二年秋季将通谱修成。

同治通谱在义宁州怀远陈姓族史上具有重大意义,它理清了过去一百多年来各支自定的混乱世次。在此基础上,陈文凤、陈宝箴制定了"三恪封虞后,良家重海邦。凤飞占远耀,振采复西江"的行辈派号。规定从开基祖下延到二十一世,一律按通谱派号取名,废止以前各支自定的私派。需要特别指出的是,为了使"三恪封虞后"的新派号顺利推行,陈宝箴家族将二十一世已成年子弟的原名都改成"三"字。如陈宝箴从侄"陈成塾"时已三十岁,仍按新谱派改名"三略",陈宝箴长子陈三立时已十一岁,已按私派取名"成

牧",亦改名"三立",可见陈宝箴作为宗族核心人物推行通谱派号决心之大。

"三恪封虞后"典出我国古代的一项礼制。古代新王朝为巩固统治,对前朝贵胄后裔赐予封地,以示尊礼。周武王得天下后,封舜帝之后妫满于河南东部、安徽西部一带,建立陈国,其子孙遂以国为姓。因此,"三恪封虞后"概括了陈姓受姓的尊荣和陈姓的史源,也蕴含着"恪"字的音、形、义。明焦竑《焦氏笔乘·古字有通用假借》条:"'以备三恪',恪当读如客,恪、客古通用。"清吴大澂(愙斋)《古籀汇编》卷十据周朝的愙鼎考证:"愙(恪)"为"客"字的异文,三恪即三客,即以客礼相待夏、商、周三代子孙之意。

光绪十六年庚寅(1890)五月十七日寅时,陈宝箴的六孙在长沙降生。因生在寅年寅时,故名寅恪。"寅"字有恭敬之义,长辈按名与字对文互义的习俗,取字彦恭(未用)。陈宝箴有八个孙子:老大衡恪(师曾)、老二殇、老三同亮殇、老四覃恪(陟夫)、老五隆恪(彦和)、老六寅恪(彦恭)、老七方恪(彦通)、老八登恪(彦上)(据修水怀远陈姓民国九年五修谱)。

在老家修水县,怀远陈姓自通谱派号颁行后,著录在宗谱上的恪字辈有960余人(如果加上铜鼓县,还不止此数),其中陈宝箴家族的恪字辈有60人。在这近千人的恪字辈中,曾有六个"陈寅恪"。今恪字辈用"恪"字取名者尚有百余人(据修水怀远陈姓民国三十二年六修谱)。

"文革"以后,民间已不时兴按谱派取名。陈文凤、陈宝箴制定的二十辈派号到"良"字辈后基本歇绝。因此,"三恪封虞后"五辈派号的通行,就成为这个客家宗族从几十个分散家族构建凝聚为一个大族、望族的历史记忆。陈寅恪兄弟作为"恪"字辈的翘楚,他们的名字已成为这个宗族重要的文化遗产,其名字的读音也与这个宗族所在地有着地域文化上的渊源关系。

二、北京话"恪"字两读现象

"恪"字的正字为"愙",从宋《广韵》到清《康熙字典》都只有一个反切,宕摄开口一等字,折合成现代语音即 kè 音。但民国初年以后的字典"恪"字却增加了一个 què 的又读音:

商务 1912 版《新字典》:恪,苦各切。读如却。

商务 1915 版《辞源》:恪,可赫切。亦读如却。

商务 1937 版《国语辞典》:恪(愙),ㄎㄜ科。又读ㄑㄩㄝ却。

商务 1949 版《国音字典》:恪,ㄎㄜ。(又)ㄑㄩㄝ。

人民教育 1953 版《新华字典》:恪ㄑㄩㄝ　ㄎㄜ(又)。

可见北京话"恪"字两读现象由来已久,1953 版《新华字典》甚至把"ㄎㄜ"标为又读音。1965 年第 2 期《中国语文》发表周定一《对〈审音表〉的体会》一文,说"'恪守'的'恪'有 què、kè 两读,北京比较通行的是 què,合乎北京语音一般演变规律……"。"恪"字在北京话里有两读,与"腭化"有关。约从明末开始,北方语系中舌根音 g、k、h 的细音(韵母为 i、ü 的音节)向舌面音 j、q、x 转变。也就是说古音本没有舌面音 j、q、x,今音中一部分读 j、q、x 声母的字是从古音 g、k、h 声母中分化出来的。语言学界称这种发声部位的改变为"腭化"。如"卡"字既读 kǎ,又读 qiǎ。北京话"客"字有 kè qiě 两读。"客"为"愙"的本字,"客"有两读,由它孳乳出来的"愙"自然也会有两读。也有专家从文读、白读的角度来分析北京话"恪"字两读现象,认为"恪"字文读为 kè,白读增加了介音,从而腭化成 què。陈寅恪曾在清华大学工作多年。北平的文人和清华、北大的师生称呼他的名字有念 kè 的,有念 què 的,以后念 què 者逐渐增多。但陈寅恪对别人念 què 成风并不认同,曾对同事毕树棠和学生石泉说过"我的名字念 kè"。

三、纠正两种错误的说法

1. 老家方言念 què 说

1996 年 12 月 25 日《团结报》发表《"恪"字读音》一文,说"客家人习惯将'恪'读 què。义宁陈氏一直保持客家传统,故陈氏昆仲名中的'恪'字均读 què。友人及学生即约定俗成随之,将'恪'读 què。因'恪'读 què 系客家习惯,故诸工具书不载 què 音。"1997 年第 4 期《文史知识》转载了这段文字。此说一出,影响极大。

按此说从方言旧读的角度来解决《新华词典》《现代汉语词典》"恪"字不载 què 音,而陈寅恪家人、部分弟子念 què 的困惑,大方向没有错,只是没有将注意力放在北京方言旧读和 1959 年后字典不载 què 音的原因上,而转从陈寅恪老家方言去寻找解释。后来传播此说的学者更没有用考据的精神方法,带着问题深入到陈寅恪故里作一次田野调查。

客家话没有 què 这样的音节(无撮口呼韵母),且比较完整地保留了古入声,修水客家话也不例外。"恪"字古音为入声铎韵,故修水客家话读"恪"字为入声 ko,类似于普通话"贺""貉"字的发音。笔者十余年来在修水、铜鼓乡间搜集陈宝箴家族史料,遇到的恪字辈,上至八十老人,下至七八岁小孩,无一例念 què。他们背诵谱派诗"三恪封虞后……"时也从不将"恪"念成 què。

2. 陈寅恪本人念 què 说

2001 年新世界出版社所出《思想的魅力——在北大听讲座》第 3 辑《百年中国史学回顾》有这么一句:"'恪'为什么念 què 呢?陈

先生自己讲我这个字念 què，所以就念 què 了（笑声）。"如果作者能举出陈寅恪讲这句话的原始出处，当增加可信度，然而至今没有发现可以证明陈寅恪何时何地讲过这种话的文献材料。而可以证明陈寅恪自己不会念 què 的文献材料和理由却比较多。

首先，陈寅恪在书面上，从青年到老年，从未将自己的名字写成 què。

①1921 年，陈寅恪在柏林大学新生登记册上署名为 TSChen Yin Koh（刘桂生《陈寅恪、傅斯年留德学籍材料之劫余残件》，《北大史学》1997 年 8 月第 4 辑）。

②1924 年，赵元任亲见陈寅恪将自己名字署为 Yinko Tschen（赵元任、杨步伟《忆寅恪》，《谈陈寅恪》，台湾传记文学出版社，1970）。

③1925 年，陈寅恪在柏林大学肄业证上署名为 TSChen Yin Koh。

④1931 年，陈寅恪在致钢和泰的亲笔信中，署名为 YinKoh Tschen（陈流求等《也同欢乐也同愁》69 页，三联书店 2010 年版）。

⑤1936 年和 1937 年，陈寅恪在哈佛《亚洲学报》发表两篇英文论文，署名为 Tschen Yinkoh 和 Ch,enYink,o（杨君实《陈寅恪先生的两篇英文论文》，《追忆陈寅恪》，社会科学文献出版社，1999，359 页）。

⑥1940 年 5 月，陈寅恪在写给牛津大学的英文信中，署名为 Tschen Yin Koh（《陈寅恪集·书信集》，三联书店，2001 年，222 页）。

⑦1946 年 3 月，陈寅恪在写给傅斯年的信中署名为 Chen Yin Ke（《陈寅恪集·书信集》，三联书店，2001 年，119 页）。

⑧1956 年，中山大学《本校专家调查表》上陈寅恪署名为 Yin

KohTschen(德文)及 Chen　Yin　Koh(英文)(王川《历史学者陈寅恪姓名"恪"之读音》,《东方文化》2003 年第 6 期)。

旁证资料:

①哈佛大学 1926 年校友名录陈寅恪注音为 chen　yin　koh(陈流求等《也同欢乐也同愁》34 页)。

②1938 年 10 月 4 日,中国中英文化协会主席杭立武在为陈寅恪申请剑桥中文教授事致英国"大学中国委员会"秘书的信中,指出"陈寅恪先生比较喜欢他名字的罗马拼音作 Tchen　Yin　Koh"(程美宝《陈寅恪与牛津大学》,《历史研究》2000 年第 2 期)。

③1941 年,清华大学校长梅贻琦给清华驻港的陈寅恪弟子邵循正写了一封英文信,请他就地敦促在港的陈寅恪返校复课,信中提醒邵循正注意陈寅恪名字要标音为"Yin　ko　Chen"(黄延复《陈寅恪先生怎样念自己的名字》,《中华读书报》2006 年 11 月 22 日)。

④1946 年,陈寅恪赴英国治疗眼疾,医生的诊断书标音为 yin　ke　chen(陈流求等《也同欢乐也同愁》205 页)。

其次,从陈氏兄弟的口音构成、家族背景来分析,陈寅恪也不会将自己的名字念成北方口音的 què。

①陈氏兄弟在长沙生长,自会讲长沙话(长沙话"恪"字不念 què),但客家话也与生俱来地融入他们的记忆中。客家人素重木本水源,恪守"宁可抛荒,不可抛腔"的祖训,无论迁有何处,必以母语传家。陈氏兄弟姊妹幼年与祖父母和宗亲、姻亲朝夕相处,在乡情浓烈的语言环境中,自会濡染熟悉客家话。1989 年冬,隆恪女儿陈小从回乡祭祖,将修水之行情况写信告诉姑父俞大维(陈寅恪妹夫)。时俞大维已年逾九十,回信犹问:"老家的族人还讲客家话吗?"可见老家话在他们那一辈印象之深。

②1919 年,日人田源天南编的《清末民初官绅人名录》陈衡恪条"恪"字标音为 ko。1955 年,方恪在户口登记时用注音字母标音"恪ㄎㄜ"(潘益民《陈方恪先生编年辑事》书前所附陈方恪户口照片,中国工人出版社,2005)。1956 年,寅恪在《本校专家调查表》上用外文标音"恪 Koh"。寅恪曾对同事和学生说过"我的名字念 kè",方恪亦曾对弟子说过自己的名字应念 ko。这不可能是巧合,说明陈氏兄弟对自己名字读音的态度是一致的。

③与陈寅恪有血缘关系的从兄弟有 60 人之多,其中儒恪、储恪、伊恪、荣恪、齐恪亦走出山外发展,与衡恪兄弟多有接触。他们在修水老家长大,自会讲客家话,不会将自己的名字念成 què。寅恪不会标新立异,脱离兄弟们自幼形成的读音习惯。

④更大的背景是陈宝箴参与制定的"三恪封虞后……"派号对凝聚宗族起到了巨大作用。寅恪对祖父素所敬重,不会在自己名字的读音上违逆先祖的意愿,从全族宗亲整齐划一的读音中剥离出来,把自己名字的读音弄得形只影单。

四、余　论

综上所述,"恪"字之所以有两读,根子乃在北京方音旧读上。所谓"陈寅恪老家方言念 què""陈寅恪本人念 què"的说法,既严重背离事实真相,也不符合"凭材料说话"的学术规范。至于民国时期北京流行念 què 是否就能成为今天人们仍可以念 què 的理由,则受到来自现代汉语规范的挑战。

谈现代汉语规范问题,首先要分清普通话与北京话的概念。普通话以北京话的语音系统为标准,并不是把北京话一切读音全部照搬,北京话并不等于普通话。从 1956 年开始,中科院普通话审音委员会对北京话的方音进行了多次审订,分三批公布了《普通话异读词审音表初稿》,"恪"字的又读音 què 在第一批中就被废除了(1959 年 12 月,商务再版《新华字典》,"恪"字不再保留 què音)。1985 年 12 月,国家语委、国家教委、广电部联合公布《普通话异读词审音表》,正式确定"恪"字"统读"为 kè,即"此字不论用于任何词语中只读一音。人名如近代学者陈寅恪"(徐世荣《普通话异读词审音表释例》,语文出版社,1997)。

陈寅恪的名字究竟怎么念,不能不考虑"恪"是陈氏家族一个辈份用字,众多的恪字辈成员都不将自己名字念成 què 这个客观事实。既然近千个恪字辈都不念 què,另外五个陈寅恪也不念 què,那么,根据逻辑常识推理,这个同根共源的陈寅恪也不应念 què。

上世纪八、九十年代,文化学术界对"义宁陈氏文化世家"还没有太多的认识,陈寅恪名字的读音与他的家族一样,蒙上了一层神秘的面纱。而今陈寅恪的家族史业已明朗,其名字的读音不再神秘。他是陈氏故里众多恪字辈的一员,他们根据祖辈传下来的语音念自己的名字"恪"为入声 ko 而不是 què。北方语系已无入声,古入声 ko 已转变为去声 kè。人们理应尊重姓名拥有者的意愿,在正式场合使用规范读音 kè 称呼陈寅恪及其兄弟的名讳。

义宁陈氏恪字辈的其他人物

自上世纪八十年代陈寅恪热起来后,他的亲兄弟陈衡恪、陈隆恪、陈方恪、陈登恪已广为人知。但与陈寅恪共六世祖的从兄弟有六十人之多,其中还有数人亦走出义宁(今江西修水)故里山区,融入到现代文明的大城市中。从一个家族的发展史来看,他们亦有介绍的价值。

一 陈覃恪

陈覃恪(1881—约1953),号陟夫,光绪七年十月生于长沙,时覃恪祖父陈宝箴在湖南以道员身份候补。其父陈三畏,是陈宝箴的次子,不幸于36岁时去世,那年覃恪才6岁。陈宝箴因次子去世得早,又只有覃恪这个儿子,故对这个孙子特别怜爱。生前曾嘱咐长子陈三立,日后要把这个侄子视为己出。故覃恪性格中有公子哥习气,据说与祖父、伯父过分怜爱有关。

覃恪自幼便与寅恪兄弟一起生活成长,在从兄弟排行中老四(老大衡恪,老二、老三殇,老五隆恪,老六寅恪、老七方恪、老八登恪)。其青少年时期读书情况不详,据说亦曾赴日本早稻田学校留学,时间不长便归国。因没有参加过旧式科举考试,又没有新学堂学历,所以一直沉浮下僚。民国九年(1920)五修陈氏宗谱记载覃恪的官职是"清湖北候补知县",想是捐纳的。宣统三年(1911)三月,清廷任命郑孝胥为湖南布政使。覃恪通过伯父陈三立关系请托郑孝胥为他补缺。《郑孝胥日记》1911年闰六月初四记:"晚,李一琴、陈陟夫、赵侃伯、张永汉、刘聚卿皆来送。陈、赵皆食物杂件,不受。"二十七日记:"周铭三、陈陟夫来。"二十八日记:"陈陟夫覃恪送馔数品,求为觅缺,余却其馔。"未几辛亥革命爆发,此事未办成。此后覃恪任江西赣县盐局主任,抗战时期回老家修水,在税务局任职。按说都是收入不低的职业,但覃恪不理财,用度无撙节,只得拮据度日。解放后定居武汉,约1953年贫病以终。

覃恪亦能诗,其岳父黄小鲁的《鲁叟诗存》有《和陈甥陟夫除夕韵》《陟夫以近作见寄援笔赋答并赠伯严吏部亲家》《和陟夫甥近作韵》诗,可证。他年轻时亦曾向桐城派殿军人物姚永概(叔节)请教文章作法。

覃恪凡三娶,生四子五女(原配黄氏,是陈三立的好友、清末诗人、汉阳黄嗣东之女)。幼子陈云君,为津沽书法名家,诗词骈文俱有声。长孙陈中一,为昆明某中专学校教师。陈三畏的书香遗脉,终得以绵延不坠。

二　陈荣恪

陈荣恪(1881—1922),号新成(莘成),光绪七年九月生于修水故里。至今尚不清楚他是如何走出山外的,其父陈三垣在陈宝箴任湖北任按察使、湖南巡抚时做亲随,或与此有关。荣恪在恪字辈从兄弟中,曾经是一个不简单的人物。隆恪女儿陈小从1997年复笔者函云:"承询新成(莘成)伯父的生平,我只记得,先父生前屡次提到他。说新成伯老实厚道。辛亥革命后,很多比他资历浅的都得到好处,升官发财。而他虽是同盟会的老资格,却沉沦下属,直到潦倒郁悒以终。我家一直藏有一帧新成伯的墓茔照片(南昌西山,后来搞丢了),可见先父对他的感情之深。我看竹塅陈氏出外的人物,他是值得发掘光大的一位。"

荣恪于光绪二十九年癸卯(1903)赴日留学。《清国留学生会馆第五次报告》23页载:"陈荣恪,字新成,二十三岁,江西义宁人,光绪二十九年十一月到东京,自费,入正则预备学校。"后升入早稻田大学,《清末各省官费自费留日学生姓名表·各校各生履历清册》载:"陈荣恪,江西义宁州人,二十七岁。三十三年三月入校,早大高预科,第二年级。"

他在留日期间,曾参加过军国民教育会的活动,并加入同盟会,是同盟会创会时最早的四名江西籍会员之一。1907年参与促请黄兴归国创立同盟分会活动。1909年江西共进会成立时,荣恪是首批申请加入者,并任文牍之职。1915年底到1916年初,荣恪曾在《中华学生界》第一卷第十一期和第二卷第二期上连载《修学指南——节译日本优等学生用功法》,可见他的日文水平不低(引自《宁德师专学报》2009年第2期《略说陈荣恪事迹》一文)。

荣恪在日本留学八年,1911年回国。历任江西全省禁烟公所所长,二道口厘金局长,北京烟酒银行文书主任,北京商业银行文书主任。

荣恪与从弟隆恪友好,隆恪曾写《哭从兄新成》诗:"平生愤嫉薄棺收,玩世何须到白头。知悔无心从揭竿,可能留命看横流。一尘肺腑凋蚁垤,三岛悲欢没蜃楼。犹恋形骸伤绝笔,依依松柏故山秋遗言嘱葬西山先祖墓地侧。"

荣恪夫人是湖南志士刘揆一、刘道一的妹妹。民国九年(1920)五修陈氏宗谱记载荣恪有一子名封衢,老家宗亲回忆是从老家过继带出去的。民国三十二年（1943）六修谱已无封衢信息，可能与故里失去了联系。

荣恪与江西民主革命先驱彭素民（后任国民政府农民部、宣传部部长）友好。彭素民结婚时，荣恪曾撰婚联。

荣恪的笔墨文字今已无存，仅获他与别人合制寿联一幅：堂上椿荣，称觞介寿；陔南兰茁，舞绿承欢（贺南昌方皇甫七十寿）。

三　陈儒恪

陈儒恪（1872—约1928），号聘珍，同治十一年生于修水故里。其父陈三略为廪贡生，钦加同知衔，湖南补用知县，光绪八年（1882）署理嘉禾县正堂。

陈氏宗谱记载儒恪的官职是：光绪二十三年（1897）两淮盐捐案内由监生捐巡检，分发湖北试用；三十一年秦晋赈捐加捐知县，仍分发湖北试用；宣统三年任江陵县土税局委员；民国二年任江西奉新、武宁、修水等县查禁烟苗委员。儒恪遂在南昌定居，置宅第一栋。约1928年前后去世。与荣恪一样，儒恪墓亦在南昌西山陈宝箴墓地近侧。

儒恪在恪字辈中年龄较大，所以年轻时与从叔祖陈宝箴、从叔陈三立以及陈家早年圈子里的人物接触较多。廖荪畡《珠泉草庐诗集》卷四《偕湘潭周印昆、长沙马棣吾、宁州陈聘珍游曾文正祠》，1895年2月，在武昌。黄叔梅《与刘茗轩大令、陈聘珍二尹、龚镜芙茂才、米寿侯内弟游黄鹤楼》，1909年。

儒恪长孙陈伯虞，1946年高中毕业后在南昌市政府任职。1949年过台，后在台湾淡江大学任教。

四　陈伊恪

陈伊恪(1881—1929),号莘夫,光绪七年八月生于长沙。他是儒恪的胞弟,其父陈三略两娶,生九子,以老六儒恪、老九伊恪较为出众。

伊恪于光绪二十六年(1900)考入湖北自强学堂,二十八年转南洋陆师学堂,三十一年考入南京三江师范学堂。三十二年(1907)由江西巡抚部院咨调送日本留学。先入大阪高等预备学校,复入东京中央大学法律专科修业。1911年回国。

伊恪赴日留学,虽没有与衡恪、隆恪、荣恪一样在《清国留学生会馆第五次报告》《清末各省官费自费留日学生姓名表》找到材料,但民国九年(1920)五修陈氏宗谱对他的学历有详细记载。此外还有伊恪的三江师范学堂同学和赴日留学同学廖国仁写的回忆文章,该文题目是《关于陈寅恪先生是否客家人》。其文略谓:

光绪三十年,余拟赴日留学,抵省垣南昌后,始知海运梗阻,遂借住在农工商矿局院内,得谒见陈三立先生。他听余等说话有客家口音,遂用客家话交谈。未几,余赴南京考入三江师范,适有同班同学陈莘夫,为陈三立先生之令侄。莘夫兄平时谈话,虽用国语,但有时亦用客家话。据莘夫兄说,其先世系自福建之汀州,迁江西修水县(旧义宁州),原为客家人。凡客家人均不敢忘本,无论迁至何处,传家必用客家话云云。后余又与莘夫兄俱考取赣省官费,赴日留学,更获交陈三立先生之公子隆恪、令侄荣恪兄……。(此文载《谈陈寅恪》,台湾传记文学出版社1970年初版)

这段话不但可以作为伊恪留日的佐证,还透露出隆恪、荣恪、伊恪甚至衡恪等从兄弟在日本常有聚会的信息。伊恪回国后历任江西公立法政学校任教师并日文翻译、莲花县知事、外交部江西交涉署外政科科长、省立第五中学监学、沪海道尹公署庶务长。不幸于49岁时猝逝，衡恪的至交、民国时期江西著名人物蔡公湛闻耗作《得杨寰僧书知陈莘夫客死湘中诗以哀之》诗："斯人早岁经艰阻，敏慧风流秀士林。荦荦英词常纵酒，纷纷棋局久分襟。忽挥倦眼开缄泪，又痛中年怀旧心。湘水空流魂未返，梦回落月黯孤岑。"

伊恪有子名封沪，1920年五修宗谱有记载，此外别无封沪信息。

五　陈齐恪

陈齐恪（1884—?），号平一，光绪十年生于修水故里。其父陈三焘（德基），曾在陈宝箴湖南推行新政时的常宁矿山管账。光绪二十九年（1903）清明，陈三焘到南昌西山扫墓，陈三立作《庐夜对德基族弟》诗："五年终见汝，生死一崝庐。往事堂堂在，荒山莽莽余。飘零此何世，饥饱可关渠。犹说持门户，孤灯落泪初。"

齐恪于1907年考入三江师范，1908年元月入学，分在补习科丁班。毕业后的情况不详，宗谱上关于他的记载不多。据其兄正恪之孙陈继虞回忆：齐恪染上了抽鸦片的毛病，我曾祖德基公为此很不喜欢他。他曾在九江一富人家做先生，因病回修水家中，第二年即去世。我小时候看过他写的书法条屏。

末了简单谈谈恪字辈的由来和恪字读音。咸丰元年（1851）乡试，义宁州客家秀才陈文凤、陈宝箴中举。客家陈姓借此喜庆，敦促陈文凤、陈宝箴纂修大成宗谱（通谱）。两位新科举人制定了"三恪封虞后，良家重海邦。凤飞占远耀，振采复西江"的行辈派号。

其位置顺序,上一辈在名字中间,下一辈在名字末尾,再下一辈又移至中间,民间称这种辈份排字顺序为"上下翻"。自通谱派号颁行后,记录在宗谱上的恪字辈有 960 多人。修水客家方言和本地方言读"恪"字均为古入声 ko,并非陈门弟子误传因为老师老家方言读"恪"为 què,所以我们也应读 què,以示尊敬。陈寅恪名字之所以有两读,是受民国年间北平方言"恪"字有两读的影响。

用考据精神做近现代人的诗文集整理

——以《陈衡恪诗文集》为例

最近江西人民出版社出版了由笔者整理的《陈衡恪诗文集》，笔者对搜集到的陈衡恪(师曾)诗词进行了编年笺注。因为要给作品编年，就必须对诗词本身的题目、文意以及诗词中涉及的人物、地点、背景本事进行考证。

陈衡恪的一生可以以赴日留学为分界线，分为"留日之前""留日时期""留日归国后到赴京之前""北京时期"四个阶段。在考证、笺注的过程中，发现"北京时期"陈衡恪的行止、人事较为稳定，歧义不大，可供考订的文献材料较多。但前三个时期的行止、人事却纷繁复杂，缺乏大量可供考订的文献材料。为了解决这个问题，笔者曾到北京图书馆、上海图书馆、南京图书馆、南京大学图书馆、南京二档、南通博物苑搜集资料，结合陈衡恪诗词文本，对其前三个时期的行止、人事进行考订，有若干新的发现：

• 1901 年，衡恪在上海一家法国教会学校读书。已出的几种《陈师曾年表》所引旁证材料多为衡恪内兄范罕(彦殊)在 1923 年衡恪去世时所作《哭师曾》第三首的一行注释："庚子后吾妹已故，师曾就学上海。时予在法国教会读书，约师曾同学一年。校在南浔路。"今已知这所学校名"圣塞威学堂"，依据是衡恪 1914 年所作《王欣甫丈有子曰宾基、从子寓基，季子宰基同学上海圣塞威学堂。

越十四年,遇寓基、宰基于京师,赋此赠之,兼呈欣甫丈》诗,可证。

"圣塞威学堂"即 St. Francis Xavier´s College,"圣塞威"即 st. Xavier 之音译,一般称为圣芳济学堂,在上海虹口区南浔路。圣芳济学堂是上海法国天主教耶稣会于 1874 年创办的一所教会学校。1880 年教会当局于虹口南浔路圣心堂对面购地建造校舍,1882 年新校舍落成。

● 已出的几种《陈师曾年表》均谓衡恪"1898 年曾考入南京'江南陆师学堂'附设之'矿路学堂'读书,与鲁迅同学。1902 年 2 月与鲁迅同赴日本留学"。其源出自沈瓞民《回忆鲁迅早年在弘文学院的片段》一文。该文注解云"陈衡恪号师曾,与鲁迅亦是老同学,矿路学堂学生"。按周作人 1950 年曾撰《俟堂与陈师曾》《俞恪士》两文(载《饭后随笔》上册 302、351 页,河北人民出版社 1994 年版)。两文指出衡恪当时只是寄居"矿路学堂",因"陆师学堂"的总办是衡恪的舅父俞明震。沈瓞民说陈衡恪是"矿路学堂学生",已经有误。后出的《陈师曾年表》再误成衡恪 1898 年考入该校。

● 1902 年 2 月,俞明震受两江总督刘坤一委派,到日本视察学务,兼送陆师学堂毕业生二十二名、陆师学堂附设矿务铁路学堂学生六名到日本留学。陈衡恪携弟寅恪随行。关于衡恪赴日留学,过去论者都认为衡恪乃自费留日,对他留学的学校、时间也语焉不详。笔者根据已掌握的材料,得知衡恪是以俞明震的"文案"身份随团赴日。依据是当时日本驻上海总领事馆事务代理岩崎三雄的通知公函:

函第八二号(明治卅五年三月二十日接受)
南京陆师学堂俞总办带领留学生来日出发之件
江南陆师学堂俞总办江苏候补道俞明震此次奉两江总督

之命，兼来日视察学务，带领该学堂毕业生二十二名，矿务学生六名，同随行人员教习罗良监、王继美、翻译森村要、文案陈贞瑞、陈衡恪等将于本月二十四日由南京出发，于本月二十九日左右乘坐该港起航的邮船会社的轮船来日。故到达东京时希望有关方面给予方便一事已由天野南京文馆主任作了具体汇报。敬请酌情予以照料。

　　此致

敬礼

　　　　　　明治三十五年三月二十一号于上海

　　　　　　总领事馆事务代理　　岩崎三雄（印）

外务大臣男爵小村寿太郎殿下

　　此公函载日本外务省外交史料馆保存的外务省记录《在日清国留学生关系杂纂陆军学生海军学生外之部第一卷》。

　　衡恪赴日前夕，与另一位"文案"陈贞瑞（墨西）、翻译森村要游览秦淮河，作《与森村要、陈墨西闲眺秦淮河畔》诗："细柳参差曳晚风，模糊屋影碧流中。东瀛亦羡南朝胜，空付苔矶垂钓翁。"

　　1902年11月，衡恪到日本八个月后，终于获得江宁官费留学生名额，依据是《北洋政府教育部档案·陈衡恪登记表》："……前清光绪二十八年十一月前南洋大臣魏派遣日本留学……。"

　　关于衡恪留日就读的学校，今已知其先在东京弘文学院补习日语，1906年毕业，再入东京高等师范学校习博物科，1910年毕业。依据是《北洋政府教育部档案·陈衡恪登记表》："……光绪三十二年七月宏文学院卒业。宣统二年（1910）三月东京高等师范学校卒业……"；《清末各省官费自费留日学生姓名表·各校各生履历清册》：姓名：陈衡恪。籍贯：江西义宁州。年龄：三十四。费列：

江宁。到东年月：光绪二十八年十一月。入校年月：光绪三十二年三月。学科：高师博物科。年级：第三年。

● 1909年夏，衡恪提前从日本归国。诸家《陈师曾年表》均称1909年（宣统元年）衡恪曾任江西教育司司长，均无书证。按宣统年间省一级的教育机构称"提学司"，学政称"提学使"。又：江西教育司成立于民国二年。日人田源天南一九一九年编《清末民初中国官绅人名录》"陈衡恪条"有"第一革命后一时江西教育司长"字样。"第一革命"即"辛亥革命"，因此刚从日本归国的衡恪不可能任江西教育司司长，也不会在任江西教育司司长后又于1911年到江苏南通县去做师范及中学教员。

● 衡恪回国后，在南京家中闲居一年多，后到南通任教。诸家《陈师曾年表》将衡恪到南通任教时间系于1910年，均无坚实书证。按衡恪应张謇邀请到南通任教时间是1911年阴历2月，依据是《北洋政府教育部档案·陈衡恪登记表》"……宣统三年充江苏南通县师范及中学校教员……"；顾公毅《蕴素轩诗集序》"师曾，范婿，以辛亥二月就通州师范学校教习"，可证。

上述问题，都是因不做考据造成的。做考据，首先要搜集大量第一手材料，凭材料说话。通过对材料的比对、甄别、考订，得出结论。只有牢固树立考据的学术理念，才会"上穷碧落下黄泉，动手动脚找东西"。有些材料非常难找，如笔者推断衡恪任江西教育司司长，应在1913年秋季离开长沙赴北京教育部工作之间。但找不到江西教育司的原档案和别的书证，只能暂存疑。大约任职时间很短，故陈三立《长男衡恪状》、袁伯夔《陈师曾墓志铭》、陈封可《陈衡恪小传》、《北洋政府教育部档案·陈衡恪登记表》均不载。有的材料并不孤僻，它就藏身在常见书刊中，等待人们去发现。如《北洋政府教育部档案》就保存在第二历史档案馆，闻中华书局已列入整理出版计划;《清末各省官费自费留日学生姓名表·各校各生履历清册》是台湾文海出版社出版的《近代中国史料丛刊》中的一种,这套大丛书许多图书馆都有藏。人们常把考据(文献、版本、校点)与古籍整理紧紧相联,而对与我们时代接近的近现代人物却没有建立也要用考据的精神进行研究的牢固理念。实际情形是,研究近现代人物和整理近现代人用旧式文体写的诗文,考据的难度并不比古人低。只要是旧式文体,不管作者年代与我们远近与否,都需要用古籍整理点校的手法。否则就会"差之毫厘,失之千里",试举点校陈衡恪诗词时遇到的一例:

陈衡恪1902年除夕与几位留日同学聚会,作诗一首,制题《壬寅除夕与张棣生江翊云黎伯颜仲苏诸君饮集三王山赋此志感》。1981年出版的《陈寅恪编年事辑》将诗题点为《壬寅除夕与张棣生、江翊云、黎伯、颜仲苏诸君饮集三王山赋此志感》,此后发表的几种《陈师曾年表》均沿用了这个点校。笔者一开始也受了这个点校的影响,穷数月之功也没有落实"黎伯""颜仲苏"这两个留日学生到底是谁。最后在衡恪的好友姚茫父《画论》中发现一首题赠"黎伯颜"的诗,才豁然开朗"黎伯、颜仲苏"应点断为"黎伯颜、仲苏","伯""仲"是兄弟排序用字,因是昆仲,故后一人省略姓氏。再将"黎伯颜"这个人名输入电脑搜索,得知他是贵州遵义县人,是著名人物黎庶昌的族裔。再与贵州的学者联系,终于彻底搞清了黎伯颜、黎仲苏兄弟的字号、生卒年份、生平履历。在我之前的研究者之所以将"黎伯颜、仲苏"点断为"黎伯、颜仲苏",是因为前一人的名字中末尾一字恰好是一个姓氏用字"颜",很自然就作为后一人的姓了。中华书局1983年版《泊宅编》卷七:"旧说鲤鱼过禹门皆为龙,仙人琴、高子英皆乘以飞腾。"按:琴高子英为两个仙人,应点为"仙人琴高、子英"。之所以点为"仙人琴、高子英",可能也是因为"高"字是姓氏的原因。这是古籍整理中人名容易出错的两个例子。

　　自上世纪八、九十年代"陈寅恪热"起来后,陈氏家族主要成员诗文集纷纷面世,如《陈宝箴集》、陈三立《散原精舍诗文集》、陈隆恪《同照阁诗集》《陈寅恪集》《陈方恪诗词集》,陈衡恪(师曾)是陈三立长子,作为民国一代著名书画家,他的画作、篆刻作品出版颇多,但诗文集却姗姗来迟。因此,《陈衡恪诗文集》的面世,就有着填补空白的意义。

从耕读之家到文化世家

"门第常新,足兆三槐之瑞;人文蔚起,高拔五桂之芳"是旧时宗谱里常见的四六句。而在父老的口头叙事词汇中,相同意思的表述是"三代没打过赤脚",祖上曾出过"十八把白纸扇"(即十八个读书人)。这是对书香的礼赞,对耕读的颂歌。科举时代,"耕读传家"对农家具有巨大吸引力。"耕"是生存之本,"读"是进身之阶,是乡民攀登社会阶梯的唯一途径。著名古村落研究、保护专家陈志华教授对此深有体会:"看到古村落的义塾和书院,看到那巍然高耸的文昌阁和文峰塔,看到宗祠前为举人、进士树立的旗杆和村口的牌楼,看到住宅槅扇窗上精细的'琴棋书画'或者'渔樵耕读'的雕刻,你才能真正理解农村的'耕读文化',理解'朝为田舍郎,暮登天子堂'的科举之梦在农村的重大意义。"(见2001年1月10日《中国文物报》"访陈志华教授")在已逝去的年代里,耕读不仅仅是属于文化层面的田园牧歌。它是家族的头等大事,是古人日常生活的重要内涵。他们晴耕雨读、春耕冬读,秀者抱经、朴者负耒。众多寒门细族在这种耕读的秩序下崛起于阡陌陇亩之中。陈宝箴家族就是一个典型的范例。

陈宝箴家族属客家移民,史称"棚民",修水称"怀远人"。雍正末年,陈宝箴的曾祖陈鲲池(1710—1795)从福建上杭迁江西义宁州(今江西修水县)。一般说来,棚民刚迁移某地,考虑最多的是如何生存下来,站稳脚跟是首要任务。只有生活初步安定,解决了衣食温饱,"读"的问题才会提上议事日程。黄仁宇先生指出:"一个农民家庭如果企图生活稳定并且获得社会声望,惟一的道路是读书做官。然而这条路漫漫修远,很难只由一个人或一代人的努力就能达到目的。通常的方式是一家之内创业的祖先不断地劳作,自奉俭约,积铢累寸,逐步上升到地主。这一过程常常需要几代人的时间。经济条件初步具备,子孙就得到了受教育的机会。……所以表面看来,考场内的笔墨,可以使一代清贫立即成为显达,其实幕后的惨淡经营则历时已久。"(黄仁宇《万历十五年》215页,北京三联书店1997版)陈宝箴家族的发展道路非常符合这条规律,只不过比其他棚民家族的步子迈得更快更大。其成效甚至比本地已跻身于耕读之家的家族还要显著。从棚民到耕读人家再到文化世家,陈氏家族创造了勤耕苦读的奇迹,见证了耕读模式的合理性。陈家大屋、陈宝箴父子旗杆石、修水县城"陈门五杰纪念广场"等标志性建筑,是这个家族生存、发展、升华轨迹的三座里程碑。

陈鲲池初迁义宁州时,开始是落脚在安乡十三都一处叫"护仙塬"(又称"护仙坑",俗称"乌沙坑")的大山里。山的另一边是泰乡七都竹塅(修水旧时分高、崇、奉、武、仁、西、安、泰八乡。每乡面积极广,略大于解放后区一级建制)。护仙坑海拔约700多米,两山夹峙,山涧弯曲,长10余里,早年人迹罕至。陈鲲池与同从福建上杭来苏中都迁来的何、邱两姓共同开发护仙坑,结棚栖身,种篮为业。护仙坑是修水怀远人保存得最好的早期遗址之一。那些古道、古桥、残破的屋场、刻着陈、何、邱祖先名字的修路功德碑、封山碑、社坛,向后人诉说着当年创业的艰辛,令人感叹思索"山窝里飞出金凤凰"这句老话的文化底蕴。

按照修水地名的一般说法,"塬"是尽头有岭挡住,两边被山夹住的狭长山垅。"塅"则是望眼开阔的山间盆地。它有山有水,有田有土。柴方水便,阡陌交通。考古成果表明,河流谷地、山间盆地对人类特别友好,最适合人类栖居。如果一个姓或几个姓的家族能够获得这样一方乐土,就可以休养生息,繁衍发展,躬耕不废课读,形成一个相对独立的经济圈、文化圈。日本学者上田信据此写成《传统中国:盆地、宗族所见之明清时代》一书。在修水这个大山区,能到"塅"里居住、耕读,是山里人、塬里人所向往的。因此,陈家在护仙塬艰苦劳作了60年,家境稍宽裕之后,即开始实行向邻近的竹塅迁居的计划。陈家是修水怀远人从山上往山下最早迁居的家族之一。对于一个棚民家庭,这一步跨出去很不容易。竹塅因为陈氏家族日后成名,也地因人胜,在修水众多的"塅"中名声鹊起。

乾隆五十七年(1792),陈鲲池的长子陈克绳操持主办,在竹塅盖起了一栋砖瓦屋。鲲池公取名"凤竹堂"(俗称"陈家大屋"),请修水怀远陈姓著名文人陈光祖撰《凤竹堂记》。凤竹堂一进两重,中有天井,左右有厢房,属于修水民间常见的宗祠、大屋形式,历经二百余年风雨,至今仍基本完好。与修水本地聚居几百年的望族所建的深宅大院相比,凤竹堂稍嫌俭朴。但如果我们了解不少棚民家族因盖砖瓦屋而与土著家族发生纠纷的背景,就会对这些没有建筑文物价值的砖瓦屋另眼相看。从棚到土巴屋再到砖瓦屋,不仅是建筑材料的进步、建筑规模的扩大,还附着着更深一层的文化内涵和社会意义。有了大屋,门第的观念就有了载体,按伦理秩序规范家族成员的行为就有了坐标,按士绅标准举办各种仪式就有了场所。换句话说,大屋是底层社会跻身耕读人家的外在表现形态。正如恩贡生陈书洛所写的《凤竹堂诗》那样:"凤竹堂开哕凤凰,山明水秀映缥缃。天生文笔窗前峙,地展芝华宅后藏。俎豆千秋绵祀典,儿孙百代绍书香。应知珍重迁居地,冠盖蝉联耀祖堂。"

　　陈家顺利迁居,无疑给家族注入了新鲜活力。陈氏家族从此进入了持续稳定发展的快车道。凤竹堂落成的当年,陈、何、邱三姓对护仙塬的山林屋场进行了统计、分割,正式明确产权。嘉庆二十三年(1818),陈氏家族再次拆分竹垇的田土屋场。此时陈氏家族的经济、人口都有了一定的规模,陈鲲池的四个儿子陈克绳、陈克调、陈克藻、陈克修(称竹垇四房)开始自立门户。继凤竹堂之后,陈克调、陈克藻在附近又各建宅第,陈克修仍住护仙塬中棚原有的宅第"崇福堂",形成了以凤竹堂为中心,四房家族成员分四处居住、生产的家族活动圈。以凤竹堂的落成为标志,陈氏家族第二代就完成了从棚民到耕读之家的转变,而且克字辈四兄弟已进入了义宁州文人士绅的圈子。其中陈克绳、陈克调尤为突出。

　　陈克绳(1760—1841)早年业儒,屡试不利。42岁时循例捐纳成为监生,参加乡试未取录(陈家曾存有克绳公部监二照,后失。过去民间有的宾兴组织规定,捐纳贡监者必须持有部监二照才能得到补助)。陈克绳从此绝意仕进,退隐林泉,与州、府文人士绅唱和往来。晚年曾与南昌府书香世家程赞采(嘉庆十九年进士)、程焕采(嘉庆二十五年进士)兄弟交游。程焕采曾为陈克绳作《传》并为陈克绳夫人撰《墓志铭》。今存陈克绳诗作四首,吉金片羽,弥足珍贵,现录《酬钟醒斋因公过劳》一诗:"不惮崎岖道路艰,车尘马迹水和山。漫天白雪光前路,一点公心著笑颜。得句奇逢大手笔,裁诗定有古输班。一朝德泽同仁视,修水长流续钓湾。"从陈克绳诗作和钟醒斋诗作中"读克绳兄弟壁间诗"的一条注释来看,《陈氏宗谱》上《陈克绳墓志铭》说陈克绳"著有诗集待刊"不是谀颂之辞。

　　陈克调(1765—1840)亦为监生。他是四兄弟中文人风雅气息较为浓厚的一个,曾将自己的宅第名为"竹筠居",所撰《竹筠居自序》,颇具风致。又自题自写照:"我从田间来,尔在书房坐。观者齐相见,说道尔像我。我学孝悌慈,升堂由也果。有义有信交,无谄无骄可。诵读经史书,半生不敢惰。屡挫文场锋,困顿如许夥。尔与我周旋,动容中礼么? 噫嘻尔我,我惟爱尔丈夫我丈夫,尔毋学尔为尔我为我。"光绪二十五年(1899),陈克调的后代为其迁葬时,陈宝箴写了墓志铭,谓其"所为诗文多质厚近古,童时州里有声"。

　　陈氏家族迅速从棚民转型到耕读之家,陈克绳功不可没。他对家族发展的贡献,主要体现在两件大事上。一是盖起了凤竹堂;二是不遗余力地作育人才,为子弟的科举成功倾注了大量心血。早在护仙塬居住时,陈克绳就主持创建了仙塬书屋,延师课子侄。护仙塬这个学堂存在多久,已不可考。陈家迁到山下竹塅后,又建了家塾。陈克绳的长子陈规钫,次子陈规镜曾在家塾任教。凤竹堂落成后三年,陈克调到离家几十里远的陈光祖私塾就读。陈克调离开家中有点想家,陈克绳带着铺盖,陪伴了他半年之久,才回竹塅。每遇试期,陈克绳必亲自带领弟、子、侄赴州及省垣应试。嘉庆二十三年,陈克绳年近花甲,主持了竹塅四房分家析产。在《分关》文书中专就子弟科举议定"读书凡发蒙至半篇者,每年众帮俸钱五百文,成篇者每年众帮俸钱乙千文;赴州试者每名卷资钱四百文,终场者倍之;赴府试者每名盘费乙千叁百文;其州试府试有列前十名者外赏钱乙千文;入泮者花红银十两;补廪出贡者五两;登科甲者三十两,祖堂旗匾众办""生监有志观光应乡试,文场者每届帮助盘费贰千四百文……举人应会试者,众帮盘费贰十四千文"。

　　由于典章文物制度的差异,笔者对这两条"赏规"尚不能透彻把握。例如发蒙至"半篇""成篇"是什么程度? 数额不等的盘钱相当于现代币制的多少？但这并不能妨碍后人理解前人对子弟科举成功的殷切期盼和良苦用心。这两条"赏规"透出的历史信息是多方面的。在具有法定性质的《分关》文书上专条规定全族对子弟参加科举应尽的义务，表明全族经过两三代的积累已具备支撑子弟参加科举各项费用的经济实力，亦表明耕读模式在这个家族已经固定化，"读"的分量在加强。嘉道之际，陈氏家族第三代规字辈、第四代观字辈已接力传灯，族中子弟"业儒""习举子业"者明显增多。透过历史的烟云，我们仿佛可以看到竹塅当年一派朴者耕、秀者读，彬彬然弦歌户诵的动人景象。在浓厚的书香氛围中，规字辈中的代表人物陈规鈜，观字辈中的代表人物陈观礼、陈宝箴（观善）脱颖而出。

　　陈规鈜（1798—1854，陈宝箴之父），早年习举业，后因母病，弃举业而究心灵素之书。陈规鈜虽然困顿场屋，连生员都不是，但颇有学养气度和办事能力，后来成为一方绅士。他一生做了三件大事：接替父亲陈克绳怀远陈姓的尊长地位，管理总祠事务；创办怀远人自己的书院——梯云书院；创办团练。尤以创办梯云书院名垂后世。道光二十四年（1844），义宁州的怀远士绅发起创办书院活动，陈规鈜是首事之一。他承担了大量事务，并捐银320两，是五个捐银最多者之一。道光二十八年又以长子陈观瑚名义续捐银200两。道光二十九年再次捐银200两给梯云书院宾兴会。发起创办书院之初，陈规鈜在首事中名次靠后，因他只有童生的身份。随着时间的推移和自己办事能力的不断展示，陈规鈜的地位越来越高。同治二年梯云书院重修，设崇祀堂，祀奉26位首创、重修书院和倡修《梯云书院志》有功人员的长生禄位，陈规鈜名列第三。郭嵩焘所撰《陈规鈜墓志铭》中"于是倡建义宁书院（即梯云书院），又为宾兴会资"是有所本的。

　　陈观礼（1809—1871）少年时曾在父亲的辅导下苦学九年。他于道光七年入州学，两年后岁试、科试优秀，得补廪生。陈观礼是陈氏家族第一个取得生员资格的人（陈寅恪先生晚年撰《寒柳堂记梦稿》，谓"吾家素寒贱，先祖始入邑庠"，可能是指他自己这一支即陈规鋐后裔而言），以后数次参加乡试未中，遂在家塾任教。咸丰初年离开竹塅到安乡设塾授徒，成为义宁州知名度较高的塾师。今存陈观礼三十岁时所抄写的契约一纸。虽是日常应用文字，但从其书法的高妙可以推知陈观礼确有才学。陈观礼生四子：长子陈三略廪贡生，以军功分发湖南嘉禾县正堂；次子陈三田国子监生；四子陈三爻州庠生。

　　陈宝箴（谱派观善）生而英毅，少年时曾受学于堂兄陈观礼、陈观澜。道光三十年二十岁时入州学。次年以附生资格参加咸丰元年辛亥（1851）恩科乡试中式。是义宁州这一科五个举人之一。今幸存陈宝箴乡试硃卷，本房总批曰："统阅三场，皆归一律。诗文俊爽，理析牛毛。经策淹通，谈倾鹿角。揭晓来谒，知生传经世业，惊座家声。傅就髫龄，驹齿已著龙文之目；庠游弱冠，凤翎早生燕翼之辉。去年泮沼芹香，既交辉于棣萼；此日蟾宫桂折，更附骥于竹林。从兹红杏联簪，丹墀摘藻，于生有厚望焉。"批语中传经、世业之誉，虽有旧时应景套话的成分，但对照陈氏家史，亦是实录。

　　时至今日，我们已能清楚地看出陈宝箴中举对他的家族和他本人具有多么重大的意义。在民间社会，家族中出了一位举人是全族的一件大事，特别是有棚民背景的家族。它对提升全族的社会地位所取的作用不可小视。在他中举之前，陈家已有四代十多个文童名落孙山、艰于一衿的痛苦记忆。陈宝箴的成功，使陈家彻底摆脱了文运不利的阴影。光绪八年壬午（1882），陈宝箴长子陈三立步严父后尘参加乡试中式，成为江西壬午科第 21 名举人（今

存陈三立举人匾一块）。光绪十二年丙戌科,陈三立会试中式,十
五年己丑科补殿试,成为义宁州清代十五名进士之一。至此,上述
赏规中列举的"入泮""补廪出贡""科甲"(举人、进士)竟然被陈氏
子弟一一实现。赏规中第一条规定的"登科甲者三十两,祖堂旗匾
众办"自然照办。于是凤竹堂大门前,平添了一对旗杆石,一对旗
杆墩(又称进士墩)。今存陈宝箴举人石全长 2 米 4,露出地面 1 米
2,宽 72 厘米,厚 20 厘米。陈三立进士墩长、宽各 1、36 米,高 1、26
米,中间立旗杆的孔洞直径 27 厘米。系用花冈岩条石砌成。墩的
正面有一行阴刻文字:光绪己丑年主政陈三立。这四个前朝遗物
庄严凝重、厚实稳当,有着纪念碑一样的气魄。陈三立进士墩尤为
珍贵,它可能是清代二万六千多个进士中唯一幸存下来的进士墩,
为后人了解民间科举礼制提供了实物依据。

　　在陈氏家族发展史上,陈宝箴是承先启后的关键人物。他往
上承继了父祖养成的兴教办学的门风祖德;往下开启了义宁陈氏
文化世家的先河。咸丰十年(1860),陈宝箴在京师参加庚申科会
试落第。同治元年(1862)秋回乡,在凤竹堂后五六里远的"四合
塥",建一栋读书楼,名"四觉草堂",请举人李复和廪贡生黄韵兰课
其子陈三立、陈三畏和族侄。同治二年,梯云书院重修,再次向怀
远人劝捐,陈宝箴捐田租拾石折合钱壹百吊,为八个捐款最多者之
一。光绪六年,陈宝箴署河南省河北道,创办了"致用精舍"(也称
河北精舍或治经书院),花巨资建造校舍,购置、刻印典籍。今存
《河北致用精舍课士录》一册。光绪九年,义宁州修复考棚,陈宝箴
捐钱五十吊(嘉庆二十年,义宁州创办考棚时,陈宝箴祖父陈克绳
被推举为怀远人劝捐首事之一)。光绪十年(1884)陈宝箴回乡,捐
资在凤竹堂对面的山坳建家塾,取名"义学",供本姓和旁姓子弟读
书。又购两千卷书捐给梯云书院,弥补了梯云书院原有藏书因太

平军攻占州城而全部被烧毁的空白。光绪十八年,梯云书院重修
《梯云书院志》,陈宝箴撰《梯云书院记》并捐钱一百吊。光绪十九
年,梯云书院宾兴会再次劝捐,陈宝箴又捐银二百两。陈宝箴对梯
云书院一如既往的关爱赢得了州人士的崇敬,梯云书院宾兴会崇
祀禄位陈宝箴牌位列在两位州尊(县令)之后。光绪二十三年,陈
宝箴在湖南巡抚任上设立时务学堂,任熊希龄为总理,聘梁启超为
中文总教习,期收培养学通中外新人才之功。至此,我们可以看出
陈家由创办家塾走向资助、兴办更大规模书院、学堂的渊源脉络。
耕读并举,兴教办学是贯串陈氏家史的一条主线。抓住了这条主
线,就能找到这个家族传承不息的精神源头,理清其日后之所以能
够成为文化世家的因果关系。

　　同治末年,陈宝箴以知府就官湖南,遂挈眷定居长沙。陈氏家
族最优秀的一支从此走出山外,奔向更广阔的天地。陈宝箴、陈三
立父子凭借家族数代积累的英锐之气,际会时代风云,广交天下英
才,盱衡时局国是,吏能廉洁及气节文章颇负重名于当世。陈宝箴
终以举人出身,跻身于晚清封疆大吏之列,政声人品得到朝野名流
的高度评价。陈氏家族遂从耕读人家一跃而成为中国近世几个著
名的世家显第之一。

　　光宣民初之际,陈家的第六代恪字辈、第七代封字辈继起承
学。1900 年,陈三立挈眷定居金陵,次年在家里办家塾,三年后再
将家塾并入到南京第一所新式学堂“思益小学”。从仙塈书屋到四
觉草堂到义学再到南京家塾,陈氏家族自办教育已有 120 余年历
史。与陈家以往的家塾相比,南京家塾既继承了“欲兴人才,必自
学始”(陈伟琳语)的家族遗风,又开近世家塾中西合璧新式教育风
气。其时中国正面临着巨变,科举制度即将解体,中西体用已成为
社会思潮的主流,以声光电化为标志的新学已涌入国门。当此中

西文化碰撞消长时刻,进士陈三立以预流的胸襟识见,开放的视野心态,先在家塾中开设新学课程,继又鼓励子弟出洋。根据陈封怀的回忆录,知陈氏家塾和和思益小学的课程以传统的经史为主,又设历史、舆地、算学、格致、体操、音乐、图画。学生有陈家子弟,亲戚俞家、喻家子弟,还有茅以升、茅以南兄弟、宗白华、周叔弢等。此时陈三立的八个子女除长子陈衡恪已成家未入家塾读书外,次子陈隆恪、三子陈寅恪、四子陈方恪、五子陈登恪、长女陈康晦、次女陈新午、三女陈安醴都曾在家塾和思益小学读经诵史,习书学画,打下了深厚的文史根基。先生有柳诒徵、陶逊、王伯沆、周印昆、萧稚泉等,都是学问一流的名师。在这种新旧兼容、条件优越的教育背景下,陈氏子弟挟家学渊源,得风气之先,在家塾中初步领略了新学后,进一步留洋深造。陈氏家族有八个子弟先后留学,即陈衡恪、陈隆恪、陈寅恪、陈荣恪、陈伊恪、陈登恪、陈衡恪长子陈封可、次子陈封怀。而陈寅恪更以迈往不屑之气,刻苦坚韧,留学日、美、德、法各国,共计十三年,为我国近世留学史留下了一段佳话。吴宓教授曾认为陈寅恪是全中国最博学之人。程千帆先生对陈寅恪先生的博学深有体会,说"陈寅恪那一辈传统学术基础厚实,像冰山一样,基础在水底下,浮出水面的才一点点。自己这一辈不能同寅恪先生比。寅老是特定环境下成长起来的。他读过很多大学,跟过很多大师,学了许多种语言,但始终不要学位,这是我们今天做不到的。还有家学渊源,散原老人的学问文章不用说了,后来中央大学中文系最受人尊敬的老教授王伯沆就是陈家的塾师。这么好的启蒙老师上哪找去"(《程千帆沈祖棻学记》99 页,贵州人民出版社 1997 年版)。这段话中"寅老是特定环境下成长起来的"一句值得注意。正是这种在清末民初还不是太难得到的"特定环境",成就了一位既通中学,又通西学的学术大师。

上世纪二三十年代，散原老人陈三立已确立了文坛泰斗的地位。1932 年 9 月，名人胜流为他寿晋八秩贺寿之后，陈三立的名望达到了他一生的顶点。陈衡恪诗书画印已卓然名世；陈寅恪、陈登恪执教上庠；陈隆恪、陈方恪赋诗填词，崭露头角。而陈寅恪沉潜学术，卒成一代史学大师。可谓名父名子，先后辉映。1943 年，吴宗慈先生起草《陈三立传略》，述及陈三立诸子。胡先骕与吴宗慈讨论《传略》的写法，认为衡恪、方恪、登恪皆能文，而寅恪尤淹贯古今学问，号称大儒，宜特为标出。同年，吴宓教授撰《读〈散原精舍诗〉笔记》，赞扬陈氏家族"一家三世，为中国近世模范人家……父子秉清纯之门风，学问识解，惟取其上，所谓文化贵族。降及衡恪、寅恪一辈，犹然如此，诚所谓君子之泽也……故义宁陈氏一门，实握世运之机轴，含时代之消息，而为中国文化与学术德教所託命者也"（《国学研究》第一卷，北大出版社 1993 年版）。评价之高，解识之深，至今难出其右。义宁陈氏文化世家的徽号已名成义立。六十年后（2002 年），修水县人民政府在修水县城为这个文化世家修建了"陈门五杰纪念广场"。与山外蓬蓬勃勃的"陈寅恪热"相比，故乡的纪念虽然慢了半拍，但毕竟还是来了。如果说《辞海》为陈宝箴、陈三立、陈衡恪、陈寅恪列目，创造了一个特例的话，那么，"五杰广场"是故乡人民为陈氏家族创造的第二个特例。全国以一个家族成员命名的文化广场，迄今尚无第二家。在修水，只有黄庭坚家族和陈宝箴家族，能够承受得起如此重典。广场的主体是五根外形为"爵"的汉白玉柱纪念碑，纪念碑高度和"五杰"碑文字数均从陈宝箴以下依次递减。

"耕读传家"曾经是中国传统农业社会中，小康农家所努力追求的一种理想生活图景。它从形而下的实际耕读行为，上升为观念层面的文化礼俗，对中国民间社会产生了深远的影响。当我们远足乡村，吟诵着祠堂老宅残存的劝世楹联"几百年人家无非积善；第一等好事只是读书"、"传家无别法，非耕即读；裕后有良图，惟俭与勤"、"一等人忠臣孝子，两件事耕田读书"，可以看出耕读在民间有着多么深厚的土壤。相对于现代教育体制而言，耕读的要义在于教育民间化、家族化。清末以后，耕读模式在欧风美雨的冲击下，渐渐边缘残破。所幸从耕读之家走出来的最后一茬士大夫还没有立即割断脐带。虽然洋学堂已纷至沓来，但不少旧家仍然重视私塾授业，家学秉承，让子弟从小受到严格的人品、国学教育。根基已立，再送至新学堂去，再进一步自费或公费留洋。眼界得以开拓，思维由此更新，传统国学与现代学理、方法相结合，于是群贤出世，"大师成群地来"。揆之二十世纪中国学术史，不少前辈大家都有类似的求学经历。立足于本位文化，精研异族文化；汲取域外智慧，开拓本土资源，是近世人才成长、学术转型的一条规律。但我们后来违背了这条规律，民间已失去了自办教育的体制条件，家塾在民间社会彻底歇绝。由于家族制度的解体，家族结构已由过去普遍的"家庭—家族—宗族"三维结构转向一夫一妻制的核心家庭，家学、家风的承传已失去了载体凭依。随着现代教育制度的建立，以往具有泛文化传统的书香门第子弟逐渐走上了文理分科的专业化道路，传统文化世家的衰落已无法避免。民初以后国立大学、私立大学、教会大学积累的文脉斩根断脉，使中西学统都失去了凭依。中国新教育体制并未朝着清末力主废除科举的先行者所设计的那样成功地走下去，义宁陈氏这样的书香门第成为广陵散已是无可挽回的事实。陈氏家史表明：没有民间社会的耕读门风，哪有三代承风的文化世家？没有中西人文、新旧学问的深度融合和衔接，还能产生陈寅恪这样的大师么？

科举制度在民间的生动演绎
——义宁陈氏故里的举人石、进士墩

丰子恺先生写过一篇《中举人》的文章,回忆他的父亲丰鐄参加科举考试事。丰鐄科举功名一直不顺,从 27 岁起参加乡试,连考三届,到 36 岁时,才考取光绪朝最后一科举人。丰母是个好强的人,虽垂垂老妪,常请医吃药,还是放不下一桩心事。当地风俗,凡中举者须到祖坟前立旗杆石,竖起旗杆来。中了举人,不但活着的族人都体面,连死了的祖宗也荣耀。老太太对人说"坟上不立旗杆,我是不去的"。丰鐄中举不久,母亲已病危,丰鐄连忙到祖坟上立旗杆。母亲弥留之际犹问:"坟上旗杆立好了吗?"丰鐄答:"立好了。"老太太含笑而逝。

我们要感谢丰子恺,他为我们留下了一篇昔日读书人科举成功后如何光宗耀祖的生动材料。也为后人研究旗杆石的来源、功用、演变提供了一条线索。在我的家乡——江西修水县(清代为义宁州),旗杆石是立在宗祠前或祖堂前的。它与高高悬挂在大厅上的烫金大匾一起成为主人身份、地位的象征物。在浙东、徽州和粤东的广大乡村,也有不少在宗祠、书院前立旗杆的实例,并有实物遗存。而在福建客家人聚居的地方,宗庙前立的是性质相似的"石旗杆",以激励家族子弟成才扬名。本族习举业者,若考取进士,便请名匠制作"石旗杆",在旗杆上凿上姓名、功绩和生平,并雕刻龙、凤、禽兽等吉祥物。后来扩展到考取秀才举人也为其立石旗杆。只是底座不一样,有四角、六角、八角的区别。

我知道民间有举人石这种石器是在十多年前。最初看到的是陈宝箴中举立的旗杆石。由于陈宝箴的名气大,我原以为旗杆石不是一般人所能拥有的,对旗杆石产生了神秘感。后来我提起行囊下乡搞田野调查,发现民间残存的旗杆石竟那么多。它们有的竖立在破败的祠堂前;有的倒仆在小沟上;有的平放在池塘边。成为系牛的石桩;过沟的桥面;洗衣的石板。这种景象与当年立旗杆的初衷形成了巨大的反差,为先人始料所不及。

在我所走过的村落中,印象最深的是郭城的旗杆石。这里曾经是一个非常兴盛的农耕与商业相结合的市镇,这从它的得名可以看得出来。过去有个说法"千丁为郭,千烟(灶)为城"。从现存的民居、戏台、店铺和深宅大院的熊氏宗祠,不难想象郭城当年的规模。屋檐下,沟圳边,随处可见倒仆的旗杆石。查《义宁州志·选举志》,知郭城熊姓曾出过两个举人,七个贡生。与郭城隔河相望,两里之遥的何家大屋,有十对旗杆石。据说大屋共住24户人家,一个村民小组,可见此屋之大,可惜毁于1998年的那场大山洪。我请两位何姓老人用茅刀砍清蒿草,十对旗杆石露出了真身。五对高,五对矮,前后两排。带路的老人说,高的是文举,矮的是武举,因武举俗称半个举人。我没能找到《何氏宗谱》,查清这十对旗杆石主人所得功名的具体名目、时间、字号,带路的老农已说不清自己的家族史。不过,从这一前一后整齐排列的旗杆石,可以想见这里当年宅第巍然、旗杆簇立的场面,是何等地气势与辉煌。

清代科举制度规定:新科举人,顺天由礼部、各省由布政司颁给牌坊银二十两(亦称旗匾银)及顶带衣帽匾额……各省有作匾额致送者,而银两衣帽则名存实亡矣(商衍鎏《清代科举考试述录》83

页,三联书店1958年版)。举人牌坊未尝一见(进士牌坊在徽州尚有两处实物遗存,见王振忠《徽州》71、78页,三联书店2000年版),旗匾则广泛流行。可能因为牌坊工程浩大,而旗匾则较容易办理。虽然后来"银两衣帽名存实亡",但民间对科举功名的奖励长盛不衰,从家族到宗族到地方上都乐此不疲。我所阅读过的"书院志""宾兴志""季会文书"几乎都有对科举功名进行奖励的"赏规""章程"。有一部《聚奎书院志》留下了这样的记载:"登文榜者给旗匾钱肆拾千文;登会榜者给旗匾钱捌拾吊文,会元加钱肆拾吊文,武进士减半;点鼎甲者给旗匾钱二百拾吊文;点词林者给旗匾钱壹百陆拾吊文;主事给旗匾钱壹百吊文;中书给旗匾钱捌拾吊文;即用知县给旗匾钱陆拾吊文;武鼎甲给旗匾钱壹拾吊文;点花翎侍卫给旗匾钱捌拾吊文;蓝翎侍卫给旗匾钱叁拾千文。"(武榜的奖励恰是文榜的一半,这证明了民间"武举是半个举人"的说法)。另有一部《文昌宫志》则说:"贡举科甲上匾竖旗,各从其愿。"

从以上引录的材料中,我们可以感知昔日民间对竖旗悬匾的热望。的确,一个家族,一个地方,有没有旗杆石,旗杆石的多寡,可以折射出这个家族这个地方的兴衰荣枯,实力人气。在强宗著姓、累世书香的地方,多一对或少一对旗杆石都不影响这个地方的名声。而在人文贫弱的地方,旗杆石为地方增光添彩的作用就会凸显出来,它往往与某位举人故居一起,成为当地一带的标志性建筑。义宁州怀远(客家)塾师陈光祖的旗杆石和故居就是典型的例子。

陈光祖是嘉庆九年(1804)岁贡生,是义宁州怀远陈姓获得科举功名的第一人,又是陈宝箴父子的启蒙老师,乡人称之为岁进士。传说陈光祖的故居是族人为他赴京考试归来接风,集全族之财力人力,在他回来的前几天赶做起来的。传说未必可信,不过这栋大屋至今仍然是这一带最大的建筑倒是事实。故居为两进三横式格局,大门前立旗杆石,旗杆石前为泮池。这在当时当地可算得上标准的文化设施了。与那些"庭院深深深几许"、三进九横或一进五重的大型宅第相比,陈光祖的故居和科举学位都上不了档次,但当我们了解义宁州客家早期发展史,对其故居和学位所蕴含的历史沧桑当有更深的感受。

义宁州的客家人称怀远人,得名于义宁州一个特殊的行政建置"怀远都"。建立"怀远都"的动因亦与科举有关。1930 年,罗香林先生写了一篇《客家源流考》的论文,请陈寅恪师批改,寅恪先生向罗香林讲授了义宁州怀远人的情况。罗香林一一写进文章中。1970 年,罗香林在《回忆陈寅恪师》一文中重提往事:"修水之有客家是根据吾师陈寅恪先生的讲授推知的。他的上代是从福建上杭过来的,属客家系统。这些从闽粤迁去的客家人,多数以耕读为业。因为生性耐劳,勤于读书,所以考秀才的时候本地人往往以学额被客家学子多分了去,便出而纷争,甚至阻挡客家学子入学考试。后来由封疆大吏请准朝廷,另设'怀远'学额,专给客家人应考,与原来的学额无关,这才把纷争平息。"虽然到了陈宝箴应考的年代,这个规定早已打破,土、客学子可以一体考试,土、客士绅文人已在一个共同的文化圈子里陶溶煦育,但"怀远人"的称谓却从此流传下来。

修水现存的旗杆石到底有多少?难以作出全面系统的摸底统计。一般说来,过去凡有科举功名的人,都会按礼制上匾竖旗。有清一代,义宁州共产生了 15 个文进士(含光绪朝),10 个武进士,123 个文举,260 多个贡生,163 个武举(同治十二年版《义宁州志·选举志》)。这还是同治以前的,尚有光绪朝的因州志失修而无法知晓。一二百年前,义宁州各姓的宗祠、祖堂、书院前该有多少旗杆石,见出义宁州一度人文蔚起,翕翕皇皇。在这股尊文重教的大潮中,义宁州深厚的人文土壤,培育了许多科甲联芳的门第,进而推出了一个书香世家——陈宝箴家族。这个家族因产生了陈宝箴、陈三立、陈衡恪、陈寅恪四位杰出的人物而被世人瞩目,吴宓教授称义宁陈氏为"文化贵族"。近几年来,随着"陈寅恪热"的兴起,到陈氏故里瞻仰游览的人越来越多,陈宝箴的"举人石",陈三立的"进士墩",也愈发受到人们的关注。这两个前朝遗物和陈氏父子故居"陈家大屋",对宣扬"义宁陈氏文化世家"起到了极大的文物作用。

陈宝箴科举成功决非偶然。他是义宁州读书人奋发向上的整体心态和陈家几代人形成的耕读门风托举的结果。

陈宝箴的家族有着源远流长的科举书香传统。他的七世祖陈于庭,明万历癸卯科乡试副榜,其弟陈于阶,崇祯戊辰科进士。陈于阶的子孙,多有贡生、廪生、庠生。陈于庭的次子陈梦说亦为副贡生。再传三世到陈宝箴的曾祖陈鲲池,耕读之家的脉息始终没有断绝。陈鲲池的父亲陈文光是个塾师,陈鲲池少时随父亲在教馆读书习举业。这种诗礼传家的家世背景和读书人的素质毫无疑问会影响传承到下一代。雍正末年,陈鲲池从福建上杭迁义宁州,他的四个儿子(即陈宝箴的祖父辈)都以继承读书进取的清纯门风为职志,一直念念不忘祖先留给他们的荣耀光华。

嘉庆二十三年(1818年),陈宝箴的祖父四兄弟分家析产,在分关文书中议定:"读书凡发蒙至半篇者,每年众帮俸钱五百文,成篇者每年众帮俸钱乙千文;赴州试者每名卷资钱四百文,终场者倍之;赴府试者每名盘费钱乙千叁百文;其州试府试有列前十名者外赏钱乙千文;入泮者花红银十两;补廪出贡者五两;登科甲者三十两,祖堂旗匾众办。""鲲池公坟山内树木永远长蓄护坟,子孙不得砍伐伤冢。其田山永不许出卖典当,如有不遵者,冬至日家法重责外,仍要每树一根罚钱五千文上会,倘有典卖田山者,送官究治。其坟前巨杉,子孙有能登贡科甲者,任其砍伐竖旗无阻。"

一百八十年后,我们在读这两段文字时,犹觉回肠荡气,感受到字里行间跳动的脉博。祖坟的山林树木神圣不可侵犯,唯有子弟科举成功在祖堂前竖旗杆可以破例砍伐。陈家培育子弟的决心与气势,在这件事上充分体现出来。三十多年后,这个家族中的佳弟子陈宝箴不负众望,继堂兄陈观礼获廪贡生功名后脱颖而出,崛起于阡陌之中。他于咸丰元年(1851 年)辛亥恩科乡试中举,名次是 113 名,成为义宁州这一科五个举人之一,时年 20 岁。我们不知道陈家当年是否真的在祖坟山上砍下两棵又直又长的大杉树作旗杆以告慰先人,在修水这个山区,又长又直的大杉树不难寻觅。只是用祖坟前的古树来做举人旗杆有着特殊的象征意义。总之,陈家大屋场上多了一道风景,同治二年义宁州客家陈姓修谱,陈家的屋图比上届谱的屋图增加了旗杆石的图样

咸丰八年戊午(1858),陈宝箴赴京参加庚申科会试不第,留京城苦读三年,没能再登甲科。他的六孙陈寅恪晚年所写的《寒柳堂记梦稿》中说,"吾家素寒贱""先祖仅中乙科",但陈宝箴的崛起却为陈氏家族的进一步发展壮大打下了扎实的根基,家族期盼的名登金榜终由他的长子陈三立(号伯严,雅号散原)实现。

光绪八年(1882 年),陈三立 29 岁时在南昌应乡试中式,成为江西壬午科第 21 名举人,以后又三次赴京参加会试,于光绪十五年(1889 年)己丑科获隽,列三甲第 45 名,是义宁州清代十五名进士之一,以主事分吏部考功司行走。

关于陈三立考进士的次数与时间,常见的文献资料有 1886 年丙戌科和 1889 年己丑科两说。实则陈三立考过三次进士。因乡

试的次年即会试之期,凡中式举人均有资格参加。这一推断从义宁州光绪十二年开给陈三立赴京会试的文书中得到证实。这份文书中有"(该举)光绪九年癸未科会试一次"之语。由陈三立四个儿子隆恪、寅恪、方恪、登恪署名的《散原精舍文集题识》和徐一士的《谈陈三立》一文均称"丙戌会试中式,是年未应殿试,已丑成进士"。之所以"未应殿试",是因为他复试时书法不合格,未能通过。按照会试规定,中式的贡士在参加殿试之前,先要在保和殿复试一次,要求用工楷答题。复试后第二日派阅卷大臣内定为一、二、三等,列等者准其殿试。陈三立在给父执许振祎的信中说"三立缪举礼科,以楷法不中律,格于廷试,退而学书"(王咨臣《千简藏名人未刊信稿录》)。又在致好友陈锐信中说"鄙人乃殚精三年,字过十万,而一等、二等,悬绝如此。岂保和殿上果有写字鬼,能作威作福耶"(黄濬《花随人圣庵摭忆》335 页,上海古籍出版社 1983 年版)。而《陈氏宗谱》和吴宗慈的《陈三立传略》则主丙戌成进士说。又据《郭嵩焘日记》丙戌 4 月 26 日记:"见进士报,门人中式者二人。一李杜生,一余尧衢,而陈伯严与焉,三人皆佳士也。"此说亦有根据,因为"会试的录取名额与殿试为等额,故贡士实际上已是进士,所差的只是钦赐而已"(方志远《明朝的乡试、会试与殿试》,载 1998 年第四期《文史知识》)。陈三立因中过两次进士,所以进士同年特别多,成为他一生人事关系的重要系统。

陈三立雁塔题名给家族带来了巨大的荣耀,陈家大屋前从此留下两个"进士墩"(又称"旗杆墩")。光绪二十一年四修宗谱,陈家的屋图亦相应增加了一对"进士墩"的图样。现存陈三立"进士墩"长、宽各 1.36 米,高 1.26 米,中间的孔洞直径 27 公分。墩的正面有一行石刻:"光绪已丑年主政陈三立。"这行石刻为陈三立系已丑进士说作了有力的支撑。

陈三立中进士后,老家宗亲按当时礼俗在祖宅故居前为他立进士礅,陈三立为此于本年秋季回乡,作《长沙还义宁杂诗》五言古诗 24 首。陈宝箴光绪二十二年五月《为陈三立蒙旨送部引见谢恩片》云:"……窃思臣子陈三立以光绪八年壬午科举人,会试中光绪十二年丙戌科贡士,于光绪十五年己丑科恭应殿试(此句初作"补应十五年己丑科殿试"),以主事用,签分吏部考功司,即于是年请假回藉。兹乃仰蒙谕旨,送部引见,猥以凡庸,仰邀恩命,下怀感悚,莫可名状。"(《陈宝箴集》上册,页 194)陈家嘉庆二十三年合族所立《分关》文书中有这样一条规定:"名魁虎榜者及新进生员,三年之内必须回籍省墓……以为先人光宠。"虽然嘉庆二十三年所指"回籍"是指福建上杭原籍,但对于在长沙已定居十多年的陈宝箴、陈三立父子,回义宁州亦适用这条规定。

中国的科举制度实行了上千年,在漫长的历史进程中,这一"官学一体"的制度随着朝代时势的变化而名目繁多,已成为典章文物制度研究的一个重要门类,专门之学。我们这一代读新书的人,所知有限。特别是一些民间规矩,更是一头雾水。在当日或许用不着多费笔墨给后人留下记载,人人都明白。时代背景一变,连专家也难考证了。就说竖旗杆这码事吧,也不过百把年的功夫,我们就无法彻底弄清楚。其来源,据说是远古"华表"的遗存。传说尧舜时代,在交通要道竖立雕刻精美的柱子,作为识别道路的标记,称之为"华表"。后来,"华表"被皇宫帝城所独占,民间则演变为旗杆。明代以后,士人科举中第,家门前可以树高杆大旗,旗子用红绫制成,上书金色大字(熊万年《中国科举百态》138 页,东方出版中心 1997 年版)。说白了,旗杆是过去民间提高身份、地位的一种"礼制"。至于这种"礼制"为何又被科举所独占,不得而知。虽然昔日科举制度影响民间社会至巨,但乡间仍难获致与旗杆石有关的文献材料,这是一个被遗忘的角落。它与今日乡间草野偶然一见的石缸、石臼、石碾一起成为"石器时代"的余晖残照,总有一天会消失殆尽,只有名人的旗杆石,才有可能得到文物部门的关注、保护,向后人诉说着一方人文和昔日荣光。

从 1997 年起,笔者到陈氏故里的次数逐渐增多。每去一次,都有新的发现和感触。站在陈家大屋的屋场上,凝视陈宝箴的举人石和陈三立的进士墩,觉得自己找到了这个文化世家精神上的源头与脉络。这两个凝聚着陈家几代心血的鸿宝重器,是这样的厚实稳当,有着"纪念碑"一样的气魄。我的思绪飘向远方,想起至今屹立在京城国子监的明清进士题名碑,想起陈三立的后人 1990 年初在进士碑林寻找先祖名字的情景,进而想起那块陈寅恪撰文,屹立在清华园一角的《海宁王静安先生纪念碑》和那碑文上的结束语"与天壤而同久,共三光而永光"。

眉毛山下的昔日书香

　　眉毛山(旧称弥王山)是江西修水县(清代为义宁州)东部的一座大山,主峰海拔 1198 米。旧属泰乡七都一部分。同治十二年版《义宁州志·地理志》"弥王山"条云:"(弥王山)在州治东南四十里。其山东南横亘安乡、西北绵衍泰乡,为安泰诸山之祖。峰高顶平,纵横几数十里。冈陵蜿蜒,中多村落。里人涂家杰与武邑罗亨奎、李复结庐读书其间,有记。"这里四山围合,形成一个独立、封闭的地理单元,故又称内七都。1958 年成立桃里公社。境内山地约占总面积的 70%,丘陵约占 25%,低丘岗地约占 5%。桃里乡大大小小的自然村,就散落在着这座大山北麓的山腰、山脚下。说是山脚,最低处海拔也有 300 多米。桃里人的生存环境,从上面的资料和叙述中可以想见。然而就是这样一个交通不便、远离市井的山区,却一度人文蔚起,书香清芬,崛起了几个著名的书香门第,其中以陈宝箴家族最为突出,日后发展为闻名于世的"义宁陈氏文化世家"。其它几个书香门第也人才济济,颇有实力,与陈宝箴家族一起成就了一个值得研究、探讨的地域文化现象。代表人物为陈宝箴、徐家干、涂家杰,有"桃里三杰"之誉。

　　眉毛山区清代以前的历史尚难钩稽。明末清初,义宁州全州只有十三万多人口。眉毛山这样的大山区,人烟自然稀少。直到乾隆朝,随着客家人涌进义宁州山区和社会的稳定生产的恢复,全州人口上升到二十三万四千(现已高达八十六万),眉毛山区才兴旺起来。出现了陈、徐、涂、黄等几个居主导地位的家族,耕读、科举也开始走上轨道。

雍正末年,陈宝箴的曾祖陈鲲池,在康、雍、乾时期广东、福建、赣南的客家人向赣西北迁徙的大潮中,从福建上杭来苏迁义宁州泰乡七都竹塅里,为陈氏家族迁义宁始祖。艰苦奋斗五六十年薄有家产后,到第二代克字辈,由陈宝箴的祖父陈克绳创办了家塾。第三代规字辈陈规钫、陈规鋐早年习举业,屡试不售。陈规钫遂在家塾教授子侄,陈规鋐则因母病,弃举业而究心灵素之书。至第四代观字辈,产生了陈宝箴(陈规鋐次子)这位杰出的人物和陈家第一个获得科举学位的子弟陈观礼。陈观礼(1809—1871),陈规钫长子,道光七年(1827)入州学,九年岁试补廪,候选训导。以后数次参加乡试不第,遂开馆授徒。

在陈氏家族迁来竹塅之前,邻村西坑、高塅已有徐氏家族在眉毛山下休养生息。乾隆初年,徐氏家族希字辈崛起,习举业者多有其人。其中徐家干的五世祖希松、希杨、希柏、希模、希槐、希楠六兄弟崭露头角,一时称盛。虽然在科举上未获高科,仅老大希松为廪生,老三希柏为庠生,但毕竟是徐氏家族升起的第一缕书香。六兄弟都接受了诗书礼乐的化育,与州里的名人士绅多有往还,有一定人文素养,这从他们留下的诗作可以窥见,老四希模的一首《桃花尖》(眉毛山的高峰之一)诗还选入《义宁州志·艺文志》:"桃源旧说是仙家,移种危峰衬晚霞。最喜年年春二月,岭头无处不飞花。"

希字辈的孙辈为建字辈,有徐建增(梦龄),为人明辩有识,培养子弟不遗余力。终于在同治三年(1864),次孙徐家干中举,日后在张之洞名下展布英才。徐建冈(梧山),早年补博士弟子员,后在本族训蒙,是徐家干少年时代的蒙师。徐建峰(步衢),岁贡生。早年曾在南昌豫章书院进业,晚年在州城设塾授徒,是义宁州的名儒。著有《安愚圃文稿》,曾参加《义宁州志》的编纂。其弟子多有成名者,是徐家干的业师。咸丰七年,徐步衢首捐田租倡建泰乡七都宾兴馆,资助生童岁试科试程仪,乡试会试川资。

徐家干(1843—1902),字稚生。二十一岁以国子生领乡荐,名次是第 58 名。同治四年、七年、十一年,徐家干先后三次赴京参加会试,均不第,乃赴湖南访陈宝箴。陈举荐他到贵州苏元春幕府襄幕。光绪八年(1882),以知府分发鄂省,后署荆州和安陆。光绪二十三年,张之洞欲以武学造就鄂中人才,调徐家干提调武备学堂及鄂省维新政事,并协筹湖北枪炮厂,总办两湖、经心等书院。光绪二十四年六月,陈宝箴奉诏荐举十七名维新人才,第十名为徐家干,评语为:"才识明通,讲求经济之学。迭次办理教案,操纵得宜,能持大体。"徐家干在湖北办理维新政务的事迹,《郑孝胥日记》中有多处记载。徐家干撰有多种著作。修水县图书馆藏《守荆略记》《荆州万城堤图说》《洋防说略》《苗疆闻见录》原刻本。水利部编写《长江志》时,曾派人到修水复印《万城堤图说》。1979 年,上海古籍出版社影印《苗疆闻见录》;1997 年,贵州人民出版社排印吴一文校注的《苗疆闻见录》。

徐家干生九子,有六人在本省、外省的政界、军界任职,亦有文才。

与西坑、高墩相邻的另一个村庄拾科里也有一个以耕读传家的家族——涂氏家族,于雍正年间从本州迁入眉毛山区。乾隆中期,有涂锡龄,号鹏里,创办家塾"鹏里山房"。鹏里公"生平冲淡,崇儒重道,凡缙绅先生文人学士造其门者,累日周旋无倦色。延师课儿辈,内尽诚,外尽敬,故师馆其家有十余年之久者……"。鹏里山房是义宁州创建比较早的家塾,名入《义宁州志·学校志》。鹏里公次子涂骧云,在鹏里家塾的基础上,建孕云盦书房兼学舍,请邻县武宁名师刘蓉镜(光绪五年己卯科举人)课其子侄,涂氏家族的人才从此有了长足发展。鹏里公三子涂骧云,早岁习举业。有《秋日登弥王山》诗入选《义宁州志·艺文志》:"鸿雁飞空羽正轻,闲寻古寺雨初晴。日临清涧涵天色,风过疏林度磬声。路曲且看随足转,山高却喜到头平。同来都是忘机客,樵木何须问姓名。"

涂骧云长子涂家杰,咸丰二年壬子科中举;涂骧云之子涂家楫为廪贡生,保举州同。曾参加《义宁州志》的编纂。涂家楫之孙涂同轨(1868—1929)"六岁就读于鹏里家塾……补博士弟子员。秋闱不第,入江西大学堂肄业,旋选优级师范,积五年毕业。再赴试场得优贡第二名,旋赴京朝,考得一等,分发广东知县"。他于民国初年担任《大江报》主笔,又历任江西第四、第五师范校长,省立十五中校长。涂同轨是民国时期江西著名诗人,著有诗文集,现只存《孕云盦诗》一册。涂同轨之子涂公遂(1904—1991),早年负笈北京大学。曾参加学生运动,任全国学联大会主席。后任教河南省立师范,河南大学文史系。1949年流寓海外,历任香港休海、新亚、德明、清华等书院教授,新加坡南洋大学文史系主任。涂公遂承继了他的家族数代积累的翰墨书香,他是一个诗人,有诗集《浮海集》传世。又擅长书法、篆刻、国画,1995年台湾天山出版社出版《涂公遂先生纪念画集》。尚有学术著作待刊。平生富交游,与左舜生、易君左、曾履川、饶宗颐、张大千均有往来。

涂家杰(1818—1892),字伟人,号弥山。以州案首入泮,数年后补廪。咸丰元年辛亥(1851)恩科与陈宝箴同赴乡试失利,第二年再战棘围中式。这一科义宁州只取录涂家杰一人。洪杨之役,与陈宝箴父子创办团练。同治十二年,涂家杰完成《义宁州志》的编务后,与徐家干出山,本拟同赴苗疆襄办军务。到湖南时见陈宝

箧。陈邀请他到自己署理的辰沅永靖道（治所在镇篁,今凤凰县）
任教职一年。光绪八年（1882）部选浮梁教谕,司铎十载。涂家杰
是义宁州著名的文人学士,著有《孕云盦诗文稿》（现只存光绪二年
以鹏里山房名义刻印的《弥山诗草》一册）。曾任义宁州中心书院
"濂山书院"（纪念周濂溪、黄山谷）的山长。他一生最大的业绩是
同治年间任《义宁州志》的总编纂,为后人留下了一部重要的乡邦
文献,可谓青史留名。

　　眉毛山下还有一个村庄名油塅,这里居住着黄氏家族。康熙
末年黄廷贵从赣南上犹县迁来,与陈家同属义宁州的外来移民客
家人。廷贵公生四子,均成家立业,黄氏遂在油塅立脚生存,繁衍
昌大。到第三代彩字辈,有黄彩焕（维新）,先习文史,能文章,后弃
举业攻韬略,于嘉庆二十三年戊寅（1818）恩科中武举,名次是第十
四名,例授武略骑尉。数年后赴兵部会试不第,拣选归标补用。后
因丁父艰,奉老母,未出山,在家授徒,族中习骑射者皆习之。客家
人素有习武传统。义宁州清代武进士八人,客家占五人。武举163
人,客家占76人（不含光绪朝）。黄家子弟在此基础上再得黄彩焕
的亲传,至第四代文字辈,鹰扬奋发,推出了四个武举:黄文庄（呈
禧）,道光二十三年癸卯科（1843）第十五名,署乐平县分府;黄文健
（体刚）,道光二十六年丙午（1846）第三十五名,任九江标前营守备
等武职,赏带蓝翎;黄得雨、黄文雍（腾禧）,道光二十九年己酉科。虽
说武举俗称半个举人,地位声名不如文举,但亦是正途出身。况一个
家族能培养出五个武举,其底蕴实力不可小视。此外,黄家因人丁兴
旺,习武者众,洪杨之役,走出了一批军功议叙而获武职的子弟。

　　与声名四起的武艺相比,黄家的文运稍觉逊色,但亦有文士应
运而生。全族共有庠生十一人,贡生四人。最著者有黄文茂、黄文
孙、黄叔梅。

黄文茂(锡禧)(1829—1897),廪贡生。早年就学于本族塾师黄体庄森溪先生门下,曾游学南昌豫章书院。江西南安府训导,清江县教授。黄锡禧的家庭称得上"文经武纬,善继善述"。他共有兄弟姊妹十六人,上述五个武举中其中黄腾禧、黄呈禧即他的三兄、四兄;八弟黄文劲,赏戴蓝翎授江西新喻县分县;十弟黄文恪由文童保举五品衔湖北即补分县,后转天门县厘金。妹黄淑贞适陈宝箴。黄锡禧的后人是黄氏家族走出山外人才的一支。其三子黄伦玉,五品顶戴两淮补盐运巡厅;五子黄伦义,九江禁烟分所所长;六子黄伦季,南京师范毕业,曾在江西万年县、广丰县、信丰县任职。

黄文孙(韵兰)(1838—1817),廪贡生,钦加五品衔候选儒学副堂,著有《致用斋文集诗钞》,未刊。少时向族兄黄锡禧问学进业,后在陈宝箴四觉草堂课读。曾参加《义宁州志》编纂。其子黄叔梅(伦屏)(1873—?),早岁习举业,应试有声。著有《养浩山房诗草》,今只存残稿一册,录诗作120多首。从这些诗作中知黄叔梅人品不俗,怀才不遇。中年以后,为生计衣食曾三次出山投姻亲散原老人陈三立,奔走于金陵、上海、武汉和本省各县。在金陵、上海时,曾与散原老人及名流应酬唱和,分韵赋诗,并常与陈氏兄弟登高揽胜,诗酒相悦。陈衡恪有《题黄叔梅诗稿》诗:"黄生吾党能诗者,好向君家山谷求。莫把梗楠斲而小,倒翻江海笔能遒。深心蕴蓄成醇酿,苦学经营集大裘。祇有余言写哀乐,戈戈何暇辨源流。"

黄韵兰之弟黄文寀(韵桐)(1851—1917),州庠生。娶陈宝箴侄女。光绪二年陈宝箴在长沙请湘中名儒廖树蘅课读其次子陈三畏、侄陈三厚,黄韵桐亦前往就读。民初曾与侄黄叔梅游金陵、上海,登雨花台,叔侄留有诗作。照录如次,以见昔日一般秀才的胸襟笔力。

黄韵桐原作:"雨花台耸气高幽,万里河山一望收。大惜贤豪成帝业,空余城郭撼江流。鹧鸪有意啼难已,泉水无情咽尚留。黑海狂澜正横绝,凭谁更作济川舟。"黄叔梅和作:"杂沓群山都落眼,当歌一哭泪难收。万家井屋疏烟起,满地疮痍热血流。此日尉佗犹北拜,即今阮籍尚南留。长江滚滚来天际,破浪乘风有客舟。"

陈、徐、涂、黄四个家族的发展史很有些相同之处。开始由纯粹耕作上升到耕读并重的那一代都在乾隆朝,都创办了家塾,培养了自己的塾师。绵延三四代后,子弟终于脱颖而出,崛起阡陌之中(按照过去民间教育的发展规律,下一步有可能联合建一所书院)。由于土客关系,四个家族在发展的早期,陈黄与徐涂往来不紧密,互不通婚。但在上层已有精神文化上的交流,如涂鹏里即屡赞陈克绳的孝友德行。到了陈宝箴、涂家杰这一辈,四姓子弟的交往明显增多。他们偏居一隅,共处于一个文化圈子里,相互影响、辉映激励。至咸丰、同治两朝,眉毛山区的人文书香鼎盛一时。特别是山外几位文人的过往、滞留眉毛山中,激活了眉毛山区的文化氛围,值得纪念。

咸丰四年(1854),陈宝箴的乡试同年,后结为姻亲的邻县武宁举人罗亨奎(惺四)携家到眉毛山中避战乱,住在陈家。陈宝箴介绍他与涂家杰相识。三人经常晨夕聚首,讲学论道,畅叙生平。这在罗亨奎为涂家杰父亲所撰的墓志和徐家干所撰的涂家杰传中有生动记实。咸丰八年,陈、罗、涂赴京会试不第,在京居留三年。同治元年(1862)二月,陈宝箴回乡。回乡之前,在回复内兄黄锡禧的信中言志:"……思欲慨然南归,结茅奉母。以十年之功,讲求实学,于身心性命之源,治国平天下之要,精研实体,期可见之施行。外而兵法战阵之学,亦当深晓其意。复于此十年中,游览四方山川关塞扼要之处。从当世贤豪交游,历南北贤公戎幕,以广耳目,增阅历,考证其所学。不求闻达,不应科举,抱膝长吟,希昔贤之风,虽不能至,心向往之矣。"本年秋,陈宝箴在屋后五六里远的半山腰,择山之坳,拓地建一栋读书楼,名"四觉草堂"。聘请武宁名士李复(企甫)和黄韵兰课其子侄。李复是武宁文坛前辈张棕坛的外孙,清才雅望,负气不羁。他在四觉草堂课读三年多,读书有所得,则与陈宝箴往复诘难,义理辨析,感激愤兴不能自已。其间陈宝箴还集资重刻张棕坛的文集,并请沈葆桢(时任江西巡抚)作序。涂家杰也常到四觉草堂,与李复订有道之交,并送自己的子侄到四觉草堂就读。涂家杰自与罗亨奎、李复交往以后,声名渐增,所以对这段友情很是看重。数年后修《义宁州志》,不忘在上面引录的"弥王山"条注上一笔。同治四年,涂家杰出任濂山书院的山长。本年秋,涂家杰、李复、徐家干等人登眉毛山顶春游。涂家杰写了《游弥王山记》,在文章的结尾抒发了山水风物须有人文内涵始能成名和向往山外天地的感慨。同治五年秋,李复赴金陵入曾国藩(时任两江总督)幕,不料几个月后竟因病赍志以殁。陈宝箴还有一位武宁朋友汪瀚,是李复的老师。他是咸丰九年己未科举人,中举后投效曾国藩戎幕,掌管厘务。保举江苏补用知县,丁父忧回籍守制。同治二年秋,陈宝箴受汪瀚的影响,赴安庆见曾国藩。同治三年正月,汪瀚闻陈宝箴从安庆归里,冒着大雪从武宁进眉毛山。百余里的路程,他走了整整五天。两人剧谈几昼夜,纵论天下大事,分析东南局势,探讨自己的前途。分手后,陈宝箴赴赣南石城席宝田军中效力,汪瀚则回武宁开馆授徒。年终陈宝箴突接家书,报汪瀚服除后竟暴逝于赴曾师府召途中。陈宝箴极为震惊,爰上书曾中堂,请他为汪瀚撰墓志悼念。曾国藩对义宁、武宁这几个人才颇为关注,期望甚殷,对汪瀚、李复的早逝极为惋惜。同治二年秋冬与陈宝箴谈及江西人文学术时,嘱陈宝箴宜与汪瀚、罗亨奎等人相互砥砺,以振起江西士风。同治五年十月在给刘坤一(时任江西巡抚)

的信中云："右铭曾来安庆,接见多次,信为有用之才。武宁、义宁共有数人,志行优异,惜汪君遽逝,罗令被劾,右铭气类日孤,此外罕闻佳士。"同治六年九月,又在复朱宽成信中云："义宁地稍僻陋,文报罕通,似无以扩充闻见,全赖师友砥砺,振发志气。阁下既与陈右铭互相渐摩,则旁近当有闻风景附者。汪澄溪与其弟子李复先后徂谢,善类日孤,令人叹惋。"朱宽成是附贡生,安徽泾县人。同治二年来义宁州掌厘务(十一年补义宁州同知),与陈宝箴、李复结交。并通过陈宝箴的介绍,结识义宁州其他人物。同治五年八月,曾国藩批示《义宁州厘卡委员朱令宽成禀公暇得与陈守宝箴李生复等读书论古籍资切劘等情》："该员在卡照常办事,又得陈守、李生等读书论古,问学日新,至以为慰。兰生幽径,不以无人而不芳,本无所待于外,而德无久孤之理,玉无终閟之辉,亦会有赏音也。"

咸同之际眉毛山区的人文风生水起,使这个封闭山区的知名度大大提高,几乎成为一个文化中心。陈宝箴在其中起到了核心组织者的作用。他赴京会试虽然失利,但那几年的经历,升华了他的人格气质,并为眉毛山区的文人群体带回大量山外信息。几位山外文人的介入,也增强了眉毛山区文化整合的分量。这一切无疑都是眉毛山得以成名的要素。眉毛山的山门业已打开,它不再孤立、封闭,并纳入了曾国藩、沈葆桢、刘坤一等巨卿帅府的视野之中。这一股旺盛的文运人气,直到涂家杰完成《义宁州志》的编纂和徐家干出山才告一段落。

光宣时期,眉毛山区的人才培养仍沿着耕读的轨道运动。光绪十年,陈宝箴回乡,捐资建了一所家塾名"义学",供本姓和旁姓子弟读书。民国后改名国民小学,一直延续到解放前夕。由于资料的缺乏,我们尚不能确指陈家三字辈、恪字辈的子弟有哪些人在这所家塾里读过书?这不能不说是一个遗憾。至于眉毛山区的书香遗脉,则体现在前清最后一个秀才陈三崑身上。

陈三崑是清增生,民初县议员。在"义学"执教多年,一生清贫自守。曾协修民国十年修水客家《陈氏宗谱》和主修民国三十二年《陈氏宗谱》。他以擅长撰联闻名乡里,留下许多趣闻佳话。今存手抄对联一小册,兹录两联以窥一斑。

《挽陈宝箴》:"国事正多艰,慨然将士悲歌,谁不望北诏日来,东山云起;苍生齐痛哭,伤哉老成凋谢,只剩得西江月朗,南岳风清。"《挽涂同轨》:"莫不是天女化身,桃李春风,布散万花香在手;再难得伊人见面,蒹葭秋水,怆怀五夜月当头。"

解放初,"义学"荒落倾圮,只留下一个"义学里"的地名。自乾隆后期陈宝箴的祖父陈克绳创办家塾,到1884年陈宝箴续办"义学",陈家自办教育已有一百多年的历史。"义学"的废弃,冥冥之中已预示了这个家族一个时代的终结,并影响到其他三个家族。眉毛山区从乾隆年间开局的人文书香中经咸同两朝的发扬光大绵延到上世纪三四十年代,终于油干灯灭,滑到了谷底。已经打开了的山门又被关上,直到1996年陈寅恪研究热起来以后,才再度打开。到桃里乡竹塅村游览瞻仰的学者、文人、记者逐渐增多。笔者十几年来进眉毛山不下五十次,搜集了四个家族的家谱和其他文献材料,但还是难以写出详尽的田野调查报告。原因一是材料的残缺脱节,例如涂氏家族的孕云盦书房,已知系涂家杰父亲创建,涂家杰将自己的诗文集命名为《孕云盦诗文稿》,涂同轨诗集名《孕云盦诗》,涂公遂刻有一枚"孕云盦"闲章,反映出家族文化一脉相承的韧性,对了解涂氏家族的文化渊源非常重要。可是我们所知仅止于此,找不到更多的系统材料。据我所掌握的线索,解放初期陈、徐、涂、黄四大姓尚有大量文物文献和古籍字画。土改时损失了一大批,以后历次运动又损失一批,劫后残余在1990年代勃兴的文物买卖中和缺闻少识的村民手中消失殆尽。二是四姓已经没有了可以共话畴昔、稽考族史的有名望的读书人。自科举、耕读的体制系统残破后，乡村中的禀赋优秀者再也没有了三年一次赴省乡试、赴京会试，结交四方精英的机会和投书方面大员冀获擢拔的识见气度。传统的家塾、书院体制已运转不灵，"古砚田已荒，旧书香谁续"。《千古一村——流坑历史文化的考察》第一章中有一段话："1905 年清政府正式废除科举制度……清政府这一迫于时势的举措，无异于砍倒了董氏家族的精神大纛，并终于断绝了流坑人受惠数十世而又莫不憧憬的进入上层的道路。众多昔日虽贫寒但尚不失希望和尊严的儒生，如今成为了多余的一群；而新式教育的支配及其只存在于外部世界的现实，又注定了流坑那虽然发达却已落后于时代的旧式书院和私塾的衰落。流坑已不再具有文化上的优势，也最终失去了传统的社区精英生成机制。而这，则是使它在本世纪式微的又一要素。"（该书 64 页，江西人民出版社 2000 年 8 月版）这个依据扎实的田野调查得出的结论，非常准确地抉示出流坑人文由盛转衰的内在原因，而且具有普适性。我在这段话的旁边加了一条批语："这段话其实也可以作为眉毛山区人文衰落的注脚。"

上世纪八十年代，曾有回归传统文化的呼唤，书香一词频频出现。但此时的"书香"只是字面意义的借用，而过去的书香一词是有实际内涵的。它以耕读为依托，以官吏的养士措施和民间尊礼学问的风俗礼制为动力，形成了一个实实在在的书香社会。一位村干部向我提供一则科举材料，说过去"举人封脚，秀才封肩"，意谓一个读书人若一旦中举，出门便可以坐轿；中了秀才便可以不挑担子了。刨去"封"字带夸张的成分，确可以观照昔日民间社会对读书人宠遇优渥的情状。加上地方上和宗族为作育人才所颁布的奖励章程，为提高进士举人身份所立的旗杆石，在学宫为举人贡生镌刻的科贡题名碑……一个膜拜书香、尊礼学问的民间机制就这样形成运转。科举制度的缺陷，主要是所教所学不切实用，难以担负起救亡图存的重任。近代中国社会改革变法是按船坚炮利，"机关枪对打"的逻辑思路展开的。在主张变法改革的先行者和主政者面前，"线装书"与"机关枪"相比，自然微不足道了。但问题是实现"机关枪对打"并不是终极目标，一个国家、一个民族要得到全世界的尊重和赞赏，最终还是要靠政制、道德、人文，而新教育体制与科举制度难以承担救亡图存重任一样，也难以承担培养道德、人文的重任。它至少产生了两个弊端。其一是彻底抽掉了教育民间化、家族化的筋脉，剥离了使农民世代受惠培养子弟的耕读模式，大大提高了农民培养子弟的成本。我们至今也没有找到一个比耕读并重更适合农民培养子弟的体系、模式。像眉毛山这样的山区，如果没有民间耕读门风的培育，没有几代人打下的基础，不可能产生陈宝箴这样的封疆大吏和其他几个书香门第；其二是剥离了读书与书香的亲缘关系。即使一个生产队甚至一个公社能够建起像城里人那样的洋学堂（实际上不可能），能上新学堂，读上新书，以新教育体制的意识形态化，它的课程设置、培养目标和教学效率，仍然没有书香氤氲、人文气息。它使读书求学从"道"下降到"器"到"技"的层面，这是许多教育界、文化学术界有识之士感同身受的，无庸絮聒。我们急于创造一个新的体系，便毫不吝惜地砸烂一切坛坛罐罐，却没有去冷静分析筛选其中有益于世道人心符合国情的成分。对此，涂公遂《重九先君诞辰》诗中有一联说得好："怀旧何须珍堕甑，维新岂必毁长城。"细审诗意，这是为了照顾韵脚而形成的一个倒装格，应倒过来理解：革命、变法何必一定要毁掉其中好的东西；甑已破矣，何须顾欤！

用图片展示的家族史

2004年4月12日是个好日子。这天上午收到蔡鸿生教授寄来的他的新作《仰望陈寅恪》。正在捧读之际，下午又收到陈小从女史寄来的久在盼望中的《图说义宁陈氏》(以下简称《图说》)。说久在盼望中，是因为早在2002年，就承小从女史来信告知，她准备选将家藏老照片配上诗、文，编成一本图籍公诸于世。两书一前一后相差一个月出版，真是巧合。文化学术界或许会因两书的面世引起新的一轮"研陈"话题。

照相技术何时传入我国？手头无这方面资料。潜意识中，这种舶来品是和王公大臣、书香门第联在一起的。他们有条件最先享受域外文明成果。近些年不断有清末民初名人和近世书香门第的老照片面世。这些古色古香的旧家风物，记录着如烟飘散的陈年往事，与书香门第负载着的文化内涵相得益彰，成为后人认识历史，研究历史名人的重要资料，挖掘、刊行老照片一时蔚成风尚。义宁陈氏家族是近世几个著名的文化世家之一。同治九年，陈宝箴以知府就官湖南，挈眷定居长沙，从此融入近代都市文明的潮流中。此后几十年间，陈家辗转迁徙于武昌、南昌、金陵、杭州、上海、庐山、北平。光宣民初之际，以陈宝箴、陈三立的声名之高，交游之广，拍照应是很多的。《图说·自序》说她家在庐山松门别墅居住时，曾保留着多本相册，父亲陈隆恪在扉页上题"俯仰之间"四字。

1938 年夏,日寇占领九江,陈隆恪夫人携陈小从匆匆离开庐山(陈
隆恪时在南昌)。离山前来不及将家藏文献及相册带出。八年后
重返山居,两大箱文献、书画及相册已不见踪影。这是义宁陈氏文
献资料的一次浩劫。幸亲友处仍存有数十帧照片,先后检出寄赠
陈小从。加上一直在北京居住的陈衡恪家所藏老照片,遂形成了
现在《图说》的基本框架,所谓天不丧斯文。它所提供的有关陈氏
家族史资料仍很丰富。照片、配诗、文字说明以及注解,构成了一
部义宁陈氏家族后期简史。《图说》共刊出照片 136 帧,大体按所
摄时间的先后编次。它以 1896 年陈寅恪五兄妹儿时在湖南巡抚
署内后花园的合影为开篇第一照,以 1994 年江西召开"陈宝箴、陈
三立父子学术讨论会",后裔上庐山瞻仰先祖遗迹为终止符,时间
跨越近一个世纪。相对于浩渺宇宙,一百年曾不能以一瞬。对于
一个家族,却已留下久远的记忆。诚如编著者在《后记》中所附诗:
"百年岁月痕,多少沧桑迹。图说义宁陈,聊佐史家笔。"岁月如流,
地老天荒,《图说》中的绝大部分人物都已故去。《图说》的出版,是
对他们的最好纪念。

　　对陈家的老照片,我不是太陌生。1997 年 10 月,我到武汉拜
谒小从女史,有幸看到陈家的部分老照片,数量约当《图说》的一
半。当时行色匆匆,而需要请教的问题又那样多,不可能明窗净几
从容品读之,但有几帧照片仍留下挥之不去的印象。最强烈的即
《图说》开编第一照。用"惊呼热中肠"这句诗来形容我当时的激动
不为过分。照片上的人物穿着清朝的服装,稚气可掬,面对照相这
种新鲜事物,露出好奇的眼神。对自己和他人儿时的追忆是人类
共通的情感,更何况是史学大师陈寅恪兄妹的儿时写真。后来我
脑海里便记住了两个陈寅恪的影像,一个童年,一个晚年。有时候
这两个影像能汇成一个人出现在记忆中,有时候又不能。其原因

当是童年的影像离我们太远,有时空的距离、历史的积淀所致。这张老照片的价值不言而喻,虽说不是陈家的第一张照片(陈家曾有一帧陈三立与谭嗣同在戊戌政变前的合影,后失),但它是陈家恪字辈最初的上场亮相。五十年后,照片上五兄妹中最年长者陈隆恪写了一首《题五十年前余九龄时与六七两弟康九两妹于长沙抚署后园又一村摄影》的七绝。这首诗的诗题非常重要。没有这行诗题,后人将无法彻底弄清这张老照片拍摄的时间、地点。这张老照片也为陈隆恪另一首追忆童年生活的诗作下了注脚。1916年,陈隆恪写了一首《长沙将见六弟于旧抚署计侍先祖去此二十年矣抚念今昔怆然有赋》七律诗。上半首云:"风云开济几人存,万古灵标照棘门。落眼层楼温梦寐,攀天双桂拾秋痕东西内院各植桂树一株大可合抱童时常与诸弟嬉戏游其下。"对于湖南巡抚陈宝箴的后人来说,长沙抚署既是寄托身世之感的出生地,也是追忆手足之情的第一站。另一帧印象深刻的老照片是陈三立小女儿陈安醴的玉照。她坐在一把老式靠背椅上,气质娴雅,神情恬静。后来承小从先生告知,她母亲和家中长辈谈及安姑时,认为她在三位姑母中最富才情,能诗善画。可惜被旧式婚姻所误,32岁即去世。陈安醴与两位姐姐曾得到著名画家萧稚泉的指教,当时萧稚泉是陈家家塾的国画老师,与陈家两代都有深交。陈三立有一首《题萧稚泉画稿》的诗。诗后有小注:"余获交稚泉数十年,为老友,居金陵时复延课诸女婴,其品格之高尚,性情之笃挚,当于古人中求之,则专一艺之名,非偶然也。"萧稚泉的自传中也言及曾教陈家子女作画。陈氏兄妹的舅母、曾国藩孙女曾心杏老人亦写有《题陈安醴甥女画山水》诗。陈安醴生于1895年,这帧照片约摄于1927年,应是她去世前不久的留影。还有一帧陈衡恪、陈隆恪、陈寅恪在日本留学时的合影,即《图说》20页刊出的第10照,也曾鸿爪留痕。此照摄于

1904年。照片上三兄弟都剪了发辫。联想到鲁迅1903年曾寄"断发小照"回家，当时留日学生拍断发照以明志应是一时风气。照片曾遗失，后被人拾得，于1953年还赠陈隆恪。陈隆恪题诗一首，诗后附小注，后人才得以获悉此照的流转过程。这张照片真是幸运，拾得者是谁也成了我心中的一个疑团。

在我未曾寓目的陈家老照片中，最令我感兴趣的是陈师曾（衡恪）的旧照。陈衡恪天不假年，仅得中寿，原以为存世的照片稀如星凤，常见的陈衡恪照片只有两帧。这次《图说》增加了12帧，为今后陈衡恪研究提供了新的线索。如《图说》28页第14照为陈衡恪与夫人及三位女友在崇效寺赏牡丹。陈衡恪写有《偕诸女友及内人崇效寺赏牡丹》诗，时在1918年春，即此次出游。晚清、民国时期，北京法源寺丁香、崇效寺牡丹、极乐寺海棠极有名，是诗人画家诗酒流连的胜地（徐悲鸿即常带学生到崇效寺写生），留下的诗作足以编成专集。陈衡恪也不例外，他曾五次到崇效寺赏牡丹，留下了三首诗作和一幅牡丹作品。不仅如此，他的三个老弟陈隆恪、陈寅恪、陈方恪都写有崇效寺赏牡丹的诗作，为崇效寺赏牡丹留下了一段掌故佳话。今崇效寺虽已列入宣武区文物保护单位，但牡丹名花已不复存在。因此，陈衡恪留下的这张照片中那丛大牡丹花，便为当年崇效寺赏花胜景提供了第一手资料。《图说》34页第17照为陈衡恪1919年在他的宅第"槐堂"留影。1913年冬，陈衡恪到北京，任教育部编审，住在好友张棣生家。陈衡恪曾作诗记其事，诗题为《张棣生于其所居之东葺一椽以居我堂前有槐一株因名之曰槐堂赋此遣怀》。后来迁居西城裤子胡同，堂号仍不变。"槐堂"曾是京中名人胜流的雅集聚会处。姚茫父、金巩伯、齐白石、王梦白、陈半丁、汤定之、萧稚泉、颜韵伯、罗瘿公等都是槐堂常客。此照摄于裤子胡同宅第客厅。背景为隶书"槐堂"匾额和一幅巨大的碑石拓片及两只书橱,还有四帧油画(其中一幅为女性人体画)。
这反映了当时国画界门户渐开的风气,蕴藏着"槐堂"主人志业精
神的另一面。四帧油画的来历已难考证,或许是弘一法师李叔同
所赠。李叔同是中国油画艺术的几个先驱者之一,是国内画人体
模特的第一人。据陈衡恪三子陈封雄晚年回忆,李叔同1918年入
山剃度前,将自己所画的油画、文物、书籍、衣物分赠给北京国立美
专和友朋。陈衡恪与李叔同在日本留学时结为好友,所以也得到
一份赠品,其中有一尊李叔同从日本带回的维纳斯半身石膏像,可
惜毁于"文革"。这张照片背景生动,细节丰富,增加了读者对"槐
堂"的感性认识。

《图说》中有一张令我百看不厌的特殊照片。2001年6月第三
次拜谒小从女史,谈及陈家老照片事,她说还有自己的百日照。此
后我一直期盼早日欣赏这曲人之初生命之歌。三年后终于在《图
说》第56页喜读这帧"艺术照"。面对似曾相识又恍如隔世的自
我,八十老妪题诗曰:"降生甫百日,形如僧入定。万唤不睁眼,保
此浑沌境。"文字解释更风趣:"据说,为了给我拍一张像模像样的
照片,同去的家中长辈和摄影师可没少费功夫。大家又是摇铃,又
是拍掌,希望我睁开眼睛,可是终无效果,最终只好拍了个'老僧入
定'型。"在满是历史堆积的阅读语境中,读到这样轻松幽默的文
字,谁都会开怀一乐,感受性情中人的慧根至性。

作为义宁陈氏文化世家第四代传人,小从女史和易通达,开朗
大度,承继着老辈读书人和世家后代的风范。她的童年、少年时
代,几乎都随父母四处迁徙,行止不定,没有系统地上过小学、中
学。所幸她的家族有着深厚的家学渊源,使她受到了中国传统的
金石书画诗词教育,打下了文史学问基础。1951年,她在世交李一
平、徐悲鸿的帮助下,入中央美院学习一年多,后因病辍学,到武汉

一所中学任美术老师。小从女史的经历学养,使她具备了编著《图说》的学问基础。《图说》涉及面广,书画、诗词均在其中,需要考证的人物、事件众多,时间跨度大,没有长期的资料积累和文字功底,殆难胜任。自上世纪八十年代初国内文化学术界开始宣传、研究陈寅恪先生以来,陈小从一直关注着这个领域的发展。她和堂兄陈封雄,是陈家后裔中最早撰文介绍陈寅恪家史、家世的带头人。犹忆1989年冬,修水县政协文史委编写《一门四杰——陈宝箴、陈三立、陈衡恪、陈寅恪史料》一书,陈小从提供了包括二十余帧老照片在内的大量资料,这是义宁陈氏家族老照片的最初展示。其中陈宝箴晚年一照尤为珍贵。照片上的陈宝箴体格魁梧,丰颊广颐,显示出封疆大吏的精神气度。《陈氏宗谱》上所载陈宝箴祖父《陈克绳传》说陈克绳“为人魁梧,须眉甚美”,又说他的“后嗣俱魁梧奇伟”。陈三立《先府君行状》亦说陈宝箴“生而英毅,顾视落落然”。这些记述都可以从陈宝箴的遗照得到印证。多年来陈小从珍藏、搜集自己家族的照片资料和文献资料,并无私提供给学界,积极推动义宁陈氏家族史的整理研究。《图说》既是她对先人寸草春晖的回报,也是对文化学术界的最大奉献。但我更看重隐藏在《图说》字里行间的严谨学风。对于自己家族史的传述和学术问题,小从女史一直保持着清醒的头脑,发言为文极其慎重。虽然《图说》所述人和事大都有三亲(亲历、亲见、亲闻)的背景,但一时不能落实的仍存疑。所配诗作和文字解释,一本其父陈隆恪昔年“写诗忌说虚假话”的遗训,不敢哗众取宠,致失真实。善读者若把义宁陈氏家族史的流行材料与《图说》对照细阅,当有所发现。时下文化学术界、出版界有一股炒作名人的不良风气,近年来她一直担心“戏说”之类的作品阑入研陈园地。这与《仰望陈寅恪》一书的著者有共鸣之处,他说:“但愿追星族不会光临学术界,尤其对自号‘文盲叟'的陈寅恪,他在生时已'闭户高眠辞贺客',作古后就更需要安息了。九泉并非热土,让大师回归自然吧。"(该书《引言》第2页)"至于它(指《陈寅恪集》)究竟能拥有多少'后世相知',那就要看人们用何种方式去'走近陈寅恪'了。我想,冷比热好,真知灼见是不会烫手的"(该书正文第3页)。语近慨世,寄托遥深。他希望学界对陈寅恪多一点纯学术性的探讨研究,而不是各取所需,把学人非学人化。这是对二十多年来研陈的理性思考,对今后的研陈也具有指导意义。无庸讳言,近些年的研陈园地确有表面上热闹,具体工作却不扎实的倾向。即如资料而言,尚有大量基础工作可做。如按陈寅恪学术、人格思想、家史分门别类编印研究资料集。甚至可以借鉴中科院文研所鲁迅研究室编辑大型《鲁迅研究学术论著资料汇编》的经验,除按专题详编研陈资料外,还可以约请专家撰写概论述评,每本专题集后附目录索引。这种笨功夫将为陈寅恪研究走上"实学""显学"的轨道作有力的支撑。照片无疑是一种图形文献,它与文字文献、数字文献都是学术研究的重要史源,已有学者呼吁建立"照片学"或称"图片文献学"。因此,《图说》的出版,开了用图片文献和文字资料相结合来展示义宁陈氏家史的先河。

陈隆恪先生年表

光绪十四年戊子（一八八八）　先生一岁

正月初四午时（中午十一点至一点）生于长沙通泰街蜕园，本籍江西义宁州（今修水县）泰平乡七都竹塅里。祖父陈宝箴（谱名观善，字相真，号右铭），祖母黄淑贞，均为义宁州怀远人（义宁州客家人的特殊称谓）。父亲陈三立（号伯严，中年后雅号散原），母亲俞明诗（麟洲）。兄衡恪（号师曾，一八七六年二月十七日生）。从兄覃恪（号陟夫，陈宝箴次子陈三畏之子，一八八一年十月十三日生）。

先生出生后，长辈按老家怀远陈姓谱派"三恪封虞后，良家重海邦"为取名隆恪，号彦龢（和）。排行五（长衡恪、二〈不育〉、三同亮〈三岁殇〉，四覃恪）。"恪"字修水老家客家方言和本地方言读音均为入声 ko，非学界误传读 què①。

本年，祖父陈宝箴五十七岁。年初在河南办理河工，八月因患目疾回长沙调养②。

---

① 见本书 171 页刘经富《谈陈寅恪的"恪"字读音》，原载《文史知识》二〇〇九年第六期。

② 见陈宝箴履历单，载《清代官员履历档案全编》第五册，华东师大出版社一九九七年版。

父亲陈三立三十五岁。因光绪十二年会试书法不合程序而告殿①，准备明年补应殿试。

先生外祖父家族成员简介：外祖俞文葆，浙江山阴（今绍兴）人。咸丰元年辛亥（一八五一）恩科举人。曾任湖南兴宁县、东安县知县。大舅父俞明震（一八六〇～一九一八），号恪士。子俞大纯，号慎修。二舅父俞明观（一八六二～一八九七），号用宾。子俞大经，号半江。三舅父俞明颐（一八六八～一九三七），号寿臣。子俞大维、大绂、大纲。

光绪十五年己丑（一八八九）　先生两岁

四月，父亲陈三立在京补应殿试，中三甲四十五名进士。以主事分吏部考功司行走②。在吏部不足三个月，即辞职回长沙家中。

八月，湖南巡抚王文韶保奏陈宝箴③，奉旨交吏部带领引见。

光绪十六年庚寅（一八九〇）　先生三岁

五月十七日，六弟生于长沙。取名寅恪，号彦恭（未用）。

六月，祖父陈宝箴入都，由吏部带领引见。十月，奉旨补授湖北按察使④。十二月到任，旋署理布政使⑤。

---

① 见本书137页刘经富《晚清贡士、进士不分的原因——以陈三立为例》，原载《文史知识》二〇〇九年第三期。

② 见本书94页陈隆恪兄弟《散原精舍文集·题识》，上海中华书局一九四九年版；据陈氏宗谱。

③ 见王文韶《遵旨查明获咎各员缘由吁恳恩施折》，载《光绪朝硃批奏摺》第六辑，中国第一历史档案馆编，中华书局一九九六年版。

④ 见陈宝箴履历单；陈宝箴《谢补授湖北按察使折》，载《光绪朝硃批奏摺》第七辑。

⑤ 见陈宝箴《谢委署湖北布政使折》，载《邸抄》，北京图书馆出版社二〇〇四年版。

光绪十七年辛卯（一八九一）　先生四岁

正月,陈三立挈家赴湖北武昌侍父。聘赵启霖教衡恪①。赵启霖《瀞园自述》②:辛卯,三十四岁,假馆鄂藩。时陈右铭丈权鄂藩,予与陈伯严正月由湘江泛舟至鄂,舟中谈艺甚乐。抵鄂为伯严课长子衡恪……。

六月,陈宝箴聘武昌知府李有棻幕僚范钟(仲林)为西席,教衡恪③。

十月,祖父陈宝箴卸布政使事,还任按察使。

十一月初五,七弟生。取名方恪,号彦通。

光绪十八年壬辰（一八九二）　先生五岁

六月,父亲陈三立与梁鼎芬、易顺鼎、顺豫兄弟游庐山。

九月,陕甘总督杨昌浚奏陈宝箴协饷有功,诏加头品顶戴④。

光绪十九年癸巳（一八九三）　先生六岁

三月三十日,大妹生,取名康晦。

四月,父亲陈三立与易顺鼎、范仲林、罗运崃第二次游庐山。四人各作诗数十首。下山后,陈三立将四人诗作结集刻印,名《庐山诗录》。

九月,梁鼎芬(节庵)请衡恪绘《菊花图》。

---

① 见陈三立《湘上录别》诗,载潘益民编《散原精舍诗文集补编》五八页,江西人民出版社二〇〇七年版;赵启霖《辛卯二月借陈伯严泊舟洞庭》诗,载《瀞园集》二四六页,湖南人民出版社一九九二年版。

② 载《北京图书馆藏珍本年谱丛刊》第一八六册,北京图书馆出版社一九九九年版。

③ 见范仲林之兄《范当世年谱》,《南通范氏诗文世家》丛书第十九册,河北教育出版社二〇〇四年版。

④ 见陈宝箴履历单。

本年,袁绥瑜邀师友名流为其岳父侯名贵所绘《疏勒望云图》题诗,陈三立、陈衡恪均有诗作。

本年,义宁州老家怀远陈姓续修宗谱,请陈三立为挂名主修。陈宝箴撰序。

光绪二十年甲午(一八九四)　先生七岁

二月,父亲陈三立与乡试同年陈炽第三次游庐山。

七月,祖父陈宝箴奉上谕往金陵与刘坤一商议海防各口公事①。复署理湖北布政使②。

十月,陈宝箴调任直隶布政使③。

八月廿五日,二妹生,取名新午。

本年,长兄衡恪十九岁。范仲林介绍侄女范孝嫦(范当世之女)给陈家。陈家决定八月下聘,九月过礼,十月迎娶;陈宝箴委派族侄陈三垣携聘礼、生庚八字到南通④。十一月范当世夫妇送女到武昌成婚,二十一日举办结婚大典⑤。喜事毕,陈宝箴十二月初三起程北上入觐。家眷留武昌。

本年,范仲林作《师曾写折枝以误笔弃灯下感题》七绝两首。

光绪二十一年乙未(一八九五)　先生八岁

正月初十,祖父陈宝箴到京,十二日吏部带领引见,二十日蒙

①② 见陈宝箴履历单。

③ 见陈宝箴《谢补授直隶藩司恩遵旨陛见折》,载《光绪朝硃批奏摺》第十辑。

④ 见范仲林父亲范如松与范当世(字伯子)函,载《南通范氏诗文世家·范如松卷》。

⑤ 见杨守敬致汪康年函,载《汪康年师友信札》第2册2372页,上海古籍出版社一九八六年版。

光绪帝召见,升直隶藩司。三月十三日在直隶省会保定接印①。直隶布政使兼理"湘军东征粮台",粮台设在天津,故陈宝箴常在天津。

二月,廖荪畡从沪回长沙途经武昌,陈三立款待,并为其诗集作序。

四月初,黄遵宪到武昌,与当地文人颇多往还,结识陈三立。四月十四、十五日,两人互题诗集,雅相推重。

八月,陈宝箴升任湖南巡抚。九月初三由直隶交卸起程,十月十二日在长沙接巡抚印②。

十月,郑孝胥与友议政,认为若调陈宝箴入军机处,必成为翁同龢可倚重之大员③。

约十一月,先生与祖母、母亲、长兄长嫂、堂兄覃恪、弟妹迁回长沙,住巡抚衙署后院,地名"又一村"。

本年,三妹生,取名安醴。

光绪二十二年丙申(一八九六)　先生九岁

本年,先生与弟寅恪、方恪,妹康晦、新午在抚署后院"又一村"合影④。二月,衡恪长子生,按老家谱派取名"封可"。

先生与弟寅恪在湖北按察使署已入塾发蒙⑤,到长沙抚署后,家里当继续延师课读。具体情形不明。

────────────────

① 见陈宝箴履历单;陈宝箴《奏报直隶藩司到任受篆日期并谢恩折》,载《光绪朝硃批》第十辑。

② 见陈宝箴《奏报交卸直隶藩篆起程入都日期折》、《奏报湘抚到任日期并谢恩折》,载《光绪朝硃批奏摺》第十、第十一辑。

③ 见劳祖德整理《郑孝胥日记》第一册五二七页,中华书局一九九三年版。

④ 见陈小从著《图说义宁陈氏》八页,山东画报出版社二〇〇四年版。

⑤ 见《图说义宁陈氏》十一页。

光绪二十三年丁酉（一八九七）　先生十岁

正月十一日，八弟生。取名登恪，号彦上（未用）。

初春，先生与长兄衡恪、四兄覃恪、六弟寅恪、七弟方恪在长沙某照相馆摄影①。

十二月十八日，祖母黄夫人逝世。

光绪二十四年戊戌（一八九八）　先生十一岁

约四五月间，父亲陈三立拟回江西择地，未成行②。后托胡明蕴（发珠）在九江赁屋③。

八月，戊戌变法失败，祖、父被革职。

九月二十日，陈宝箴、陈三立挈家扶黄夫人柩回江西。约十月上旬到九江，不留、不葬，发南昌，友朋多不解。约十月中下旬到南昌，赁屋磨子巷④。

本年冬，陈宝箴到西山山南青山村一带相葬地⑤。西山古称"散原山"，是南昌风水人文所系之地。

光绪二十五年己亥（一八九九）　先生十二岁

四月，陈家葬黄夫人于南昌郊外西山青山街，其地属新建县望城乡。又在墓之近侧营建一栋墓庐，用青山二字组成的"崝"（音zhēng）字名之为"崝庐"，乡民称"陈公馆"。陈宝箴居此。

① 见《图说义宁陈氏》十页。
② 见皮锡瑞《师伏堂日记》，载《湖南历史资料》一九五九年第二辑。
③ 见皮锡瑞《师伏堂日记》，载《湖南历史资料》一九八一年第二辑。
④ 见皮锡瑞《师伏堂日记》，载《湖南历史资料》一九八一年第二辑。
⑤ 见陈宝箴《致许恩绶函》，载《陈宝箴集》下册一六七九页。

五月,邹代钧(沅帆)来南昌,与陈宝箴、陈三立盘桓旬日①。

本年,陈宝箴携孙衡恪、覃恪、隆恪、寅恪、方恪、重孙封可在南昌某照相馆留影②。

本年,陈宝箴书励志敦品语于扇面诫示隆恪③。

光绪二十六年庚子(一九〇〇)　先生十三岁

四月,父陈三立挈家迁居金陵,所赁屋位于鸽子桥畔珠宝廊(今建邺路、中山南路交会口)④。祖父陈宝箴暂留南昌西山崝庐。

四月,兄衡恪次子生,取名封怀。

五月,衡恪妻范孝嫦卒于金陵,葬距青山街数里远的赵家塘,地属新建县石埠乡。

六月二十六日,陈宝箴猝卒。十月,葬于黄夫人墓侧预留生圹。墓、庐均毁于上世纪五十年代。

光绪二十七年辛丑(一九〇〇一)　先生十四岁

正月,衡恪至沪,与内兄范罕(彦殊)、内弟范况(彦矧)同学于上海法国教会学校"圣塞威学堂"⑤。陈三立致汪康年第十六函:"……小儿至沪就学,何处为最佳?烦审定有以教之。"⑥梁焕奎(璧元)致汪康年第五函:"……沪上法国学堂陈师曾在彼读书,不

①见邹代钧《致汪康年函》,载上海图书馆编《汪康年师友书札》第三册,二七七六页,上海古籍出版社一九八六年版。

②见《图说义宁陈氏》十五页。

③见《图说义宁陈氏》十八页。

④见苏昌辽《清末四公子之一·陈散原》,载《南京史志》一九八五年第二期。

⑤见陈衡恪《王欣甫丈有季子宰基同学上海圣塞威学堂越十四年遇于京师……》诗,载《陈衡恪诗文集》六十页,刘经富辑注,江西人民出版社二〇〇九年版。

⑥见《汪康年师友书札》二册一七九四、一八七六页。

知即圣诺翰否？规模何似？拟令四舍弟往学。"①二月，先生大舅父
俞明震出任南洋陆师学堂总办。

　本年，陈家再次赁屋中正街（现白下路）刘世珩别墅。屋舍宽
敞宜人。

　本年，陈家自办家塾②，先生与弟妹就读。教师有陶逊（宾
南）、王景沂（义门）。陈三立一九○一年作《视女婴入塾戏为二绝
句》《王义门陶宾南两塾师各有赠答之什次韵赘其后》诗；一九一七
年作《过中正街旧居》诗③。

光绪二十八年壬寅（一九○二）　先生十五岁

　二月，俞明震受两江总督刘坤一委派，到日本视察学务，兼送
陆师学堂毕业生二十二名、陆师学堂附设矿务铁路学堂学生六名
到日本留学。陈衡恪以文案身份携弟寅恪随行。十一月，衡恪获
得江宁官费留学生名额④，入东京巢鸭弘文学院补习日语。寅恪入
中学学习⑤。衡恪留日前，寄居矿路学堂，与矿路学堂的学生相
识⑥。在弘文学院学习期间，曾与鲁迅等同学同住一室，关系友
好⑦。关于衡恪以"文案"身份附日，见当时日本驻上海总领事馆

①见《汪康年师友书札》二册一七九四、一八七六页。
②见苏昌辽《清末四公子之一·陈散原》。
③见陈三立著《散原精舍诗文集》上册八页、十二页，李开军校点，上海古籍出
　版社二○○三年版。
④见《北洋政府教育部档案·陈衡恪登记表》。
⑤见陈封雄《册载都成肠断史·忆寅恪叔二三事》，载《战地》一九八○年第五
　期。
⑥见周作人《俟堂与陈师曾》《俞恪士》，载《饭后随笔》上册三○二、三五一
　页，河北人民出版社一九九四年版。
⑦见沈瓞民《回忆鲁迅早年在弘文学院的片断》《鲁迅早年活动点滴》，载《鲁迅
　在日本》二四、五四页，山东聊城师院中文系、图书馆编，一九七八年十二月版。

事务代理岩崎三雄的通知公函。

　　　　　函第八二号(明治卅五年三月二十日接受)
　　　　南京陆师学堂俞总办带领留学生来日出发之件
　　　　江南陆师学堂俞总办江苏候补道俞明震此次奉两江总督
之命,兼来日视察学务,带领该学堂毕业生二十二名,矿务学
生六名,同随行人员教习罗良监、王继美、翻译森村要、文案陈
贞瑞、陈衡恪等将于本月二十四日由南京出发,于本月二十九
日左右乘坐该港起航的邮船会社的轮船来日。故到达东京时
希望有关方面给予方便一事已由天野南京文馆主任作了具体汇
报。敬请酌情予以照料。
　　　　此致
　　敬礼
　　　　　　　　　　明治三十五年三月二十一号于上海
　　　　　　　　　总领事馆事务代理　　岩崎三雄(印)
　　外务大臣男爵小村寿太郎殿下

　　此公函载日本外务省外交史料馆保存的外务省记录《在日清
国留学生关系杂纂　陆军学生　海军学生　外之部　第一卷》,见
[日]北冈正子《鲁迅弘文学院的入学》一文,载《鲁迅研究月刊》
二〇〇一年十一期①。
　　本年,先生从兄伊恪(一八八一～一九二九,字莘夫、陈三略九

———————

① 见金建陵《南社中的民族教育家伍仲文》一文,载《档案与建设》二〇〇六年
第二期。

子)由湖北自强学堂转入江南陆师学堂①。

光绪二十九年癸卯(一九〇三)　先生十六岁

四月,父陈三立清明回南昌西山扫墓,族弟陈三焘(德基)亦从老家修水来扫墓,陈三立作《庐夜对德基族弟》诗。陈宝箴在湖南推行新政时,陈三焘曾在矿山管账。

五月,柳诒征、陶逊在与陈家毗邻的"庐江会馆"创办一所新式学堂,名"思益小学堂"。柳、陶苦于校舍不足,与陈三立相商。陈三立极为支持,让出自己宽敞的寓所②,举家搬到原来住过的地方——内桥湾(今建邺路与中山南路与交会口),并将陈家私塾併入该学堂。思益小学教师有柳诒征、陶逊、王伯沆、王景沂、萧稚泉等。陶逊任校长③。

本年,先生从兄荣恪自费留学日本。《清国留学生会馆第五次报告》(自甲辰四月起至十月止)二十三页:陈荣恪,字新成,二十三岁,江西义宁人,光绪二十九年十一月到东京,自费,入正则预备学校。

光绪三十年甲辰(一九〇四)　先生十七岁

夏,先生考取官费留日。弟寅恪暑假从日本返金陵,亦考取官费留日。十月,兄弟俩同赴日本。父陈三立送至上海,作《十月二

---

① 见陈氏宗谱。
② 见陈三立一九〇三年作《后园茅苇锄除尽,遽得旷地数亩,晚步其间吟二绝》诗,载《散原精舍诗文集》上册九六页。
③ 见苏昌辽《清末四公子之一·陈散原》;金建陵《清末南京"思益学堂"的名师与高徒》,载《南京晨报》二〇〇八年七月十九日 B9 版;《金陵野史》四六七页《散原老人与思益小学》,江苏人民出版社一九八五年版;孙洵《南京思益小学的由来》,载《文坛杂忆》二六九页,上海书店出版社一九九九年版;《柳诒征年谱》一九〇三年条,载《劬堂日记》三四九页,上海书店出版社二〇〇二年版。

十七日江南派送日本留学生百二十人登海舶,隆寅两儿附焉,遂送至吴淞而别》诗。陈氏兄弟惟方恪未放洋留学。

先生到日本后,入东京庆应义塾大学学习①。

本年,先生与兄衡恪、弟寅恪在东京某照相馆留影②。

本年二月,衡恪与鲁迅在东京日比谷公园为将回国的沈瓞民饯行叙别。沈回国后,作《柬豫才兼示师曾》诗。

本年十二月,衡恪岳父范当世卒。

光绪三十一年乙巳(一九〇五)　先生十八岁

正月下旬,父陈三立至南通会葬范当世。

冬,先生与兄衡恪、弟寅恪寒假从日本归。陈三立一九〇五《除夕》诗有"群儿归挂扶桑袂"之句。八指头陀一九〇五年《闻陈师曾由日本返金陵再次前韵》有"见说东游返白门,江南黄叶已盈村"之句。

本年,父陈三立出任南浔铁路总理,约一九〇九年卸任。

本年,先生从兄伊恪从江南陆师学堂考入三江师范学堂。

光绪三十二年丙午(一九〇六)　先生十九岁

年初,兄衡恪到汉阳,与汪春绮(梅未)结婚。作《感怀》"将就婚汉阳,感念前室,怆然于怀"、《别妇》"别汉阳将之日本"诗。父执陈锐作《师曾大兄新婚将别,词以慰之。即送其赴日本,用白石韵》。姻亲黄小鲁(嗣东)作《师曾姻世讲新婚后以带钩绣帨见遗,赋此为谢。即用其尊人考功去岁山堂夜话诗韵》。

衡恪婚后,与隆恪赴日,表兄黄叔梅作《送陈师曾兄弟东渡》诗。

①见陈小从回忆录。
②见《图说义宁陈氏》二〇页。

　　黄叔梅(一八七二~?)谱名伦屏。陈宝箴妻黄夫人族裔。早岁习举业。陈家定居金陵后,他从修水老家来依陈三立,游幕于金陵、上海。能诗。

　　七月,兄衡恪卒业于宏文学院,入东京高等师范学校(今筑波大学)习博物①。《清末各省官费自费留日学生姓名表·各校各生履历清册》载:姓名:陈衡恪。籍贯:江西义宁州。年龄:三十四。费列:江宁。到东年月:光绪二十八年十一月。入校年月:光绪三十二年三月。学科:高师博物科。年级:第三年。按:登记衡恪年龄、入校月份、年级有误。

　　本年,先生从兄荣恪升入早稻田大学高预。《清末各省官费自费留日学生姓名表·各校各生履历清册》载:姓名:陈荣恪。籍贯:江西义宁州。年龄:二十七。到东年月:光绪三十一年十月。入校年月:三十三年三月。学科:早大高预。年级:第二年。

　　秋,先生从兄伊恪公费赴日留学,就读于大阪高等预备学校、东京中央大学法律专科②。

　　又:先生从兄覃恪亦曾留学日本,不久回国,出国时间不详③。

　　本年,弟寅恪因脚气病未再赴日本,在家修养年余。

光绪三十三年丁未(一九〇七)　　先生二十岁

　　夏,先生与兄衡恪暑假回家。父陈三立《七月十三日于后园聚家人用泰西摄影法摹小像》诗有"驾海收群儿,新妇亦来并"之句,

---

① 见《北洋政府教育部档案·陈衡恪登记表》;陈封可《陈衡恪小传》,载《陈衡恪诗文集》三〇〇页。

② 见陈氏宗谱。

③ 据陈覃恪孙子陈中一记其父亲陈封鲈生前叙述;见修水韩天益致修水县政协文史委函,回忆陈覃恪与他父亲的交往。

自注:"时大男、次男留学日本,第三男留学吴淞,皆以暑假归,期满将别。""新妇"指衡恪继妻汪春绮。

本年春,弟寅恪插班考入上海吴淞复旦公学。

本年九月,弟方恪至沪入震旦学院读书。

本年,陈家去年开始营建的宅第落成,地址在青溪上游西岸、西华门头条巷,与俞明震、明颐兄弟的"俞园"比邻,榜曰"散原精舍"。陈家再次迁居①。

光绪三十四年戊申(一九〇八)　先生二十一岁

约本年春,范当世内弟姚叔节赴日本,与衡恪、隆恪兄弟,范罕、范况兄弟饮集,衡恪《姚叔节姻丈来游东京,其从子舜琴、范氏昆仲及余兄弟饮于太和馆,是夜同观天一翁奇术,并赠外舅肯堂先生遗诗,作此酬之》诗有"三家会合小楼中"之句。"范氏昆仲"一九〇六年赴日留学。

本年,先生从兄齐恪(陈三焘之子)考入三江师范。

宣统元年己酉(一九〇九)　先生二十二岁

八月,先生升入东京庆应义塾大学理财科。《清末各省官费自费留日学生姓名表·各校各生履历清册》载:姓名:陈隆恪。籍贯:江西义宁州。年龄:二十二。费列:江西。到东年月:光绪三十年十月。入校年月:宣统元年八月。学科:庆应理财科。年级:第一年。

本年秋,弟寅恪肄业于复旦公学,由亲友资助②,经上海赴德留学。父陈三立作《抵上海别儿游学柏灵》诗。到德国后,考入柏林大学。

---

① 见苏昌辽《清末四公子之一·陈散原》。
② 见孙谨芝、杨家润《陈寅恪入复旦公学年月及是否毕业考》,载国学网;陈封雄《卌载都成肠断史·忆寅恪叔二三事》。

本年夏,兄衡恪学成提前归国,行前作《留别范大》《归鸟》诗。甫归国即作《公湛以诗酬我之画复以诗报之》诗,有"暑风入深闼,欹枕得少卧。东海方归休,半月忽己过"之句。按:陈衡恪一九〇九年二月在日本时曾为蔡公湛作画,蔡公湛编年诗集《或存草》一九〇九年有《谢陈师曾寄画》诗。陈衡恪此诗乃答蔡诗,可证衡恪确于本年夏季回国,但何故提前一个学期回国则不详。《清末各省官费自费留日学生姓名表·毕业生籍贯学校证书号次表》载:(自宣统元年七月起,至宣统二年六月止)姓名:陈衡恪。籍贯:江西义宁州。费别:官费生。到东年月:光绪二十八年十一月。入校年月:光绪三十三年二月(登记年月有误)。毕业学校:东京高师博物科。给证年月:宣统二年四月十三日。证书号数:一四六四。加编号数:四四二。备考:宏文普通肄业。《北洋政府教育部档案·陈衡恪登记表》亦云"宣统二年三月东京高等师范学校卒业"。

宣统二年庚戌(一九一〇)　　先生二十三岁

本年,先生仍留学日本。

本年,弟方恪从震旦学院毕业。本年十一月,冬至节,兄衡恪与父亲回南昌西山扫墓。衡恪作《靖庐晚眺》《至前妻范氏墓所》诗。父陈三立先赴武昌视好友、姻亲黄小鲁疾后返回西山,作《长至后七日抵西山谒墓》诗,有"遣儿荐节物,墓门留烛泪"之句,自注:"大男衡恪长至抵墓所。"

宣统三年辛亥(一九一一)　　先生二十四岁

本年,先生入东京帝国大学学习。

本年二月,兄衡恪应张謇邀请,到南通师范学校及中学任教[1]。

---

[1] 见《北洋政府教育部档案·陈衡恪登记表》。

四月,衡恪在南通师范学校校友会第二次会议上发言,有"弟今年始来"之语①。顾公毅《蕴素轩诗集序》:"师曾,范婿,以辛亥二月就通州师范学校教习。"②范罕《哭师曾》第五首"南通吾乡邑,胜境东南雄。盈盈一水郭,郁郁通明宫师曾归国后,吾通张啬翁邀其教授师范,居城东一村墅曰通明宫,予先祖十山公隐居处,后归张氏。斯人有教泽,积响惊儿童。"

本年秋,弟寅恪到瑞士,入苏黎世大学。

本年十月,江浙联军进攻南京,陈三立挈家至沪避乱,住虹口塘山路俞明颐宅。

本年,先生从兄荣恪、伊恪归国。

民国元年壬子(一九一二)　先生二十五岁

夏,先生学成归国。此后在家待业六年。

本年春,弟寅恪从瑞士回国,在上海与家人团聚。

本年秋,九月廿一日,父六十岁生日,沈曾植、易顺鼎、胡思敬、夏敬观、程子大、顾印伯、樊樊山、杨昀谷、蔡公湛等赋诗贺寿。

本年秋,弟寅恪到南昌参加江西省公费留学考试,入选赴欧。出国前,与赴欧学生六人、赴美学生二十三人在上海合影。启程出国日期不详③。

本年十二月,兄衡恪离开南通到上海。《郑孝胥日记》十二月廿六日记:"访陈仁先,同过李梅庵,遇恽禹九、陈师曾,乃伯严之子

---

① 见《通州师范学校校友会杂志》第二期。

② 见范当世著《范伯子诗文集》六二五页,上海古籍出版社二○○三年版。

③ 见陈和铣《李公协和百年冥诞志感》,载台湾《传记文学》一九八一年第二期;胡宗刚《胡先骕先生年谱长编》三三页,江西教育出版社二○○八年出版;杨仲子《辛亥革命后江西省首批官费留学生简介》,载《江西文史资料》总十五辑(一九八五年)。

也,小坐即去。"①

民国二年癸丑(一九一三)　先生二十六岁

春,弟寅恪留学法国巴黎高等政治学校;登恪入上海复旦学院,后转入北京大学。

三月,兄衡恪在上海,《郑孝胥日记》三月初三记:"夏剑丞、诸贞壮、陈师曾来。"②之后到长沙师范学校任教,夏季尚在长沙,其题《山水册页》之七有"癸丑夏客游长沙……"之语可证(一说一九一三年二月,到长沙第一师范任教)。

春末,父陈三立携弟方恪回南京家中探视,十日后返沪。陈三立作《由沪还金陵散原别墅杂诗》五首。

冬,兄衡恪应教育部聘赴北京。赴京前,可能短期任过江西教育司长。按:陈三立《长男衡恪状》、袁伯夔《陈师曾墓志铭》、陈封可《陈衡恪小传》、《陈衡恪登记表》均不载其曾任江西教育司长,大约时间很短,故不书。诸家《陈师曾年表》都将其任江西教育司长系于刚从日本回国的一九〇九年(宣统元年),均无书证。宣统年间省一级的教育机构称"提学司",学政称"提学使"。日人田源天南一九一九年编《清末民初中国官绅人名录》"陈衡恪条"有"第一革命后一时江西教育司长"字样。又:江西教育司成立于民国二年。其聘任教育部或与其任江西省教育司长的资历有关,故暂系于本年。

十一月廿八日(阳历十二月廿五日),衡恪继妻汪春绮病卒于京师,年三十一。民国八年十二月亦葬赵家塘③。

---

① 见《郑孝胥日记》第三册一四五二页。
② 见《郑孝胥日记》第三册一四六〇页。
③ 见陈衡恪《义宁陈衡恪继妻汪氏之墓碣》,载《陈衡恪诗文集》二〇二页。

民国三年甲寅（一九一四）　先生二十七岁

正月，兄衡恪任教育部编审处编审员。赁居安福胡同五十六号。

秋，弟寅恪回国，到南昌江西省教育司阅留德学生考卷，并许补江西省留学官费①。冬，寅恪曾到北京②。

本年，弟方恪经梁启超介绍，入上海中华书局，任杂志部主任③。

民国四年乙卯（一九一五）　先生二十八岁

十月，先生赴江西萍乡，与未婚妻喻徽（婉芬）完婚，在萍乡过年。

先生岳家家族成员简况：

岳父喻兆蕃（一八六二～一九二〇），号庶三。光绪十一年举人，十五年己丑科进士，点翰林。二十年散馆，以部曹用，签发都水司。二十三年（一八九七），湖南巡抚陈保奏，奉旨着缴军机处存记，旋奏留湘省办理矿物。二十五年，改捐知府，分发浙江。二十九年补宁波知府。三十三年（一九〇七）署理浙江布政使。三十四年回宁绍台道本任，未几丁母忧回籍守制。入民国后未再出仕。有《问津录》《温故录》《既雨轩诗文抄》，未刻（《昭萍志略·人物志》，一九三五年版）。喻家是萍乡几个著名的书香门第之一，世居福田清溪。

---

① 见蒋天枢著《陈寅恪先生编年事辑》（增订本）三四页，上海古籍出版社一九九七年版。
② 见陈衡恪《雨夜至龙泉寺晤柳懿谋、凌宴池两君》诗，载《陈衡恪诗文集》五七页。
③ 见潘益民著《陈方恪年谱》六〇页，江西人民出版社二〇〇七年出版。

喻兆蕃有二子五女：

长子喻磐（一八八三～一九三九），号相平，娶萍乡张劫庄（张国焘父亲）之女张麦秋；

长女喻筠（一八八？～一九四〇），适萍乡贺鹏武（逊飞）；

次女喻雅（一八八八～九六七），适萍乡文倬；

三女喻徽（一八九一～一九五六），适义宁陈隆恪；

四女喻彤（一八九二～一九六五），适莲花朱毓璋（朱益藩之子）；

五女喻彝（一八九八～一九六七），适山阴俞大经；

次子喻崧（一九〇一～一九六五），号叔竣，娶萍乡贺国昌之女。

先生完婚后，在喻家居留期间受岳父诱导，开始写诗，从此与诗结缘。本年所作诗无存。

本年，先生曾到北京，一九一七年补作《乙卯客北京，偶置铜圆墨盒，今特书二十字以贻赠八弟》诗。

本年正月，兄衡恪受聘国立北京高等师范学校手工图画科国画教员①。

本年春，弟寅恪在北京，曾短期担任过经界局局长蔡锷的秘书②，教育部欧文编审③。

本年夏，陈家全家迁回金陵别墅，陈三立作《墙根》诗，自注："辛亥秋避乱沪上，今始还，历五年矣。"

本年八月，衡恪留日同学张棣生在自己位于新华街的宅第辟一室给衡恪使用，衡恪作《张棣生于其所居之东茸堂一椽以居我，

---

① 见徐文治《陈师曾艺术年表》，载《新美域》二〇〇七年第二期。
② 见《陈寅恪先生编年事辑》三六、二一五页。
③ 见《北洋政府教育部档案》。

堂前有槐一株,因名之曰槐堂,赋此遣怀》诗。从此以"槐堂"为号。
按:陈衡恪一九一四年到一九二〇年租住安福胡同五十六号,其第
三子陈封雄一九一七年即生于安福胡同,乳名"福丁"。疑"槐堂"
只是陈衡恪的画室兼休憩之所。

　　本年冬,弟方恪经梁启超介绍为北京财政部盐务署秘书①。

民国五年丙辰(一九一六)　　先生二十九岁

　　二月,大妹康晦出嫁,夫张宗义,出身合肥名门,时居沪上。先
生父母送康晦到上海成亲。父陈三立作《为嫁女客沪上两月》诗。
按:康晦与张宗义可能此前已经订婚,陈三立一九一四年正月有
《人日率家人饮张氏女甥宅》诗。

　　约七月,兄衡恪赴长沙迎娶黄国巽②。

　　黄国巽(一八八八～一九七一)长沙人。一九〇五年与姊黄国
厚等十八名湘籍女生赴日留学。在日本时即通过杨怀中的关系与
陈衡恪相识,衡恪曾辅导她学日语③。婚后,育封雄、封举(殇)、封
邦(殇)、封猷。《清末各省官费自费留日学生姓名表·各校各生履
历清册》载:姓名:黄国巽。籍贯:湖南长沙。年龄:二十。到东年
月:光绪三十一年五月。入校年月:宣统元年四月。学科:女子大
学教育科。年级:第一年。

　　七月,谭延闿任湖南省长兼督军,延聘寅恪至湘,任湖南公署
交涉股长④。

---

① 见《陈方恪年谱》六〇页。
② 见罗敷庵《师曾乞假赴湘迎娶绕过南京归省》诗,此诗发表在一九一六年八
　　月五日报刊上,可证陈衡恪赴长沙在八月之前。
③ 见陈衡恪之子陈封猷致刘经富函。
④ 见《林伯渠日记》一三〇页,湖南人民出版社一九八四版。

九月，先生回南京家中。九月廿一日，父陈三立六十四岁寿辰，全家在先生舅父宅第的竹园合影，照片中有衡恪新婚夫妇、隆恪、寅恪、方恪①。

十月，先生赴萍乡外家过年，与妻子团聚。取道水路，从南京乘船到汉口，再转陆路过长沙抵萍乡。作《过汉口哭濮季成》《长沙哭龚炼百》《长沙将见六弟于旧抚署，计侍先祖去此二十年矣，抚念今昔，怆然有赋》。后一首可证陈三立六十四岁寿庆结束后寅恪先隆恪到长沙。诗题与诗中"攀天双桂拾秋痕"之句自注："东西内院各植桂树一株，大可合抱，童时常与诸弟嬉游其下"见出先生怀旧思亲之情。

先生《同照阁诗抄》以这三首诗开篇。

民国六年丁巳（一九一七）　先生三十岁

先生年初在萍乡清溪，几个月作诗颇多。

三月，先生携妻回南京，岳父喻兆蕃送女偕行，仍取道长江水路。先生作《三月携妇归金陵，外舅以十载未出山，亦乐偕行。江行数日过九江偶作，兼呈外舅》诗。

八月，先生到北京，作《北行车中作》诗。约九月底回南京。在京期间，作《饮胡梓方诗庐赋赠》《八月二十四日偕大兄游汤山别业》《题大兄画山水》《将南归留别大兄槐堂》诗。

八月，父陈三立携儿孙游燕子矶，作《八月二十一日携儿子寅恪、登恪、孙封怀买舟游燕子矶，遂寻十二洞，历其半，至三台洞而还》诗。

秋，弟寅恪在长沙。寅恪一九五一年作《寄瞿兑之》诗，自注：

①见《图说义宁陈氏》二四页。

"丁巳秋客长沙,寄寓寿星街雅礼学会,即文慎公旧第也。"可证。

十一月,寅恪在南京,与兄隆恪、弟登恪、表弟俞大经游览鸡鸣寺。隆恪作《十一月三日偕俞半江六八两弟登鸡鸣寺》诗。按:先生一九一七年七月已作《七月二十七日有怀六弟不至》诗,"碧海乘槎畏后生"句自注:"京师图书馆方聘弟主席,不就,将赴美国。"十一月又作《送六弟之美国》诗。谭延闿曾拨专款委派陈寅恪赴美考察教育①。寅恪或已有赴美留学的准备,因故未能成行,推迟一年才赴美。

本年秋,兄衡恪与齐白石相识。作《题齐濒生画册》诗。一九一七年五月,齐白石第二次进京,在琉璃厂南纸铺内挂出润格。衡恪遂到齐白石住地法源寺如意寮拜访他,两人从此订交②。

本年,侄封可留学日本。后留学德国。归国后曾任北洋政府外交部秘书③。

本年,侄封怀就读金陵大学农学院,后转学东南大学农学院④。

民国七年戊午(一九一八)　先生三十一岁

上年,先生与诸弟常聚游,作《同六弟坐俞园茅亭》《上巳日偕六弟出太平门郊游时道傍桃花极盛》《登天保城同六弟》《三月十一日六八两弟封怀同游牛首山》《偕六八两弟游胡园》《浴佛日偕六八两弟放棹清溪》《诸弟约游栖霞以失晓愆期占此自慰》《十五夜携诸

---

① 见一九一七年八月二十七、二十九日,九月八日长沙版《大公报》。
② 见《白石老人自述》七十页,岳麓书社一九八六年版;胡适、黎锦熙、邓广铭著《齐白石年谱》,二一七页,安徽教育出版社一九九九年版;张宗祥著《铁如意馆碎录》三十六页,西泠印社二○○○年版。
③ 见《义宁陈氏五杰·三立芳裔》,修水县政协编,二○○六年印行。
④ 见《陈寅恪先生编年事辑》三九页。

弟石桥望月》诸诗。

七月，先生到上海，看望大舅俞明震，作《七月十二日抵沪视大舅疾，宿三舅园馆》诗。

中秋节后，先生送妻归省到萍乡，作《送妇归宁舟中晚眺》诗。

先生从萍乡赴北京，作《自汉口入都车中感赋》《游天坛同张孟真李释一》诗。十月十五日前返南京，作《夜归有感》诗。

十二月，先生再赴北京，未几南返。作《林诒书、王又点两丈暨李拔可、郑绂生同游法源寺》《同李律阁十一兄弟南行车中偶占》诗。

十二月廿五日，先生陪同日本汉学家今关天彭到上海拜访郑孝胥①。作《送日本今关天彭归国》诗。

除夕，先生又赴北京，作《除日旋京》诗。

本年初，弟方恪调任财政部秘书②，陈三立作《方儿省疾别入都》诗。时弟登恪在北京大学读书，故诗中有"去接阿兄阿弟语"之句。

本年正月，由蔡元培发起的北京大学画法研究会成立，聘衡恪为中国画导师③。

本年约下半年，兄衡恪任北京女子师范学校图画教员。一九一八年阳历十二月十五日，陈衡恪在北大"画法研究会"讲"对于普通教授图画科之意见"，云"予迩来在女子师范学校教授图画"。

本年十一月，弟寅恪赴美留学，本拟再入柏林大学，因"一战"

---

① 见《郑孝胥日记》第三册一七六四页。
② 见《陈方恪年谱》七一页。
③ 见高平叔编《蔡元培年谱长编》中册八〇、八六页，人民教育出版社一九九六年版。

战事未完全结束,德国国内仍混乱,乃改赴美国,入哈佛大学①。先生作《十一月二十日六弟将自沪之美国晨起寄怀》诗。

本年岁末,先生大舅父俞明震卒于杭州西湖寓所。

本年,先生从兄儒恪(号聘珍,陈三略六子)来南京,先生陪同游玩,作《溪舫贻聘珍兄》诗。

民国八年己未(一九一九) 先生三十二岁

正月,先生在北京,作《大兄绘山水幅贺友新婚嘱题》诗。二月八日到上海,作《二月八日南行重至沪》诗。

春,先生到萍乡,作《洞庭舟中感怀》《雨霁发萍乡县城至清溪外舅山居》诗。旋返南京,作《舟泊九江望庐山作》诗。

三月,巴黎和会欲将山东权益转给日本,先生作《青岛事书愤》诗,表达了对时局的关注。

六月,兄衡恪从北京回南京家中,作《返金陵寓庐》《金陵古迹二首》诗。衡恪北返时,先生与兄偕行入都,作《六月十四日偕大兄入都望月车中作》诗。先生在京四个月,作《茗坐中央公园》《伶人余叔岩母七十生日代人赠诗》《中秋夜同十一、孟真诸公还自西山》诗。十月二十七返南京,作《十月二十七夜南归津浦车中作》诗。

先生旋又赴京,在北京过年,作《旋京一月雪中偶感》《雪中至东城》《除夕》诗。

本年夏,弟登恪毕业于北大文科,回南京省亲,旋赴法国留学②。

民国九年庚申(一九二〇) 先生三十三岁

正月,先生在北京,作《人日大雪寄怀六弟美国》诗。

---

① 见《陈寅恪编年事辑》四一页。
② 见《陈寅恪编年事辑》四三页。

春,先生作《寒食游先农坛见杏花》《崇效寺看牡丹残过半矣》《春夜闻雁声戏简闺人》诸诗,时妻子在萍乡。

暮春,先生回南京,在家九天即返北京,作《家居九日旋京作》《偕家人侍两大人太平门外携酒看桃花》诗。

秋,先生应留日好友赵幼梅之邀,到奉天四平铁路局任科员①,作《秋日出关》诗。

本年四月,画家金城、周肇祥发起组织的"中国画学研究会"在北京成立,衡恪为发起者之一,任评议②。

本年夏,兄衡恪挈家移居邱祖胡同西头库资胡同三号,作《移居》诗七律四首。

本年十一月,先生岳父喻兆蕃逝世。父陈三立作《哭喻庶三》诗,撰《诰授荣禄大夫署浙江布政使宁绍台兵备道喻君墓志铭》。

本年秋末冬初,弟方恪到南昌依督军陈光远,担任督军公署副秘书长,景德镇税局局长。后又在田亩丈量局、厘金局、小池口统税局、二套口统税局任职,职务调动频繁③。

本年,修水老家怀远陈姓修谱,请陈三立为挂名主修。陈三立撰序。

民国十年辛酉(一九二一)　先生三十四岁

本年,先生仍在奉天四平铁路局。本年作诗极少,只《甲戌元日作》《人日寄答王义门先生见怀之作》两首。

九月,弟寅恪离美再次赴德国,入柏林大学研究院,研究梵文

---

① 见陈小从《同照阁诗本事拾零》,载张求会整理《同照阁诗集》四一八页,中华书局二〇〇七年版。

② 见《陈师曾艺术年表》。

③ 见《陈方恪年谱》七七页。

及东方古文字学①。

冬,先生老师王义门卒。兄衡恪作《挽王义门》诗。

民国十一年壬戌(一九二二)　先生三十五岁

四月,直奉战争爆发,先生作《壬戌四月战兴感赋》诗。

约八月,先生携妻离开东北回南京,《九日京奉车中作》诗有"南云知护钟山麓,计日称觞聚弟兄"之句,自注:"九月廿一日为父大人七十寿辰。"(以下称陈三立为散原老人)。

九月二十一日,散原老人七十寿辰,远近以诗来祝者辉溢庭户。目前已知陈宝琛绘古松贺寿;叶玉麟、吴湘筠撰寿序;沈曾植、陈石遗、冯煦、江叔海、康有为、孙师郑、杨钟羲、吴用威、吴庆坻、陈止贞、陈诗、林琴南、周梅泉、罗惇曧、罗惇曼、郑孝胥、姚华、姚鹓雏、夏敬观、诸宗元、黄秋岳、曹广权、程子大赋寿诗。

陈家除寅恪、登恪在欧洲留学未回,衡恪一家、隆恪夫妇、方恪、康晦、新午、安醴、覃恪夫人及子女齐集南京家中,摄影志庆②。度先生从东北到北京后,稍事停留,即与兄衡恪一家南下归家。

寿庆毕,兄衡恪赴南通,贺范氏外姑姚倚云六十寿辰,作《南通祝外姑姚太夫人六十寿而外姑先日之杭遂追陪于杭者二日赋呈五章》诗,有"栖迟甥馆十年前,仆仆重来意惘然"之句,可证衡恪一九一二年冬离开南通后,十年后才旧地重游。

寿庆毕,先生携妻返北京,本年《除夕》诗云"欲寄江南信,加餐胜去年",可证。到京后,赁居与兄衡恪宅不远的一小四合院,地址为"西城麻豆腐作坊八号"③。按:先生历次到京,与兄衡恪往还密

---

① 见《陈寅恪先生编年事辑》四四页。
② 见《图说义宁陈氏》五四、一四一页。
③ 见《图说义宁陈氏》五四、一四一页。

切,常有唱和,颇得"伯氏吹埙,仲氏吹篪"之乐,获兄书画篆刻作品不少。并通过长兄的关系,结识了不少寓京的书画家,如王梦白、齐白石、姚茫父等,亦多有他们的作品入藏,自己亦曾习画①。

本年五月,兄衡恪应日本画家荒木十亩、渡边晨亩邀请,与金城(拱北)参加"中日联合绘画展览会"。衡恪作《将之日本之先以诗呈又玄社诸君》《到日本用前韵》"予不到日本已十三年矣"《红叶馆饮集即席赋呈同座诸君》《东游杂诗》(九首七绝)诸诗。

本年冬,先生从兄荣恪在北京去世,先生作《哭从兄新成》《清明日法源寺视新成兄殡所》诗。

陈荣恪(一八八一～一九二二),号新成(莘成)。留日期间,加入同盟会,是同盟会创会时会员中最早的四名江西籍人士之一。一九〇九年江西共进会成立时,陈荣恪为首批申请加入者,并任文牍之职②。夫人是湖南志士刘揆一、刘道一的姊妹。回国后,历任江西全省禁烟公所所长,二道口厘金局长,北京烟酒银行文书主任,北京商业银行文书主任。陈小从一九九七年复刘经富函:"承询新成(莘成)伯父的生平。我只记得,先父生前屡次提到他。说新成伯老实厚道。辛亥革命后,很多比他资历浅的都得到好处,升官发财。而他虽是同盟会的老资格,却沉沦下属,直到潦倒郁悒以终。我家一直藏有一帧新成伯的墓茔照片(南昌西山,后来搞丢了),可见先父对他的感情之深。我看竹塅陈氏出外的人物,他是值得发掘光大的一位。"目前尚不知荣恪是如何从修水老家走出山外的,其父陈三垣,曾为陈宝箴办事,或与此有关。

①见《图说义宁陈氏》三二、四五页。
②见李海默、萧澜《略说陈荣恪的事迹》,载《宁德师专学报》二〇〇九年第二期。

民国十二年癸亥（一九二三）　先生三十六岁

　　春，先生母亲俞夫人病，兄衡恪回南京。约三月廿一、廿二日北返，作《浦口待车》诗，自注："是时闻临城盗劫之信。"按：孙美瑶临城劫车案发生在一九二三年三月二十日半夜二点五十。

　　四月，先生到青岛，作《青岛》《游九水》诗。九水是劳山景点之一。

　　先生于五月回南京侍疾，作《五月南归雨夜入下关》诗。因女儿出生，六月十六日北返，作《六月十六日发金陵还京》诗。先生女儿名小从，谱名封玖。

　　六月十五日，衡恪到大连。在大连得俞夫人病重信，匆匆赶回北京，旋匆匆赶回南京，作《遇蓄堂诗翁、翠云画伯于大连，招饮湖同堂，尽欢而别。将更张宴，未能践约，匆匆归京，今至秣陵，写此寄意》《南归省亲，妻子尚留，此次前韵》诗。按：《白石诗草》卷六《与友人重过三道栅栏话陈师曾》自注云："陈师曾六月十一来三道栅栏，自言十五日至大连。闻在大连得家书，奔祖母丧（刘按：应为继母），死于南京。"又：《南萍八十自述·一别竟成永诀》："一天上午，我去母亲家，路经琉璃厂，远远看见师曾老师坐在车上，我急到老师车前。老师说，'刚接到家中来电，老太太患病，叫速回。现在要去买火车票，你不用去送我很快就要回来的。你要多画，你身体很瘦，要多吃有营养的东西，画画也要身体好才行。'说完后便分手了。不料，此一别即成永诀矣。"①

　　六月廿九日，母俞夫人逝世，终年五十九岁。

　　治丧期间，兄衡恪尽长子之责，奔走操劳。南京气温高，不幸

---

①见《朵云》第八期，上海书画出版社一九八五年十二月印。

染上伤寒,日本医生误诊为痢疾,以致延误,八月初七亦卒,年仅四十八岁①。

一个多月内,陈家连遭重创,是陈家继一九〇〇年后的第二次劫难。在金陵聚居了二十三年的大家庭从此解体,亲人们此后流转于杭州、上海、庐山、北京等地。

兄衡恪猝逝,师友同仁惋惜痛悼。正在比利时布鲁塞尔访问的蔡元培先生在北京《晨报》上得知噩耗,悲叹"陈师曾君在南京病故,此人品性高洁,诗书画皆能表现特性,而画尤胜。曾在日本美术学校习欧洲画时,参入旧式画中,有志修中国图画史。在现代画家中,可谓难得之才,竟不永年,惜哉"②。余绍宋致胡祥麟函:"得南京消息,师曾已病故,惜哉!师曾品格清高,又天才卓越,诗画皆可望成家,而竟不永其年,闻之不禁流涕(想兄亦有同情)。子贤吾兄,绍宋再拜。"③九月初八,北京文化艺术界三百余人借江西会馆举行追悼会,挽诗、挽联极多。其时恰值日本东京大地震之后,故梁启超在演讲中称衡恪猝逝为中国文艺界之大地震④。

九月,父陈三立在家中常触景生悲,由女儿护送到杭州西湖南屏山下的顾氏山庄静养⑤。

十月,先生与弟妹护送母、兄灵柩到杭州,暂厝顾氏山庄附近的净慈寺⑥。

冬,先生返北京,《郑孝胥日记》一九二三年十二月十七日记:

---

① 见陈衡恪之子陈封猷致刘经富函。
② 见高平叔编《蔡元培全集》第四册,三五〇页,中华书局一九八四年版。
③ 见卞僧慧《陈寅恪先生年谱长编(初稿)》21页,中华书局2010年版。
④ 见梁启超在陈衡恪追悼会演说辞,载一九二三年十月三十日《南通报》。
⑤ 见《陈方恪年谱》八四、八五页。
⑥ 见《陈方恪年谱》八四、八五页。

"赴蒲苏约于忠信堂,晤博泉、伯玉、陈彦和、洪述之。"①

民国十三年甲子(一九二四)　先生三十七岁

二月,先生在北京。《郑孝胥日记》二月初三记:"夜,赴陈彦和之约,晤蒯若木、赵声伯、萧新之、朱艾卿。"②

三月,先生在杭州,泰戈尔访华,由于徐志摩陪同,在杭州会见陈三立,合影。先生与弟登恪陪侍③。

四月,先生返北京,七月南下,作《七月南旋侍大人斋宿净慈寺》诗。弟妹亦聚集杭州,商量为母、兄卜葬之事④。事毕,先生返北京。

冬,先生姻亲文群(诏云)发表江西财政厅厅长。先生应文群聘请,携妻女与文南下,作《文诏云服官桑梓,冬日由海道偕行南下,舟中有感作》《十二月十二日抵南昌》诗。

先生经历母丧兄殁变故,半年多没有诗作。本年第一首《甲子春日》,第二首《释堪嘱题大兄遗笔一口剑,忍痛书此遗之》,表达了无限伤痛之情。

本年春,弟方恪返江西。因江西政局不稳,匆忙离开江西,从九江乘船抵上海⑤。

本年夏,陈家出售南京散原精舍房产⑥。

民国十四年乙丑(一九二五)　先生三十八岁

清明,先生到南昌西山青山街扫墓,作《清明日到青山展

---

① 见《郑孝胥日记》第四册一九七九页。
② 见《郑孝胥日记》第四册一九八八页。
③ 见《图说义宁陈氏》五八页;陈隆恪致吴宗慈第四函,载《同照阁诗抄》三九八页。
④ 见《陈方恪年谱》八七、八八页。
⑤ 见《陈方恪年谱》八七、八八页。
⑥ 见《陈方恪年谱》八七、八八页。

墓》诗。

夏,先生游览南昌东湖,作《东湖三君子祠》诗。

七月半,先生与妻子喻婉芬到青山街扫墓,作《中元日偕婉芬青山展墓宿崝庐》诗。

九月九日重阳节,先生与姻亲张劫庄游南昌市郊青云谱道院,作《九日偕张劫庄游青云谱》诗。

十月,陈家葬俞夫人、衡恪于杭州九溪十八涧之牌坊山下。俞夫人穴左预留陈三立生圹。先生携妻、女回杭州,作《十月赴杭州归葬母兄舟中感念而作》诗。葬事毕,先生携家返南昌,作《牌坊山原叩别母兄新墓》诗。

十一月,冬至日,先生第三次到西山青山街扫墓,作《长至日青山展墓宿崝庐》诗。

本年春,弟寅恪受聘为清华学校国学研究院教授(导师)。冬,从德国归国。归后以父病请假一年①。

本年,弟登恪从法国留学归国,受聘于东南大学②。

民国十五年丙寅(一九二六)　　先生三十九岁

正月,先生一家在南昌,先生作《贺欧阳定之新居》《同贺逊飞喻相平携眷载酒三村看桃花》诗。"三村"是当时南昌赏桃去处。

四月,散原老人病,先生辞去财政厅职,携家从南昌回杭州侍疾,作《四月四日偕闺人携稚女小从抵杭州侍疾》诗。甫到杭州,即携妻、女到牌坊山扫墓,作《与婉芬携小从至牌坊山原叩母兄墓》诗。此时寅恪、登恪回国,这是陈家兄弟姊妹自俞夫人去世后,第

① 见《陈寅恪先生编年事辑》五五页。
② 见《南京大学百年实录》二一二页,南京大学出版社二〇〇二年版。

一次团聚在父亲身边。先生诗兴大发,八个月中得诗六十多首。

五月,先生作《偕六八两弟登宝石山巅》诗。

八月,先生作《送封怀侄返南京入学》《八月七日大兄三周忌日》诗。

十一月,冬至日,先生到九溪十八涧扫墓,作《长至日墓上》诗。十一月廿七日(阳历),父散原老人为避兵乱离杭迁沪,赁居虹口塘山路,距内弟俞明颐宅不远,先生侍父到沪,作《十一月二十六日作》(自注:"翌日将避乱之沪。")《避沪述感》诗。此后,散原老人在上海定居四年。十一月初一《郑孝胥日记》记:"至塘山路视伯严,疾已愈。将移居上海,以售字为业。"①

本年秋,弟寅恪到北京清华学校国学研究院任教。住工字厅,与吴宓为邻。

民国十六年丁卯(一九二七)　先生四十岁

本年,先生在上海,作《偕八弟、封怀侄游半淞园》《二月十八夜闸北战乱焚刼炮声彻旦不寐书感》《沪上大兄四周忌日》《中秋沪居感赋》诗。中途曾到南京,作《客南京寄寓舅氏俞园相对故居怆感赋此》诗。

冬,先生通过谭延闿的关系,就九江南浔铁路局局长之职,携家离沪赴浔②。作《九江就南浔铁路事感作》《丁卯十二月行役南昌,闻将有不利于予者,除夕前一日侵晨返浔,赋此自笑》诗。

本年,先生三妹安醴病逝于上海,年三十二岁,葬上海公墓③。

---

①见《《郑孝胥日记》第四册二一二七页。
②见《同照阁诗本事拾零》。
③见俞大纲著《寥音阁诗话》一五七页,台湾幼狮文化事业公司一九八七年版;《图说义宁陈氏》六七页。

民国十七年戊辰（一九二八）　先生四十一岁

夏，先生辞去南浔铁路局局长职务，携妻女上庐山避暑，作《夏日卸南浔路事携妇女入庐山牯岭》诗。

秋，先生携家赴汉口，任汉口电报局主任之职。

除夕，先生一家在汉口，先生作《戊辰寄寓汉口除夕作》诗。本年先生仅作诗两首。

本年春，弟寅恪由工字厅迁南院二号，与赵元任比邻。七月，回上海家中，与唐筼（晓莹）结婚。

本年夏，徐悲鸿绘陈三立素描像。落款：戊辰长夏写散原前辈诗人悲鸿①。

本年夏，侄封怀任清华大学农学院生物系植物学助教。时未婚妻张梦庄（姨母黄国厚之女）中学毕业考入清华大学西洋文学系②。

民国十八年己巳（一九二九）　先生四十二岁

五月，先生女儿小从患"百日咳"久治不愈，乃决定辞职与妻携女住庐山。作《五月偕婉芬携小从自汉口入庐山赁居牯岭》诗。入山不久，小从病体竟不药而愈。

十月，先生赴上海，迎父亲上庐山安居。临行前，到公墓吊唁三妹安醴，作《己巳十月，将侍大人入牯岭，至上海公墓视安妹茔地哀赋》诗。

十月二十一日，先生侍父离沪乘舟到九江上庐山，作《十月二

---

① 见《徐悲鸿素描》第六图，人民美术出版社一九八〇年版。

② 见刘经富著《义宁陈氏与庐山》一五一页，中国文史出版社二〇〇四年版；陈小从著《松门别墅与大师名流》一一九页，江西美术出版社二〇〇六年版。

十一日侍大人自沪入牯岭新居谨步原韵》诗。赁居牯岭河东路一带的柏林路一栋一层楼的别墅。

此时先生三舅俞明颐亦上庐山购置一栋别墅,名"片叶庐",与先生所赁屋比邻,供俞家患肺病子弟上山疗养①。先生作《三舅新居即事》诗,散原老人作《晴旦散步眺门外诸山遂至俞三所置宅》诗。

十一月,冬至节后,先生一家与散原老人合影,作《长至后一日,雪霁晴光中,偕婉芬携小从侍大人摄影山居庭前》。散原老人作《长至后一日,于晴雪光中,挈隆儿夫妇及七龄女孙摄影,纪以一诗》。

岁暮,先生怀念诸弟,作《岁暮初霁寄怀诸弟》诗。

过年时,弟登恪从武昌到九江冒雪上庐山与家人团聚。先生作《岁暮山中喜八弟至》诗。散原老人作《己巳山居除夕适登恪自武昌至》诗。登恪时在武汉大学文学院任教。

本年春,二妹新午与表弟俞大维(俞明颐之子)在上海结婚。

民国十九年庚午(一九三〇)　　先生四十三岁

正月,先生作《同八弟及诸友蹈雪至芦林作》《雪径步月同八弟》《送别八弟下山夜坐对酒作》诗。

三月,俞大维赴德国公务,夫妇上庐山省父话别,散原老人作《三月二十一日别嫁俞氏女子新午随其婿大维并将稚子扬和往柏灵》诗。弟登恪闻讯,亦从武昌赶来相聚②。

三月,先生作《春日食艾饼,因忆童年值大兄生日,辄采艾制饵。今大兄殁已七载,侍食穷山,触感哀赋》诗。

---

① 见《图说义宁陈氏》七八页。
② 见《图说义宁陈氏》八一页。

　　清明节前,弟登恪上庐山。散原老人作《清明日携隆恪夫妇、登恪、小从过天泉洞御碑亭观天池》,先生和作《清明日侍大人游仙人洞及大天池,婉芬、八弟携小从同行》。

　　先生从去年十月迎父上山后,诗兴颇浓,到本年清明节,五个多月中,得诗六十首。

　　初夏,徐悲鸿与夫人蒋碧薇游庐山,拜访散原老人,为老人作炭笔素描肖像①。

　　初夏,先生一家侍父登五老峰顶,徐悲鸿夫妇与庐山上的邻居陪同,摄影留念②。散原老人作《徐悲鸿画师来游牯岭,相与登鹞鹰觜,下瞰洲渚作莲花形,叹为奇景,戏赠一诗》《登五老峰绝顶》诗。

　　初夏,先生赁居挪威人留下的别墅一栋,河南路一一二九号。散原老人作《首夏移居松树林新宅》诗。徐悲鸿画一幅中堂贺乔迁之喜③。先租赁一年,次年才购置此屋。时资金不足,先生乃借连襟贺逊飞本拟上山购屋之款。议定两家暂合住,日后贺家找到合适房子再迁出④。这栋别墅位于牯岭月照松林景区,开初没有名称。因散原老人题"虎守松门"大字于门前巨石上,遂称"松门别墅"。先生一九三九年所作《登后山松林》诗"吾庐同此境,劫烬忆松门"句自注:"庐山牯岭松门别墅傍万松林,先君曾书"虎守松门"

①见《徐悲鸿素描》第十四图。
②见《图说义宁陈氏》八二页。
③见《松门别墅与大师名流》十三、三一、四六页;《义宁陈氏与庐山》三一页;吴宗慈著《庐山志》卷三《山政·地域房屋业主详表》,江西人民出版社一九九六年版。
④见《松门别墅与大师名流》十三、三一、四六页;《义宁陈氏与庐山》三一页;吴宗慈著《庐山志》卷三《山政·地域房屋业主详表》,江西人民出版社一九九六年版。

四字留题巨石上,因以松门名庐。"可证。

先生经手购置此别墅后,对房子进行了一次装修。将二楼的一间大房三面都装上玻璃窗,取名"同照阁",作为客厅。先生书写"同照阁"三字,制成匾额,挂墙壁上。

夏,弟登恪上山。七月十三日,与兄隆恪侍父旧地重游。散原老人作《七月十三日携隆恪登恪踚含鄱岭至栖贤寺,过玉渊憩三峡桥,遂寻琴志楼废宅三首》。

约七八月间,先生下山任九江税局主任(一说任九江市政捐局主任,陈小从二〇〇六年三月二日复刘经富函)。

九月,散原老人为避严寒准备下山与隆恪相聚。行前,在松门别墅小路前的巨石(伏虎石)上题"虎守松门"四大字,旁附小注:"庚午九月将去山居,留题门前石。"

十月,散原老人下山,作《庚午十月朔别庐山》诗。下山后,赁居九江桑树岭(一说赁居甘棠湖畔)①。

本年,清华学校改名清华大学,原清华学校国学研究院结束,弟寅恪任中文系、历史系合聘教授②。

本年秋,弟方恪应聘无锡国学专修馆分校(校址在上海),教授诗词。同时在暨南大学、持志大学兼课。赁居法租界霞飞路(今淮海中路)褒仁里一栋三层小楼③。

本年冬,侄封怀任北平静生生物调查所研究员(相当于今助理

---

① 见《义宁陈氏与庐山》三十八页;闵孝吉《苣斋随笔·散原翁逸事·一》,载《同照阁诗集》四〇九页;《图说义宁陈氏》一一九页;《同照阁诗本事拾零》。
② 见《陈寅恪先生编年事辑》七四、七五页。
③ 见《陈方恪年谱》一一〇页。

研究员)①。

民国二十年辛未(一九三一) 先生四十四岁

五月,先生一家与父从九江返庐山松门别墅。不久,先生改任江西财政厅秘书、科长。

夏,徐悲鸿重上庐山,与留法同学陈登恪、谢寿康相聚。徐悲鸿在松门别墅住月余,为陈三立绘油画像②,并为陈家每人作画一帧。时喻婉芬的侄女喻宜萱暑假亦上庐山,为徐悲鸿磨墨牵纸③。

本年秋,弟方恪受聘上海私立正风文学院,讲授诗词韵文④。本年,先生无诗,疑诗稿有遗失⑤。

民国二十一年壬申(一九三二) 先生四十五岁

弟登恪本年已三十五岁,仍未成家,先生夫妇甚为着急。谭延闿有女谭祥,欲择一书香门第子弟,有意陈家八少爷,曾托人上庐山提亲,但陈三立不欲与谭家联姻⑥,事遂寝。贺逊飞有堂妹贺黔云,未字,遂由贺逊飞夫人喻筠牵线搭桥,约定暑假期间,两人聚于松门别墅。双方中意后即订婚,旋举办婚礼,俾登恪开学前携新妇回武汉大学⑦。

九月二十一日,散原老人寿登八秩。京、沪、宁和庐山上的名

---

① 见《胡先骕先生年谱》一五八页。
② 见《松门别墅与大师名流》二九页。
③ 见喻宜萱二〇〇五年四月十五日致刘经富函。
④ 见《陈方恪年谱》一一三页。
⑤ 见《同照阁诗集》一二七页陈小从题识。
⑥ 见胡先骕致吴宗慈函,载《胡先骕文存》上册三八四页,江西高校出版社一九九五年版;《义宁陈氏五杰》"陈三立不攀权贵"条;陈小从两次与刘经富谈此事记录。
⑦ 见《松门别墅与大师名流》四七页;《义宁陈氏与庐山》一〇六页。

人胜流，师友故旧，或上山祝寿，或赠寿礼，或寄寿诗、寿文、寿联。赋寿诗者：陈宝琛、陈仁先、陈诗、陈灏一、张元济、汪兆镛、傅绍岩、周梅泉、罗家伦、冒辟疆、程伯臧、李宣龚、曾克端、李大防、吴用威、汪源瀚、李启琛、吴天声等。撰寿序者，叶玉麟。

老友、姻亲朱益藩撰、书寿联"闲从莲社寻诗伴；长与松门共岁寒"。

专程上山祝寿者有袁伯夔、张元济、谢寿康、徐悲鸿、吴天声。徐悲鸿绘《柏树图》，款识"散原老伯八十寿壬申之秋，世晚悲鸿敬写祝"。钤印：徐悲鸿，仁者寿。

徐悲鸿还在南京、上海等地筹资，为散原老人铸铜像，请雕塑家滑田友、江小鹣上山为散原老人塑像。《学衡》《大公报·副刊》刊载滑田友的塑像和集资启事①。两尊塑像后由陈封怀、俞大维珍藏。《青鹤》一九三二年十一月十九日第一卷三期刊散原老人寿像及友朋寿诗。

先生操办完八弟婚事后，即着手操办父亲八十大寿庆典事宜。在九月二十一日之前几日，亲戚们从各地纷纷上山，计有大嫂黄国巽、弟寅恪、方恪夫妇、妹康晦夫妇、新午夫妇，从兄覃恪，从姊静娴、倚庄，侄封怀、封猷，大人小孩二三十人。松门别墅无法接待，先生借附近宽敞的李氏山馆作接待之所。亲戚们次第下山后，始回松门别墅。先生作《诸弟妹来山祝大人八十寿，别后有感》诗②。

民国二十二年癸酉（一九三三）　先生四十六岁

三月，吴宗慈著《庐山志》书稿完成，散原老人撰序。

---

① 见《学衡》第七十七期封底，一九三三年十一月出版；一九三三年十月初六《大公报·副刊》。
② 见《图说义宁陈氏》九一到九九页；《松门别墅与大师名流》四八到五三页；《义宁陈氏与庐山》一一〇到一一四页。

六月,在庐山避暑的曹纕蘅发起文人雅集诗会。初七下午①,在庐山长住和避暑的名流三十余人,借万松林李氏山馆茗谈、摄影,奉迎散原老人参加,先生侍父与会。雅集以晋慧远的《游庐山》诗为韵目,分韵赋诗。先生分得"一"字。散原老人撰《万松林诗集序》。曹纕蘅下山后,将这次雅集诗作结集印行,名《癸酉庐山雅集诗草》。夏,弟登恪上庐山。时李一平因修御屏风路,偶然发现明人的石刻"尺五天"大字,程学恂邀请散原老人、隆恪、登恪往观,作《舍弟天放邀同散原丈、静仁、纕蘅、醇士、小鲁、彦和、登恪及余凡九人游尺五天,遂至黄龙寺,坐雨纪以长句》诗。

约八月底九月初,散原老人因患癃闭症,山上缺乏治疗条件,遂决定下山②。又:寅恪早在北平租赁好房屋迎养,亦是下山原因之一(陈小从二〇〇六年三月八日致刘经富函)。侄封怀上庐山奉迎祖父赴北平。散原老人携孙女小从下山。到南京后,住俞宅。

南京的知交友朋闻散原老人到宁,由曹纕蘅主持,九月九日重阳节大会东南名士于清凉山扫叶楼,为散原老人接风。参加这次雅集者六十余人③,合影留念,分韵赋诗,曹纕蘅后结集印行,名《癸酉九日扫叶楼登高诗集》。万松林诗会与扫叶楼诗会,是散原老人晚年出场的两次规模最大的文人雅集,为散原老人赢得了极高声誉④。

---

① 见《邵元冲日记》一〇一四页,上海人民出版社一九九〇年版。
② 见《义宁陈氏与庐山》九九页;《吴梅日记》三五七页,河北教育出版社二〇〇二年版。
③ 见冒怀苏编《冒鹤亭先生年谱》三四三页,学林出版社一九九八年版;《吴梅日记》三五七页。
④ 见《义宁陈氏与庐山》八二页

先生夫妇在父亲过完八十一岁生日后送父亲行李箱笼下山到南京。弟寅恪委夫人唐筼携女儿流求前来奉迎,与封怀同陪侍散原老人到北京。送别父亲后,先生夫妇携女儿返庐山①。

冬,先生连襟贺逊飞相中庐山湖北路一栋日式别墅,搬出松门别墅。先生对松门别墅再次进行装修。

本年,侄封怀与未婚妻张梦庄完婚②。本年,覃恪之子封鲈参加喜峰口战役,妻夏氏寄住在伯祖散原老人家。

民国二十三年甲戌(一九三四)　先生四十七岁

散原老人到北平后,住西四牌楼姚家胡同三号(蒋天枢回忆,此宅系寅恪于民国十八、十九年间租赁,待父亲北上。大人既未即来,有时寅恪亦自住其处。流求回忆,此宅系从钱稻孙家租赁)③。(刘按:陈寅恪在北平城内租赁住宅,或与史语所要求他住城内有关。)衡恪夫人黄国巽及儿子、封怀夫人张梦庄随侍老人,寅恪一家周末从清华园进城侍父④。

春,江翊云邀请散原老人及北平名流十一人在中山公园水榭雅集,众人合影外,散原老人又与陈宝琛、朱益藩合影。《青鹤》一九三四年五月初五第二卷十五期刊十二人合影⑤。

三月三上巳节,曹纕蘅邀集南京文朋诗友在玄武湖修禊、豁蒙

---

① 见《松门别墅与大师名流》八六、一一九页。
② 见《松门别墅与大师名流》八六、一一九页。
③ 见《陈寅恪先生编年事辑》七三、八二、八三页。
④ 见陈流求《祖父陈三立在北平姚家胡同前后》,载二〇〇四年五月十九日《中华读书报》;陈小从《同照阁诗本事拾零》;《陈寅恪先生编年事辑》八十四页。
⑤ 两照片见《图说义宁陈氏》一〇二、一〇三页。

楼登高,将所作诗结集刻印,请时在北平的散原老人题尚。

春,江西农学院成立,经省政府批准,同意与北平静生生物调查所共同创办"庐山森林植物园",先生偕封怀上庐山。夏,封怀参加"庚款基金会"考试被录取,秋,赴英国皇家爱丁堡大学留学。该校所属爱丁堡皇家植物园,具有世界声誉①。

四月,散原老人弟子袁伯夔从上海赴北平看望师尊。陈子言作《甲戌浴佛后十日,袁世伯夔兄游燕,寄怀散原先生》诗:"拔可图中识清癯拔可游燕携归照片,姚家深巷是秦余。燕吴相隔三千里,尚有门生问起居。"

八月,陈仁先从长春、袁伯夔从上海到北平,与散原老人相聚。陈仁先作《八月余送亡室柩至旧京,获见散原先生,年八十有二,别六年所矣。君任北游已倦,将南归,闻余来,止不行。伯夔自上海扶病来,会立之亦从津来。文酒过从无虚日,数年来不易得之会合也。雨夜不寐,感赋一首呈散原先生,并邀诸君子和》;袁伯夔作《甲戌秋苍虬请急来故都,余扶病自上海来会。日相过从散原师所,又数与息庵丈、病树诸公作夜谈。苍虬有诗,督和次韵一首》。

秋,散原老人八十二岁寿辰前夕,先生一家从庐山到北平,在北平住了一年又八个月②。

本年,先生仅存一首《甲戌故都除夕》诗,疑诗稿有遗失③。

民国二十四年乙亥(一九三五)　先生四十八岁

先生以赋闲之身,常侍父出游,与友朋聚会。

二月初一,散原老人乡试座师陈宝琛卒于北平寓所,散原老人

---

① 见《胡先骕先生年谱》二一五页。
② 见《同照阁诗本事拾零》。
③ 见《同照阁诗集》一三四页陈小从题识。

作诗吊之。先生亦作《弢庵太师挽词》。

二月,先生侍父游北海公园,作《侍大人北海公园看桃花》诗。

二月,江翊云在其颐和园别墅宴请散原老人及其它几个知交,合影。先生与大嫂黄国巽陪同①。先生作《春日侍大人应江翊云怡和园眺远斋宴集》诗②。

二月,先生组织了一次远游,远赴距北平城几十里之遥的旸台山观赏杏花。除家人十多人外,还邀同亲友,一共二十多人,或坐轿或骑驴,浩浩荡荡,颇为热闹③。先生作《二月偕家人侍大人旸台山看花》《春日同家人过居庸关登八达岭长城》诗以纪之。

夏,弟登恪携妻贺黔云到北平探亲,先生一家与长嫂、侄儿、弟寅恪一家侍父出游北海公园,合照留影④。

八月,先生作《秋日侍大人应弢庵太师门人钓鱼台赐庄宴集》诗。

约八月底九月初,先生与弟寅恪、妻女侍父游西山八大处,作《侍大人游西山八大处,同六弟婉芬小从》诗。

九月,有“陈门三弟子”之称的袁伯夔、李国松、陈祖壬到姚家胡同拜见师尊散原老人,侍立留影⑤。

九月二十五日,散原老人携家人在宣南便宜坊招待三位弟子暨陈仁先诒先兄弟、周立之(息庵)、蒯若木,酒席毕复游陶然亭。

---

① 见《图说义宁陈氏》一○六页。
② 江翊云一九五二年作《欧公生日聚病树宅彦龢有诗见示依韵奉答》自注:“彦龢曾侍散原丈午酌余郊居眺远斋。”载《江庸诗选》一七四页,中央文献出版社二○○一年版。
③ 见《同照阁诗本事拾零》,载《同照阁诗集》四二七页。
④ 见《图说义宁陈氏》一二九页。
⑤ 见《图说义宁陈氏》一二四页。

在陶然亭偶遇周学熙等六人,于是分韵赋诗。先生作《秋日侍大人邀同息庵、若木、伯夔、君任饮集市楼,过登陶然亭,逢汪仲虎、赵剑秋两君,偕同游数辈分韵得名字》诗;袁伯夔作《乙亥九月下瀚五日义宁师挈眷招同息庵、蕲水陈氏兄弟及若木、木公饮便宜坊,复游陶然亭,邂逅缉之、剑秋两丈,仲虎、荫北、味云、彤士诸先生,分韵得士字》;周学熙作《乙亥九月二十五日味云约仲虎、彤士、剑秋、荫伯同饮春明楼,酒后游陶然亭,遇暨伯夔、君任、若木诸公偕立之七弟同来,分韵得老字》。

本年,弟寅恪迁居清华大学新西院三十六号①。

本年三月,先生从侄封鲈长子生,谱名希虞。散原老人为取字平保,寓保卫北平之意。

民国二十五年丙子(一九三六) 先生四十九岁

二月初一,先生作《丙子二月朔,弢庵太师期年忌日,大雪初霁,同人集钓鱼台赐庄,奉祀遗像于青青簃》诗。二月,先生与家人出游,作《二月雪霁,携家人北海临眺,戏用若木和陆彤士同游北海韵》诗。二十九日,携妻女、侄封猷游北海公园,作《春分后一日,同婉芬携猷侄、小从游北海公园》诗。三月三上巳节,先生饯别老友张孟真,作《丙子上巳酒市饯别孟真,出步北海公园》诗。

闰三月,先生两次与弟寅恪一家、妹新午等家人侍父游西郊吴氏花园观海棠并游松坛,合照留影②。先生作《闰三月九日同家人随侍大人吴氏花园观西府海棠,归途折游松坛》"园即庆亲王承泽园别庄"诗。寅恪亦作《吴氏园海棠二首》诗。

①见《陈寅恪先生编年事辑》八五页。
②见《图说义宁陈氏》一二九页;《松门别墅与大师名流》九四页。

　　约四月,先生一家与大嫂黄国巽、弟寅恪、妹新午等家人侍父游香山,在白皮松前合照留影①。按:流求回忆,熊希龄、毛彦文夫妇曾接散原老人游览参观香山慈幼院,具体年月不详②。

　　初夏,端午节后,先生一家告别北平家人南下返庐山山居。先生旋应吴健陶坚邀,出任粤桂闽黔统税局全权顾问(以顾问名义代行局长职权)③。六月,先生抵粤。作《还牯岭未久,健陶坚约赴粤,六月抵广州偶成》诗(此诗已佚)。先生到粤,原本作一两个月短期打算。届期,吴健陶挽留先生,并接先生妻女到广州居留到次年四月。先生作《九月一日婉芬携小从南来,越数日偕健陶同游从化温泉,宿若梦庐。月夜载酒,醉卧溪畔,因用郑君寄题若梦庐韵示毅夫主人》《同家人游漱珠冈纯阳观》诗。

　　十二月,洗玉清女士招邀饮集,先生作《丙子十二月十九日,洗玉清女士招饮碧琅玕馆,偶值东坡九百年生日,冒鹤亭归纪以诗,次韵一首》。

　　本年夏,南京图书馆襄社同仁为纪念陈衡恪六十冥寿,以陈衡恪一九一九年赠王伯沆的《染仓室印存》为底本,筹资影印百余套④。

　　本年六月,先生侄封怀留英回国,回到北平,不久赴庐山,任庐山植物园园艺技师(相当于今研究员)⑤。

民国二十六年丁丑(一九三七)　　先生五十岁

　　春,袁伯夔从上海来北平,邀同陈病树及其它二三知交谒见

---

①见《图说义宁陈氏》一三〇页。
②见陈流求《祖父陈三立在北平姚家胡同前后》一文。
③见《松门别墅与大师名流》九十六页;《同照阁诗本事拾零》。
④见《陈方恪年谱》一二六页。
⑤见《胡先骕先生年谱》二一五、二四九页。

师尊散原老人,前往极乐寺观赏杏花,先生弟寅恪与侄封猷陪侍①。

约四月,先生岳母欧阳夫人病重,先生一家从广州赶回南昌侍疾。不久,岳母去世,先生一家于五月回到庐山松门别墅②。先生作《丁丑五月还牯岭山居,秋日偶作》诗。

六月,张善孖上庐山,借居松门别墅,绘《松门访友图》立轴赠先生。上款:"彦龢先生博教。丁丑六月初三日,虎痴弟张善孖写于牯岭借居。"钤印:张善孖印、虎痴③。据陈小从回忆,张善孖还赠过一幅虎画给她家。

本年七、八月间,散原老人病重。其时正值日军占领北平古城,老人忧愤而逝,时在八月初十,享年八十五岁。八月十三、十四日,上海《申报》连登陈宅报丧:"显考伯严府君恸于国历九月十四日酉时寿终于平寓正寝,哀此报闻。承重孙陈封可;孤哀子陈隆恪、寅恪、方恪、登恪泣血稽颡。"老人临终时,寅恪、登恪、大嫂黄国巽及诸孙在侧④。

先生此前接到父亲在京病危的电报,急忙下山,由南京赴上海乘海轮北上天津(因战事影响,铁路运输已中断)。在船上恰遇弟方恪,惊悉父亲业已过世。船到塘沽(一说烟台),船上发现时疫,日本人将船拦阻在海上二十余日才放行。先生兄弟赶到北平时,

---

① 见《图说义宁陈氏》一三六页。
② 见《同照阁诗本事拾零》。
③ 见《中国古今书画拍卖精品集成·张善孖》一〇八图,天津人民美术出版社二〇〇六年版。图载《松门别墅与大师名流》一〇〇页。
④ 见陈流求《祖父陈三立在北平姚家胡同前后》一文。

距父亲辞世已一个多月①。

　　丧事完毕，满七后，寅恪一家随校南迁。先生与弟登恪夫妇一道离京南旋。在天津受到周叔弢、周一良父子的饯宴。十二月抵沪，当年留日同学陈群闻讯即来旅社造访，并设宴款待。陈群当时已附逆，正在搜罗班底人才，遂诱劝隆恪入毂。先生托辞婉拒，席散后，回到旅社，即与登恪夫妇连夜搭乘汽车，经金华、丽水入赣，几经迁回，约于年底返回庐山。先生作《丁丑冬南旋过沪，友人召饮，赋示同座》《丁丑十月自北平南归，公湛以诗赠别，追和原韵》以纪此行②。

　　散原老人逝世时，旧都人心惶惶，故老人的丧事未大操办，但闻讯前来拜祭吊唁者仍不乏其人。惜事后亲属没有按当时习俗刻印一本《荣哀录》或《哀挽录》，将吊唁情况记录下来。现只知郑孝胥十月十三日早晨到姚家胡同吊唁，程砚秋、柯昌泗等五人亦来吊。张元济致唁电。先生从北京南返在上海逗留时，曾拜访冒鹤亭，冒还给先生所钞录的《散原翁哀什》，或即关于散原老人治丧期间的挽诗、挽联③，惜已佚。

　　散原老人的爱国晚节，在国难时期产生巨大影响。知交友朋、文人学者纷纷赋诗撰联，纪念这位爱国老人。葬礼期间与事后撰挽诗者：王易、王揖堂、古层冰、叶恭绰、李宣龚、李宣倜、杨云史、吴白匋、吴天声、吴用威、吴梅、汪东（旭初）、陈仁先曾寿、陈曾则、邵祖平（潭秋）、周梅泉今觉、郑孝胥、胡光炜（小石）、赵尊岳、冒鹤亭、

----

① 见刘经富《义宁兄弟文章伯》，载《书品》一九九九年第五期；陈小从《同照阁诗本事拾零》；《松门别墅与大师名流》一〇〇页。

② 见《义宁陈氏与庐山》一二六页；《同照阁诗本事拾零》。

③ 见《冒鹤亭先生年谱》四〇三页。

袁伯夔、陶在东、蔡公湛、瞿兑之、李一平。撰挽联者：曾克耑、齐白石、严既澄、杨云史、吴孟复、陈仁先、陈诒先、欧阳竟无。

报刊登载悼念文章者：张梦庄《思祖翁散原老人》《松门别墅》、沙上旅《老年和青年——敬吊散原老人在国之灵》、吴宗慈《述散原老人》、邵祖平《散原先生文行掇述》、陶在东《关于散原老人》、胡先骕《陈散原先生评传》（英文）。

抗战期间，兵戈扰攘，道路不通，先生兄弟旅食四方，散原老人柩厝宣武门外长椿寺十一年之久。直到一九四八年五月，才移柩南下杭州落葬①。

民国二十七年戊寅（一九三八）　先生五十一岁

春，弟登恪夫妇离庐山，远赴四川乐山（武汉大学战时校址）。

本年上半年，先生在庐山闲居。侄封怀夫妇已在庐山植物园工作一年多，与松门别墅虽相距十余里，偶尔也来相聚。时寇氛日炽，老父辞世，先生胸中很是压抑，仅作诗七首，《春日往视舅氏片叶庐》有"烽烟南北道，泪眼湿斜阳"之句。

五月下旬，日寇进逼九江，九江失守。庐山当局决定强迫疏散居民。凡在山上长住的户主都接到限期离山的通知。先生遂于六月十四日与其它几位户主结伴从山南小路下山，几经周折才抵达南昌。妻、女则与其它户主的眷属一起暂留山上。此时，先生连襟贺逊飞一家已从庐山回到故乡——萍乡清溪，其它妻舅、妻妹等亲戚均因避乱回到萍乡，先生遂先往萍乡。在南昌滞留时，托任江西保安处处长的修水老乡廖士翘设法帮助妻、女离山到南昌。两个

---

① 见本书 161 页刘经富《散原老人身后事》，原载二○○四年八月六日《文汇读书周报》。

月后,妻、女历尽艰辛,回到萍乡,家人亲戚得以团聚。先生次年有诗追忆逃难情形:《去岁今日避乱独离牯岭,即六月十四日小从生日也,忽及一稔,感叹而作》①。

侄封怀则于八、九月间庐山居民逃难殆尽最后关头才离山,经南昌、长沙、贵阳到云南"庐山森林植物园丽江工作站"。

本年正月,弟寅恪一家抵达香港,夫人唐筼心脏病发,家眷遂滞留香港,寅恪只身到西南联大任教,时西南联大在云南蒙自,本年秋季迁往昆明②。

本年年初,弟方恪所在的私立正风文学院停办,方恪滞留上海。十月迁居南京③。

民国二十八年己卯(一九三九)　先生五十二岁

先生外家宅第名"松荫书屋",颇具园林之趣,藏书亦丰。喻兆藩曾撰门联"田园饶乐趣;山水有清音"。小从回忆:"外祖父的故居松荫书屋约有数十间房子,舅父、姨母及我家一共二十余人,入住后仍觉绰绰有余。故居有一个花园,占地半亩,四季花香不断。外祖父喜藏书,书楼上古籍琳琅满目。"④乡间田园风光优美,民风纯朴。先生本年五月作《雨霁邻村散步兼简相平》诗,有"为语问津刘子骥,桃源鸡犬在萍乡"之句。妻舅喻相平、连襟贺逊飞均为举人出身,能诗善谈,常常诗酒唱和,故先生乡居五年,诗兴勃发,诗作甚多。

七月,先生作《得八弟书感赋》诗,尾联云:"却欣浮海客,铅椠

---

① 见《同照阁诗本事拾零》;《松门别墅与大师名流》一〇三到一〇九页。

② 见《陈寅恪先生编年事辑》一一五页。

③ 见《陈方恪年谱》一三五页。

④ 见《同照阁诗本事拾零》。

去神州。"自注:"闻六弟将往英国,就牛津大学之聘。"

春,弟寅恪受英国牛津大学汉学教授之聘,暑假后离昆明赴香港,拟全家搭轮去英伦。抵港后值二次欧战爆发,滞留香港。九月只身重返昆明①。

民国二十九年庚辰(一九四〇)　先生五十三岁

十一月,先生曾到本省泰和县,在泰和过年。作《将之泰和于十一月八日离清溪留别松荫书屋》《庚辰除夕客苏溪作》诸诗。

本年暑假,弟寅恪再至港,等待赴英时机。既难成行,就任香港大学客座教授。

民国三十年辛巳(一九四一)　先生五十四岁

春,先生在泰和,作《正月二十二日别苏溪诏云村居移,寓泰和大原书院有感作》

《春日偕纯一、宗海登快阁》诗。

约四月下旬,先生返萍乡,作《将还萍乡,定之和前韵见贻,归后叠韵寄酬》诗。

本年,先生返萍乡后,在祖父右铭公的知交李芋仙的孙子李怡庵处,发现右铭公的诗作和郭嵩焘等人对右铭公文卷的评语,让女儿小从恭录保存②。

本年,弟寅恪仍任教于香港大学。

本年,弟登恪在乐山武汉大学,二到五月间在(重庆)《星期评论》发表诗文:一、江西同乡会发刊南昌陷落纪念册题词(第十二期);三、结茅水上感赋;四、戏题方芦浪新居,(第十六期);四、诗一

---

① 见《陈寅恪先生编年事辑》一一八、一一九页。
② 见陈小从《先曾祖右铭公遗稿之撷忆与考略》,载《陈宝箴集》下册一八四三页。

首(第二十二期)①。

本年,侄封怀从云南回泰和,任教于在泰和城郊杏岭的国立中正大学生物系。

本年,修水老家怀远陈姓续修宗谱,请先生为挂名主修。

民国三十一年壬午(一九四二)　先生五十五岁

初春,先生到泰和,作《初春同公葳赴泰和莲花道中即事》诗。

五月,先生返萍乡,作《五月十日还清溪偶赋》《泰和归来婉芬迎之以诗,依韵戏答三首》。

十月,先生离开萍乡,前往战时江西省政府所在地——泰和县,任省财政厅专员,结束了五个年头的乡居生活。先生作《十月十八日晓发萍乡同李宗海》诗。

五月,弟寅恪挈眷由香港抵达内地桂林。在桂林留一年余,任教于广西大学②。先生作《闻六弟携眷自香港脱险至桂林》诗。

民国三十二年癸未(一九四三)　先生五十六岁

正月,时在泰和的江西政界人物李中襄(时似任民政厅长)及修水同乡欲吁请中央表彰散原老人的爱国气节,请隆恪撰散原老人生平事略。先生辞谢不成,乃致函主持江西通志馆的知交吴宗慈,请他撰写(时江西通志馆在遂川)。二月间,吴宗慈撰稿成,中正大学校长胡先骕得见文稿,致函吴宗慈商榷。虽然此事未成,但吴宗慈这篇为请求褒扬而准备的《传略》却成为一篇重要的陈三立生平资料。一九四七年,吴宗慈主持国史馆,将其发表在《国史馆

---

① 见卞僧慧编《陈寅恪先生年谱长编》(初稿)卷一第二七页,中华书局二〇一〇年四月版。

② 见《陈寅恪先生编年事辑》一三一页。

刊》创刊号上①。

四月,先生妻、女从萍乡到泰和,先生作《四月四日婉芬携小从循水道自萍乡至喜而成韵》诗。

本年,先生与在省政府各部门工作的修水同乡吴天声、廖卓如、黄植荫、陈晓霞、胡墨庄、吴辑民颇多往还,作《初春旅泰和修水同乡会集宴后约登快阁,赋呈诸公》《两塘随卓如、天声、植荫、晓霞诸公闲游口占》《胡竹邻、刘卓如、胡墨庄、吴辑民过谈,时新月照门,墨庄戏吟月色蒙蒙夜,因缀成一律》《卓如绾保安军符十载,告休之日,招饮醉宿两塘寓庐,赋呈》诸诗。

本年冬十一、十二月间,弟寅恪挈家由桂林到重庆,任教燕京大学。

民国三十三年甲申(一九四四)　先生五十七岁

本年,先生在泰和,任江西兴业公司秘书。

日寇侵扰赣中,省政府拟撤离泰和。十二月,先生一家与侄封怀一家迁徙到兴国县,作《十二月六日携家离泰和迁避兴国作》《赁居竹坝立春日见雪》诗。

本年,弟寅恪由英国三名院士联名推荐,当选英国皇家学院通讯院士②。

民国三十四年乙酉(一九四五)　先生五十八岁

正月,江西省政府自泰和向宁都县迁移,中正大学随之撤离,经兴国至宁都。未几,侄封怀挈妻儿迁宁都,先生作《封怀夫妇携两孩赴宁都,行逾旬日,追念前踪,作此送之》诗。

---

① 见《义宁陈氏与庐山》七十页;吴宗慈所撰传略及陈、吴、胡三人函札见《同照阁诗集》三八七———四〇八页。
② 见《陈寅恪集·前言》,三联书店二〇〇九年版。

正月,弟寅恪在成都不幸失明。三月,寅恪作《忆故居》诗,有序。

春,先生到宁都,作《春日至宁都,适值诏云生日,亲朋为置酒翠微峰金精洞,即追赴偕游》诗。

在宁都约月余,返回兴国家中,作《自宁都还兴国后书寄程伯臧、熊艾畦、吴天声》诗。

六月,日寇侵扰逼近兴国,先生挈家迁宁都,作《六月日寇窜逼兴国,仓卒偕家人避之宁都》诗。

七月,散原老人故乡修水县政府、县参议会及机关团体呈文省政府,请求将修水中学改名为散原中学,以纪念先贤表彰忠烈。而省教育厅则认为散原先生最大成就在学术文化,不宜以地域私之,呈请省政府将省图书馆改名为省立散原图书馆,并饬该馆收集其著述藏馆。十一月七日,省政府一七一三次省务会议权衡后,决议仍将修水中学改名为散原中学,一九四六年初正式改名①。

八月,日本投降,先生作《八月十日闻日本乞降喜赋》诗。弟寅恪亦作《乙酉八月十一日晨起闻日本乞降喜赋》诗。十月,先生一家抵南昌,作《十月返抵南昌述感》诗,女儿小从亦作《乙酉九月望随侍双亲由宁都赴南昌书感》诗。

本年秋,英国皇家学会请寅恪赴英伦治疗目疾。寅恪由成都搭航机到昆明,再经印度乘水上飞机赴伦敦②。

民国三十五年丙戌(一九四六)　　先生五十九岁

五月,端午节前,先生一家回到庐山松门别墅。八年阔别,终

---

① 见《江西省政府公报》第一三三〇、一三三一期合刊。
② 见《陈寅恪先生编年事辑》一三七页。

于回家，先生用一九二九年十月散原老人上庐山所赋诗原韵，作《丙戌五月偕婉芬小从还牯岭松门别墅，谨叠用先公己巳上山原韵》，又作《夏日还山居门前云锦花一枝灿发，不见此花八稔矣。惊喜折供瓶中，缀一绝》诗。

松门别墅虽未受到破坏，但室内一片狼藉，衣服、书籍、杂物满地堆积，所有箱笼，一律劈开。最痛心者，文献资料大量丢失。先生妻女与一雇工整日忙于清理，在残剩杂物垃圾中收捡得得照片、条幅、扇面若干①。先生与兄弟姊妹分别八年，安顿好后思念他们，作《题五十年前余九龄时与六七两弟康九两妹于长沙抚署后园又一村摄影》诗。

抗战胜利后，庐山一度复兴。七月十五日，蒋介石重返庐山，在山上六十九天。军政要员也纷纷上山，不少社会文化活动及会议在庐山举办。七月，江西省政府在庐山举办"暑期学术讲习会"。先生的亲戚朋友、旧识知交一时云集庐山，沉寂了八年的松门别墅又热闹起来。先是二妹新午一家上庐山，妹婿俞大维本年五月上任交通部部长，上山公务。接着弟登恪一家从武昌上山。俓封怀时主持庐山森林植物园复员恢复工作，植物园房屋正在修复中，一家亦暂住松门别墅。

这段时间，先生心情较愉快，常与友朋聚会唱和，作《友人宴集酒楼赋诗纪兴依韵和酬》《吴霭林重来牯岭讲学，过示新篇，次韵赋赠》《秋日符君棋酒招集，山居次和其韵，兼呈映庵丈》《一平自滇来山喜赋长句》《丙戌中秋夜月出，家人亲友聚饮台上》诸诗。其时先

---

① 见《松门别墅与大师名流》一二三页；《图说义宁陈氏》四十五页；《义宁陈氏与庐山》一二八页。

生亦愁于生计,妹婿俞大维有意帮他设法获得庐山管理局局长之职,先生婉拒,云只能干春、秋、冬三季,到夏季就干不了,因夏季达官贵人纷纷上山,自己不愿应酬①。

本年春,弟寅恪在伦敦未能治好眼疾,离英绕道北美回国。秋,经南京返清华大学。女儿流求、小彭留南京,就读金陵女大附中高中部②。

八月下旬,先生收到妹新午邀请赴南京与弟妹团聚的信,只身下山赴宁,与弟寅恪一家、方恪夫妇、登恪、妹康晦等大人小孩见面。乱后重逢,悲欣交集,夜话不尽,先生在宁逗留月余。此次相聚,合照留影两帧③。初冬,先生从南京返山不久,获南昌邮政储金汇业局副理之职。过完年后就任。

民国三十六年丁亥(一九四七)　先生六十岁

正月初四,先生花甲之庆,作《山中大雪,值六十生日,家人具酒剧饮。小从并献葫芦瓷瓶为寿,漫成二律》。初八,先生下山到南昌。到南昌月余,作《人日后一日别牯岭至南昌已逾匝月,旅居书事》诗。

二月,先生与在南昌的新知旧雨结诗社,名"宛社",寓"饭碗不全"之意。社员有程学恂、熊冰、熊柏畦、王易、吴天声、宗远崖等,公推先生为社长(一说社长为程学恂)。二月十二日花朝节第一次雅集,先生作《宛社初集分韵得座字》诗。三月三上巳节第二次雅集,以南朝陈诗人江总的《三日侍宴宣猷堂曲水诗》分韵,先生作

①见《松门别墅与大师名流》一二九页;《同照阁诗本事拾零》。
②见陈流求《亲切的怀念》,载一九九三年十二月六日《人民日报·海外版》。
③见《图说义宁陈氏》一四四页。

《上巳集百花洲修禊分韵拈得乐字》诗①。

春,先生回庐山一次,作《春日还牯岭留七日偶成》诗。

秋,先生回庐山一次,作《还山喜遇玄秋》《山居贻八弟》诗。

秋,妻喻婉芬、女小从迁南昌,住沙窝邮局宿舍。   ·

本年,宛社第三次雅集,先生作《宛社三集诗题新荷》《刈稻与宛社诸君同作》诗。

本年清明,弟寅恪夫妇与大嫂黄国巽到长椿寺祭奠散原老人灵枢②。

本年八月,江西省参议会函请省政府,请求公葬陈三立。省政府八月十一日会议通过,决定公葬陈三立于庐山③。因散原老人在杭州已营生圹未能实行。

民国三十七年戊子(一九四八)   先生六十一岁

五月,端午节后不久,先生忽得妹新午从北平发来的电报,告知父亲灵枢已由侄封雄护送,经天津乘招商局轮船海运至沪,再转杭州。先生一家即从南昌乘浙赣线火车赶赴杭州,先生先将妻女安顿在西湖旅社等待,自己赴上海迎候父亲灵枢。弟方恪、登恪亦赶到上海奉迎④。五月初九,灵枢在上海北站装车,白布横书"陈散原先生之灵车",张元济、陈仁先、陈诒先、陈病树、李宣龚、陈叔通、夏剑臣、沈涛园、袁师南、叶蒲孙、吴孟复等人前往致祭⑤。陈仁先、陈病树、陈叔通、吴孟复作悼诗。次日,先生与弟方恪、登恪、妹婿

---

① 见宗远崖回忆,卢象贤记录;《同照阁诗本事拾零》。

② 见《图说义宁陈氏》一四七页。

③ 见《江西省政府公报》第一五三四、一五三五期合刊。

④ 见《图说义宁陈氏》一四九页。

⑤ 见陈诒先《送散原先生灵榇归葬杭州记》,载一九四八年五月十二日《申报》。

俞大维等亲友护送灵枢经沪杭公路抵达杭州九溪十八涧牌坊山安葬。

这次安葬,方恪写了谢帖,并作《戊子五月与家人会葬先君于杭州牌坊山生圹述哀》诗:"当时先子亲封圹,今日真成复坎年。家国几经离乱后,弟兄翻以贱贫全。高名余想终何补,往事留观或悦然。天惨云低江路迥,待培宰木护风烟。"①

丧事完毕,先生一家到南京妹新午家小住数日,再返回江西,先上庐山避暑。

在南京时,妹新午托人介绍先生女儿小从入中央大学艺术系作旁听生。暑假后,小从即下山赴南京入学②。先生《薄暮急雨作》自注"小从往金陵三日矣"。

中秋节后,先生夫妇离庐山到南昌。重阳节到西山青山街扫墓,作《重九日殊明携家人陪往青山展墓,归途饮程翁家,纪之以诗》。这是先生生前最后一次扫墓。

初冬,先生调任邮汇总局秘书,邮汇总局在南京,于是先生举家迁宁。抵宁后,暂住俞宅,尚未来得及安家,徐蚌战起,先生随邮汇总局迁上海。暂住哥伦比亚路十一号交通部公路总局招待所③。

十一月十五日,弟寅恪一家离别清华大学,与胡适等二十余人同机赴南京。在南京住一夜即搭夜班火车赴上海,住交通部公路总局招待所,与隆恪相聚。寅恪在上海停留二十余日,十二月十八日乘船赴广州,任教岭南大学,先生作《六弟自北京避兵南来,留沪

---

① 见刘经富《白墓青山一徘徊》,载二〇〇〇年十二月二日《文汇读书周报》;《散原老人身后事》,载二〇〇四年八月六日《文汇读书周报》。

② 见《同照阁诗本事拾零》。

③ 见《同照阁诗本事拾零》。

兼旬之广州,别赋一律》①。

己丑(一九四九)　先生六十二岁

春,俞大维、陈新午夫妇离别大陆赴香港②。先生一家从交通部公路总局招待所迁入位于延安西路的邮汇总局宿舍。

上海解放前夕,约三四月间,邮汇总局迁往台湾。先生不欲过台,与部分留沪同事坚持到解放军接管。尔后参加留用人员学习班。数月后学习班结束,先生被分配到北京人民银行。此时先生已患溺血症,时时发作,精神体力实难胜任搬迁之累,未北上就职③。

本年,先生作诗极少,只在腊月后作《己丑腊月十八立春日感咏二首》《岁暮怀一平》《一平至自北京,将先往游庐山,以坚归隐之约,赋赠》《己丑除夕》诸诗。

本年十一月,侄封怀被任命为农事试验场场长,兼管庐山植物园工作④。

庚寅(一九五〇)　先生六十三岁

正月初四,先生作《六十三初度,家人为具酒食》诗。

七月初七,女儿小从经李一平、徐悲鸿的帮助,赴京入中央美术学院就读,先生夫妇送女儿到车站,作《七夕偕婉芬车站送别小从往北京》诗。

---

① 见《陈寅恪先生编年事辑》一四二页;陈寅恪《戊子阳历十二月十五日于北平中南海公园勤政殿门前登车,至南苑乘飞机途中作并寄亲友》《丙戌春旅居英伦疗治目疾无效,取海道东归,戊子冬复由上海乘轮至广州感赋。阳历一月十六日由沪发十九日抵榕》诗。

② 见陈流求等著《也同欢乐也同愁》二三五页,三联书店二〇一〇年四月版。

③ 见《同照阁诗本事拾零》,载《同照阁诗集》四四一、四四二页;《义宁陈氏与庐山》一三〇页。

④ 见《胡先骕先生年谱》五二四页。

本年秋冬之间,弟寅恪寄诗,先生作《六弟自广州寄示新篇,依均寄怀》诗。

辛卯(一九五一)　先生六十四岁

年初,三妹安醴丈夫薛珍伯(锡琛)去世,先生作《挽薛珍伯》诗。

春,李一平到上海与先生相聚,先生作《一平奉使关外,还至金陵迎眷,乘间枉道过访,赋此戏赠》《戏作长句赠别一平还京》诗。

先生得李一平之助,由中央统战部致函上海文物保管委员会,聘请为顾问,月薪九十元①。弟方恪由郑振铎推荐到国立南京图书馆工作②。

春,先生作《春日简六弟广州》诗。

六月初,杭州九溪十八涧陈家墓地主家(民间称"坟亲")应品森写信给方恪,告知"海军征收该处基地百亩建设海军疗养院,且通知限二十日内迁葬。如逾期未迁,当由公家发掘"。方恪上书陈毅(时任华东军区司令员、上海市市长),恳切陈词,陈家墓地遂得以保护。一说李一平在京得知此事即向周总理报告。周总理电令华东局保护好陈墓,令某部撤消占用墓地的计划。后来华东局领导请李一平吃饭,陈毅说,接到总理电报,我立即将那些人狠狠批评了一顿。如果我们共产党人把陈三立的墓都挖了,那我们将何以谢天下! 一说先生闻讯后,焦急万分,即函请李一平设法挽救。李联络在京有影响的民主人士上书最高当局,获批示③。八月初十

---

① 见《同照阁诗本事拾零》;《义宁陈氏与庐山》一三〇页。
② 见《陈方恪年谱》一九一页。
③ 见《陈方恪年谱》一九一页;景玉川《李一平和他的庐山学校》,载《人物》二〇〇三年第二期;《图说义宁陈氏》一六〇页;刘经富《散原老人身后事》一文。

散原老人忌日,弟寅恪作《有感》诗,有“空闻白墓浇常湿,岂意青山葬未安”之句。

先生赋闲后,诗兴重续,与沪上诗坛旧雨新知频频唱酬。诗友有吴健陶、程伯臧、李拔可、陈颂洛、汪辟疆、陈病树、孙伯绳、江翊云、李蔬畦、杨千里、赵剑秋、吴眉孙、辛心禅、瞿兑之、何骈熹等,尤以与李宣倜(蔬畦)往来唱和最多。

壬辰(一九五二) 先生六十五岁

春,先生病体卧床两个多月,作《宿疾时发,不寂遣闷,仍用前韵兼呈颂洛翊云蔬畦》《病少间复作,怅然书此,寄怀伯绳颂洛三叠前韵》《病卧未起,十一叠前韵答七弟》《清明病仍未已书感》《暮春病卧逾两月矣,得句排闷二首》《病榻书寄诸弟》《春尽宿疾初止得伯绳新篇次和》诸诗。《清明病仍未已书感》诗有“已阻墓门陈麦饭,余晖未泯事参差”之句,感念南昌西山祖墓与杭州父母兄墓,不能前往祭扫。

三月十四日,妻喻婉芬六十二生日,先生作《三月十四日为婉芬六十二生日,因偶谈经义,妄拟四十字为寿》。先生夫妇晚年皈依三宝,奉经礼佛,故有此作。

暮春,先生病中怀念诸弟,作《病榻书寄诸弟》诗。

夏,女儿小从因病辍学从北京回上海家中,先生作《喜小从自北京归》诗,自注:“小从因病告假归养。”

九月二十一日,为散原老人百岁诞辰,先生设灵位,知交旧友前来祭拜。先生作《壬辰九月二十一日为先君百岁之辰,设位市楼,诸友好会临公祭,谨赋一律》诗。

秋,先生读章士钊诗文,作《昔年负笈东瀛,初识行严于慎修家,归国后无复往还,近获读其篇什,因有所触,赋此奉贻》诗。

先生自定居上海后,一家五口人(先生夫妇、大妹康晦、一个老保姆)有三个长年在病中,每月工资九十元,生活拮据①。但因心情舒畅,作诗极多。本年计一二〇题一四三首,为作诗最多的一年。

癸巳(一九五三)　　先生六十六岁

四月,先生病重,幸治愈,作《四月间病危复苏追纪此诗》。

秋,中秋节后,侄封怀从庐山来上海,与五叔相聚六天,先生作《封怀侄以规画植物园事自牯岭应约到杭州,复赴宁过沪,留六日而别,喜赋》诗。

十一月,先生作《四十九年前留学日本东京时与先兄及六弟所摄影,有人拾得持以还。怅触今昔,因于其上书一绝句》。

十一月十七日冬至节,先生作《长至日感赋二首》。先生已预感到清明、冬至再不能上坟祭扫,故两诗语极沉痛。

冬,先生委女儿小从上庐山处理松门别墅维修事宜,小从作《连日雾雨朔风,林壑岩石尽蒙冰网,晴日照耀,几疑置身水晶宫,匡山一奇景也,赋此纪实》诗,先生作《小从自牯岭寫寄咏冰雾凝结、木石晶莹奇景诗,遂口占一絶以报之》。后又作《腊月十六日小从自牯岭归,迎以小诗》。

约本年,先生从兄覃恪在武汉去世。

甲午(一九五四)　　先生六十七岁

先生长年患病,作《病中遣闷用伯绳见贻韵》《病中中秋即事二首》《新历四日大雪卧病无聊感而有作》《岁暮病中奉怀翊云,闻近自北京返沪》诸诗。

乙未(一九五五)　　先生六十八岁

二月,先生挈家移迁到山阴路一座洋房的三楼内,作《二月廿

①见《陈寅恪先生编年事辑》一六三页。

三日扶疾自原赁居移家三楼口占》诗。

五月初五端午节,李宣偶作《己丑五日,澹庼示诗,因忆都门曩岁午集敝斋,陈师曾、陈半丁醉寫醉进士,齐白石、汤定之、姚茫父、汪蔼士、王梦白、梅浣华、罗瘿庵、敷闇昆季读画按歌之盛。三十年来,逝者泰半,感叹不已,次韵志之》。先生作《端午日蔬畦追怀昔年客北京时,是日与先兄师辈游燕之乐,有诗见示,读后怆然次和一首》。

九月九日重阳节,先生作《酬和蔬畦九日不出韵》,为本年最后一首诗。

十一月廿二日丑时(半夜两点),先生在患膀胱癌六年后与世长辞。妻子喻徽(婉芬)时患乳癌,五个月后(一九五六年四月廿四日)亦逝。一九五六年闰八月,夫妇落葬距父母、长兄墓数里远的杭州九溪十八涧景区杨梅岭应氏家族坟山上①。

题　　识

本表正文纪时所列月日,本拟除特别注明阳历外统一用阴历。但入民国后朝野阴阳历混用,谱主本人诗作纪时记事,多用阴历,亦间用阳历,统一起来非常困难。惟民国前记事、陈氏家族成员生卒月日已统用阴历。入民国特别是民国二三十年后,记事未完全统一,读者鉴之。

---

① 见《图说义宁陈氏》一六五页。